U0641041

2015年国家社科基金西部项目：辽金元时期北方游牧民族婚姻习俗变迁研究（15XZS104）

| 光明社科文库 |

辽金元时期北方游牧民族
婚姻习俗变迁研究
——以契丹、女真、蒙古为例

贾淑荣◎著

光明日报出版社

图书在版编目（CIP）数据

辽金元时期北方游牧民族婚姻习俗变迁研究：以契丹、女真、蒙古为例 / 贾淑荣著 . -- 北京：光明日报出版社，2023.4

ISBN 978 - 7 - 5194 - 7208 - 5

Ⅰ.①辽… Ⅱ.①贾… Ⅲ.①契丹—游牧民族—婚姻—风俗习惯—研究—中国—辽宋金元时代②女真—游牧民族—婚姻—风俗习惯—研究—中国—辽宋金元时代③蒙古族—游牧民族—婚姻—风俗习惯—研究—中国—辽宋金元时代 Ⅳ.①K289②K892.22

中国国家版本馆 CIP 数据核字（2023）第 086392 号

辽金元时期北方游牧民族婚姻习俗变迁研究：以契丹、女真、蒙古为例

LIAO JIN YUAN SHIQI BEIFANG YOUMU MINZU HUNYIN XISU BIANQIAN YANJIU：YI QIDAN、NÜZHEN、MENGGU WEILI

著　　者：贾淑荣

责任编辑：梁永春　　　　　　　　责任校对：杨　茹　李佳莹

封面设计：中联华文　　　　　　　责任印制：曹　净

出版发行：光明日报出版社

地　　址：北京市西城区永安路 106 号，100050

电　　话：010-63169890（咨询），010-63131930（邮购）

传　　真：010-63131930

网　　址：http：// book. gmw. cn

E - mail：gmrbcbs@ gmw. cn

法律顾问：北京市兰台律师事务所龚柳方律师

印　　刷：三河市华东印刷有限公司

装　　订：三河市华东印刷有限公司

本书如有破损、缺页、装订错误，请与本社联系调换，电话：010-63131930

开　　本：170mm×240mm

字　　数：215 千字　　　　　　　印　　张：14

版　　次：2024 年 1 月第 1 版　　　印　　次：2024 年 1 月第 1 次印刷

书　　号：ISBN 978 - 7 - 5194 - 7208 - 5

定　　价：89.00 元

前　言

在人类历史发展的长河里，文化的变迁是永恒的。婚姻习俗的变迁作为文化变迁的重要组成部分，不仅与人类的社会生活密切相关，还是社会文化的重要组成部分，而且影响着整个人类社会的发展。婚姻习俗作为婚姻具象化的表现形式，包括的内容广泛，对婚姻的实现具有重要的作用。历史上，我国北方各少数民族都形成了有别于中原地区汉民族独特的婚姻习俗，其婚姻习俗的变迁是中国婚姻习俗文化的重要组成部分。

婚姻作为人类社会生活的产物，是伴随着人类社会的产生而出现的一种重要的社会关系。随着婚姻的产生而产生的婚姻制度和习俗，展示了民族群体的社会生活面貌、价值观等民族心理的发展态势，是人类的精神文化财富。一定社会背景下形成的婚制、婚俗文化，受政治、伦理、宗教、社会心理等因素的影响而发生变化。因此，通过研究一个时代的婚制、婚俗的变迁来探讨这个时代的社会风俗文化，透过婚姻文化现象我们既能看到社会的变迁，也能看到这个时代文明的发展程度。历史上契丹、女真、蒙古族在婚姻习俗方面有许多相近之处，如"世婚制""抢婚""同姓不婚""妻后母、报寡嫂""后族制"等，同时也有各自民族独特的习俗。随着整个民族进入文明时代，其婚姻形式和内容都发生了根本性变化。由于受到汉民族儒家文化的影响，北方游牧民族传统的婚姻制度也逐渐嬗变，使得这些民族在北方顺利地实现了民族大融合，为中华民族的发展融入了新鲜的血液。可以说北方游牧民族婚姻习俗的变迁演进过程，也正是中华民族不断发展壮大的过程。因此，对北方游牧民族婚姻家庭史的研究，不仅有助于我们深入了解各民族发展演进的历史，尊重各民族的风俗习惯，而且对于现阶段我国实行民族区域自治，加强对少数民族的婚姻立法也有重要的参考价值。

本书由内蒙古民族大学历史与旅游文化学院贾淑荣教授、博士撰写，全书在充分运用翔实的史料基础上，全面系统地分析了辽金元时期北方游牧民族婚姻习俗的变迁。主要研究内容包括以下四点：

其一，从婚姻制度、婚姻的缔结、婚姻礼俗、离婚与再嫁、家庭财产继承五个方面探讨了辽金元时期北方游牧民族的传统婚姻习俗，从中得出传统婚姻习俗中既有北方游牧民族掠夺婚、收继婚、世婚制以及等级婚制的习俗。同时，这个时期不同游牧民族婚姻习俗又各具特色，在与中原农耕民族交往的过程中，对中原文化尤其是婚姻习俗文化的吸收和融合的程度也是其封建化进程中的重要一环。

其二，在游牧文明和农耕文明的碰撞下，北方游牧民族婚姻习俗受中原文化的影响，收继婚俗渐趋弱化；女性贞节观念增强；传统的世婚制受到摒弃；北方游牧民族婚姻习俗中的汉化因素呈现出地域性、社会性和功能性的特点，这些都是民族文化继承与发展的重要体现。

其三，婚姻由男女关系构成，婚姻问题与女性问题有密切的关系。女性作为"半边天"，在古代社会生活中是非常重要的。中国古代农耕民族的女性在传统"重男轻女"观念和各种规范的限制下，她们的社会地位相对低下，在婚姻中对父兄及丈夫的依赖性比较强，自主独立改变自己婚姻状况的可能性较小，有时往往成为政治利益和家族利益的牺牲品。北方游牧民族女性在婚姻中所受束缚相对较小，在中原传统文化的影响下，伦理及贞节观念增强，但在婚姻中依然是位于劣势的行为主体。

其四，辽金元时期是中国北方游牧民族发展势力比较强大的一个历史时期，这一时期无论是契丹、女真还是蒙古人都经历了一个由弱小部族逐渐强大到最后建立了独霸一方政权的过程。此时北方游牧民族婚姻习俗也经历了漫长的历史发展过程，各民族在发展的过程中面对中原农耕文明及其他文化，在各种文化与文明交融的过程中，其婚姻习俗呈现出独有的继承性、变异性、恢复性和冲突性，并随着文化的变迁而不断发展变化，形成10—14世纪中国北部疆域独树一帜的风景，丰富了中国传统习俗文化，使各民族在融合中走向更高的水平发展。

本专著的出版受内蒙古民族大学历史与旅游文化学院专项科研经费资助。本专著的选题属于历史学学科。

目 录
CONTENTS

绪 论

一、研究意义及概况

在历史发展长河里，文化的变迁是永恒的，特别是与社会生活密切相关的婚姻习俗，在文化变迁中更为重要。婚姻是人类历史发展的产物，它不仅是社会的重要组成部分，而且影响着整个人类社会的发展。婚姻习俗作为婚姻具象化的表现形式，包括的内容十分广泛，对婚姻的实现具有重要作用。

在历史上，我国北方各少数民族都形成了有别于中原农耕文明的婚姻习俗，其变迁轨迹也是中国婚姻习俗文化的重要组成部分。就辽金元时期北方游牧民族婚姻习俗而言，学术界很早就有学者对这个时期的婚姻制度及习俗进行研究。1964 年，蔡美彪在《契丹部落组织和国家的产生》一文中提出了契丹早期实行的是部落外婚制①；1980 年，向南、杨若薇的《论契丹的婚姻制度》一文又将契丹婚姻制度进一步细化为氏族和部落两种不同的缔结情况，提出了契丹是氏族外婚制、部落内婚制的观点②；1983 年，孙进己在《契丹的胞族外婚制》一文又提出了契丹婚姻制度应为胞族外婚制③。针对这些传统的契丹婚姻制度的观点，1993 年，席岫峰在《关于契丹婚姻制度的商榷》一文中，提出了质疑，认为契丹人实行的婚姻制度应是两姓直接交换婚制④。此外，日本学者岛田正郎在《辽代契

---

① 蔡美彪. 契丹部落组织和国家的产生 [J]. 历史研究，1964 (5).
② 向南，杨若薇. 论契丹的婚姻制度 [J]. 历史研究，1980 (5).
③ 孙进己. 契丹的胞族外婚制 [J]. 民族研究，1983 (1).
④ 席岫峰. 关于契丹婚姻制度的商榷 [J]. 历史研究，1993 (2).

丹人的婚姻》一文中，从法律史的角度探讨了契丹的婚姻习俗①；日本学者泷川政次郎、岛田正郎《辽律之研究》对辽代《户婚律》的复原进行了研究②，从而丰富了契丹婚姻研究的角度和视野。黄莉在《辽代婚姻综述》中对辽代婚姻形式及特点进行了论述，指出：为维护契丹统治秩序，契丹皇族耶律氏与后族萧氏世代通婚；同时为笼络汉族地主，耶律氏、萧氏又与汉族豪强地主进行政治联姻。又从契丹族社会中的离婚改嫁、婚嫁不论辈分、姊亡妹续等婚俗以及民族通婚状况进行了阐述，指出在辽代，契丹妇女离婚和再嫁享有比较充分的自由③。除此之外，对契丹族的婚姻习俗进行探究的还有程妮娜的《契丹婚制婚俗探析》④ 以及《辽代契丹人的婚姻形式及特点》；等等。以上学者研究多集中在北方游牧民族的婚姻制度、婚姻形式及特点上，但对契丹婚姻习俗变迁的原因、婚姻中家庭财产继承状况、离婚与再嫁中女性社会地位的变化以及婚姻习俗中所体现的民族认同和文化认同并没有涉及，本文在前辈学者研究的基础上将对上述问题做进一步的探讨。

学术界关于金代女真人婚姻习俗研究目前具有代表性的有：孙进己《辽代女真族的习俗及宗教艺术》对辽代女真同姓不婚、妻母报嫂、订婚方式从自由向强迫过渡以及母方居住残余的婚俗特点做了研究⑤；关于金代收继婚问题的论著主要有徐炳昶《金俗兄弟死其妇当嫁于其弟兄考》，提出女真女性在丈夫死后，再嫁于夫之兄、弟，是女性不能回避的义务⑥。唐长孺在其《金代收继婚》一文中，通过对史料中金代宗室收继的详细列举和分析，认为收继婚制一般是夫之弟（侄）收继寡嫂（婶），而女真收继婚俗存在兄收弟妻或为女真的特例。⑦ 1990 年，邓荣臻在《北方文物》第 1 期发表了《金代女真族"妻后母"说考辨——兼论女真宗族接续婚》，在对接续婚婚俗做了详细的考证和考辨外，又提出在女真人中，不存在"妻

① ［日］岛田正郎 . 辽代契丹人的婚姻［J］. 何天明编译 . 蒙古学信息，2004（3）.

② ［日］泷川政次郎，岛田正郎 . 辽律之研究［M］. 大版屋号书店株式会社，1994.

③ 黄莉 . 辽代婚姻综述［J］. 昭乌达蒙族师专学报（汉文哲学社会科学版），2003（3）.

④ 程妮娜 . 契丹婚制婚俗探析［J］. 社会科学战线，1992（2）.

⑤ 孙进己 . 辽代女真族的习俗及宗教艺术［J］. 北方文物，1985（4）.

⑥ 徐炳昶 . 金俗兄弟死其妇当嫁于其弟兄考［J］. 史学集刊，1937（3）.

⑦ 唐长孺 . 唐长孺社会文化史论丛·金代收继婚［M］. 武汉：武汉大学出版社，2001.

后母"和不同辈接续婚的习俗①；夏宇旭《略论金代女真人婚姻形式的演变》一文，重点研究了金代女真建国前后婚姻形式的演变②；2008 年，李忠芝在《长春大学学报》第 6 期发表了《金代世婚制度与萨满文化》，提出了在女真完颜氏形成并延续了与几个世家大族世代通婚的世婚制度，在这种制度中，女性有着较高的社会地位，这些都反映了女真人原始的萨满文化信仰的习俗③。2009 年，刘筝筝在《满族研究》第 1 期发表了《金代女真族婚姻形式和习俗》，对女真的婚姻习俗进行了较为具体的论述④。另外，王可宾的《女真国俗》⑤、朱瑞熙等著的《宋辽西夏金社会生活史》⑥、宋德金的《金代社会生活史》⑦ 等著述对女真族的婚姻习俗也多有涉猎。

学术界对古代蒙古族婚姻习俗的研究成果很多，代表性的论著有：1991 年，杨小敏在《兰州学刊》第 4 期发表了《元朝的收继婚俗及发展》一文，认为收继婚是与落后的游牧经济紧密相连的一种婚姻习俗⑧。1992年，塔娜在《黑龙江民族丛刊》第 3 期发表了《试论〈蒙古秘史〉中的古代蒙古族婚姻形态》，认为《蒙古秘史》所反映的是从图腾外婚制的朦胧迹象到联姻政治行为的形成过程，恰恰是蒙古族从野蛮时代的高级阶段过渡到文明时代⑨。1995 年，翟宛华在《甘肃社会科学》第 4 期发表了《论元代的收继婚》，认为元代收继婚是元代统治者进入中原以前的主要婚姻形式⑩。此外，史卫民《元代社会生活史》⑪、日本学者滋贺秀三《中国家族法原理》⑫、奇格《古代蒙古法制史》⑬ 等著作中，也对蒙古族的一夫

① 邓荣臻. 金代女真族"妻后母"说考辨——兼论女真宗族接续婚 [J]. 北方文物，1990（1）.
② 夏宇旭. 略论金代女真人婚姻形式的演变 [J]. 满族研究，2007（4）.
③ 李忠芝. 金代世婚制度与萨满文化 [J]. 长春大学学报，2008（6）.
④ 刘筝筝. 金代女真族婚姻形式和习俗 [J]. 满族研究，2009（1）.
⑤ 王可宾. 女真国俗 [M]. 长春：吉林大学出版社 1988.
⑥ 朱瑞熙等著. 宋辽西夏金社会生活史 [M]. 北京：中国社会科学出版社，1998.
⑦ 宋德金. 金代社会生活史 [M]. 西安：陕西人民出版社，1988.
⑧ 杨小敏. 元朝的收继婚俗及发展 [J]. 兰州学刊，1991（4）.
⑨ 塔娜. 试论《蒙古秘史》中的古代蒙古族婚姻形态 [J]. 黑龙江民族丛刊，1992（3）.
⑩ 翟宛华. 论元代的收继婚 [J]. 甘肃社会科学，1995（4）.
⑪ 史卫民. 元代社会生活史 [M]. 北京：中国社会科学出版社，1996.
⑫ [日] 滋贺秀三. 中国家族法原理 [M]. 北京：法律出版社，2003.
⑬ 奇格. 古代蒙古法制史 [M]. 沈阳：辽宁人民出版社，1999.

多妻制、收继婚、冥婚、赘婚、聘财婚等婚姻习俗进行过论述。

以上是对契丹、女真、蒙古等北方民族的婚姻习俗方面进行的分别论述，没有把这几个少数民族放在一个历史长河中去探讨分析其婚姻习俗方式是如何变迁的。正如习近平总书记在《致中国社会科学院中国历史研究院成立的贺信》中所强调的"新时代坚持和发展中国特色社会主义，更加需要系统研究中国历史和文化，更加需要深刻把握人类发展历史规律，在对历史的深入思考中汲取智慧、走向未来。"① 真正的历史研究必须紧紧围绕长时段问题、全局性问题、本质性问题展开，重视规律总结、理论概括和提升，这也是本课题所坚持的研究理念。

婚姻作为社会生活的产物，体现的是一种非常重要的社会关系，它是随着人类社会的产生而出现，并伴随着婚姻产生了相应的制度和习俗，它反映的是一个民族群体的价值观、社会生活风貌以及民族心理的发展态势，在一定社会背景下形成的婚姻制度、婚俗文化，会受到政治、经济、军事、宗教、伦理道德、社会心理等诸多因素的影响而发生变化。因此，通过研究不同时代的婚姻制度以及婚姻习俗的变迁，了解当时社会的风俗文化，透过婚姻文化现象既能看到社会的发展变迁，也能看到一个时代文明的发展程度。历史上契丹、女真、蒙古族在婚姻习俗方面有许多相近之处，如"世婚制""抢婚""同姓不婚""妻后母、报寡嫂"以及"后族制"等，同时也有各自民族独特的习俗。伴随着每个民族进入文明时代，其婚姻形式和内容都发生了根本性变化。由于受到中原农耕民族及儒家文化的影响，这些民族传统的婚姻制度也逐渐嬗变，使得他们在北方顺利地实现了民族大融合，为中华民族的发展融入了新鲜的血液。可以说北方少数民族婚姻习俗的变迁演进过程，也正是中华民族不断发展壮大的过程。因此，对北方游牧民族婚姻家庭史的研究，不仅有助于我们深入了解各民族发展演进的历史，尊重各民族的风俗习惯，对于现阶段我国实行民族区域自治，加强对少数民族的婚姻立法也有重要的参考价值。

---

① 习近平. 习近平致中国社会科学院中国历史研究院成立的贺信［J］. 历史研究，2019（1）.

二、研究方法

本课题以历史学和民族学的研究为理论基础，以辽金元时期北方游牧民族婚姻习俗发展为主线，深入分析契丹、女真、蒙古族在游牧社会生产方式下原生态的婚姻习俗，以及在中原农耕文明及儒家文化的影响下北方游牧民族婚姻习俗产生的变化，主要从择偶观、婚姻原则、结婚年龄、结婚礼俗、离婚再嫁、家庭财产继承、贞节观、女性在婚姻生活中的地位以及民族认同和文化认同等多个方面进行综合研究，探讨北方游牧民族婚姻习俗变迁的原因及特点。具体表现：

其一，跨学科研究

本课题力争在前人研究的基础上，采用历史学研究的基础方法。借助于社会学、民俗学、考古学、法学、宗教学等其他相关学科的知识和方法，对公元 10 世纪至 14 世纪北方契丹、女真、蒙古的婚姻习俗进行全面探讨。以民族、地域等文化视角来探究北方游牧民族婚姻习俗变迁的跨学科研究，改变了以往从史学到史学单一、直线的研究模式，它能使历史研究"返回历史现场"，再现北方游牧民族婚姻习俗的历史，从而进行历史脉络、历史本质的还原，对原来遮蔽的地方发现人所未见的深义与新义，从而梳理出中原农耕文明对北方游牧民族婚姻习俗方面的影响。

其二，深究史料

一切史学研究都是建立在对现存史料深入探究的基础之上，本课题亦不例外。为此，课题组成员采用对史料的深究研读之法，主要以《辽史》《金史》《元史》《三朝北盟会编》《遗山文集》《中州集》《建炎以来系年要录》《辽代石刻》《元典章》《至正条格》等史料，深入研读，比较辨析，从而为研究打下了坚实的基础。

在学术思想、学术观点、研究方法等方面的特色：

其一，辽金元均是少数民族建立的政权，其婚姻习俗中的贞节观念较中原农耕文明而言淡薄，女性在其婚姻习俗中从一而终的观念并不占主导地位，本课题以辽金元时期北方游牧民族婚姻习俗的变迁作为主线，从收继婚俗入手重新探讨此时期北方游牧民族婚姻习俗中的贞节观念，并结合各民族间文化的交流、借鉴、交融的现实，分别探讨了女真、契丹、蒙古人的婚姻习俗的变化。故欲探究北方游牧民族婚姻习俗的变迁，就必须结合各民族之间的融合对北方游牧民族的社会习俗，尤其是婚姻习俗的影响。北方游牧民族婚姻习俗中的中原农耕文明的因素，恰恰是民族融合的集中表现，也是民族认同和文化认同的集中体现。这种从民族、区域等文化视角来探讨婚姻习俗，对于厘清少数民族婚姻习俗中的贞节观的价值，意义颇为重大。

其二，北方游牧民族的婚姻习俗中联姻逐渐冲破了狭窄封闭的婚姻圈。以地缘、亲缘而构筑的通婚集团，是政治集团形成的基础。契丹王族只能与后族联姻，是辽朝的基本国策；女真的"婚姻有恒族"及"后不娶庶族"以及蒙古的蒙古弘吉剌部与蒙古皇族世代通婚，形成了黄金家族与少数蒙古部落世婚制度，构成了蒙古皇族婚姻形态的基本结构。婚姻政治属性强化必然会导致统治权力在一个狭窄而封闭的婚姻圈里重新分配。通过扩大和巩固新的政治联盟，构筑统治阶级稳固的政治基础，维系上层的统治地位。北方游牧民族在阶级分化现象比较明显后，其婚姻形态出现了狭窄封闭的婚姻圈内的联姻现象。但随着北方游牧民族进入中原，各民族间融合渐趋增强，在中原农耕民族文化的影响下，婚姻形态上冲破狭隘的婚姻圈，呈现较为活跃的族际通婚。可见，中原农耕文明在扩大少数民族婚姻圈方面具有极其重要的作用。

其三，在中原农耕文明诸多因素的影响下，北方游牧民族婚姻习俗出现了许多突出的变化，其婚俗中不论是收继婚、同姓婚、抢掠婚还是世婚制都不同程度地受到中原农耕文明的影响，而且当时整个社会都约定俗成、共同遵守。中原农耕文明在北方游牧民族婚姻习俗变迁中有着不可忽视的功用。其一，融入新元素的"习惯法"依然发挥作用。北方游牧民族的婚姻习俗本身就带着约束本族人行为的性质，但随着中原农耕文明的融入，原有婚姻习俗的价值取向也将会发生变化，融入了中原农耕文化的北方游牧民族的婚姻习俗，所具有的传统习惯法的功能依然存在。其二，兼具"礼法"功能。北方游牧民族婚姻习俗的汉化过程就是一个逐步从野蛮走向文明的历史演进过程。抢掠婚和偷婚逐渐被淡化直至最后消失，就是文明演进过程的具体体现。在游牧民族的意识里开始有了用伦理道德观念来约束人们的行为规范的意识，游牧民族封建化的进程也由此而加快。所以从"礼"的方面来说，中原农耕文明因素也同样起到了"礼法"的功能。

以上是本课题的主要内容特色，它基本厘清北方游牧民族婚姻习俗变迁中中原农耕文化因素的影响，认为民族文化融合不仅是婚姻习俗发生变迁的重要因素，也是少数民族婚姻习俗进步的动力之源。

三、本文特色

其一，选题具有新意。虽然学术界对契丹、女真、蒙古族的婚姻习俗研究已有许多成果，但将其放在辽金元时期这一时间段进行宏观比较的研究目前尚未所见。

其二，在材料使用上有所突破。结合国内新出土的辽金元时期的文物资料，以及在韩国新发现的《至正条格》和我国学者复原的成吉思汗法典《大扎撒》等材料，全面具体地分析公元 10 世纪至 14 世纪辽金元时期北方游牧民族婚姻习俗的变迁。

其三，本文立足于文明交往和融合，从民族认同、文化认同的视角探讨北方游牧民族婚姻习俗在中原农耕文明影响下的变迁，将北方游牧民族婚姻习俗的变迁看作一个社会、一个时代文明由低级向高级发展的历程。

其四，该成果能够为中国古代史、中国婚姻史、中国民族关系史、中国疆域史等学科建设提供一种新的思路，进一步丰富中华民族多元一体格局的理论认识，同时也可以为专门史、民族关系专业进行研究提供参考。

第一章

辽金元时期北方游牧民族传统婚姻习俗

中国历史悠久，疆域广大，民族融合比较频繁，因此中国婚制的繁盛，婚俗的复杂是可想而知的。自周兴之后，凡事皆从于礼，秦以后除礼制之外，又辅以法律，礼是防患于未然，律是禁之已然，在礼法的规范下，究竟什么是婚姻？中国传统史料有相关的论述。东汉班固等编撰的《白虎通》从结婚的时间和女性角色转变提出："婚者谓昏时行礼，故曰婚，姻者妇人因夫而成，故曰姻。"① 先秦的礼仪选集《礼记》则从结婚的目的指出："昏礼者，将合二姓之好，上以事宗庙，而下以继后世也。"② 结合古人给婚姻下的定义及注释，我们可以总结出古代对婚姻有三种解释：一是，婚姻为嫁娶的仪式，即汉代郑玄所言的"婚姻之道，谓嫁娶之礼"③。古代社会非常重视婚姻的仪式，在人们的传统的观念中，没有仪式的婚姻是不合法的，只有具备礼仪的婚姻才是合法的。二是，婚姻是指夫妻的称谓。即"婿曰婚，妻曰姻"④，也就是唐代孔颖达所解释的男以昏时迎女，故男为婚，女因男而来故女为姻。这是相对婚姻当事人的称谓和缔结婚姻的时间而言的。三是，从姻亲关系来说的，即妇之父母和婿之父母互称婚姻。这也恰恰反映了婚姻关系是家族间的联盟，对壮大家族势力、祭祀祖先、繁衍后代发挥着重要作用。

---

① （清）陈立撰，吴则虞点校. 白虎通疏证 ［M］. 北京：中华书局，1994. 491.
② （清）阮元校刻. 十三经注疏·礼记正义·昏义（卷第六十一）［M］. 北京：中华书局，1980. 1680.
③ （清）阮元校刻. 十三经注疏·礼记正义·昏义（卷第六十一）［M］. 北京：中华书局，1980. 1680.
④ （清）阮元校刻. 十三经注疏·礼记正义·昏义（卷第六十一）［M］. 北京：中华书局，1980. 1680.

我们知道，习俗是一种约定俗成的社会现象。关于婚姻习俗，笔者在此做一个简单的描述，所谓婚姻习俗就是我们通常所说的婚姻方面的风俗习惯。这种风俗习惯无论是官方的还是民间的都有一定流行范围、流行时间或流行区域，是长时间形成的具有一定的公众认可度和继承性的风俗习惯，并随着社会的发展而不断变迁的婚姻方面的风俗习惯。在历史发展中，婚姻习俗的变迁是文化变迁中最为重要的组成因素。作为人类历史发展产物的婚姻，既是社会关系和社会文化的重要组成部分，也是具有很大能动因素的社会结构的基础，婚姻习俗作为婚姻具体的表现形式，内容庞杂而广泛，是婚姻得以实现的重要因素。

第一节　婚姻制度

芬兰著名的社会学家、人类学家和哲学家 E. A. 韦斯特马克在其著作《人类婚姻史》中提到，"婚姻，通常被作为一种表示社会制度的术语。婚姻是得到习俗或法律承认的男女双方结合的关系，包括婚配期间男女相互之间所具有的以及他们对所生子女所具有的一定的权利和义务"[①]。这些权利和义务因民族而异，自秦汉以后，各民族无论是通过文明交流还是暴力交往，其联系都在不断地加强。北方游牧民族在与其他民族不断交往和融合的过程中，潜移默化地改变了社会生活习俗，尤其是婚姻习俗。正如马克思、恩格斯在《共产主义——交往形式本身的生产》一文中所指出的："民族大迁移后的时期中，到处都可见到……征服者很快就学会了被征服者的语言，接受了他们的教育和风俗。"[②] 因此，婚姻不仅意味着繁衍后代，还肩负着延续人类生存和发展的重担，即所谓"合二姓之好，上以事宗庙，下以继后世也"[③]。北方游牧民族婚姻习俗中的中原农耕文化因素，恰恰是民族融合发展的集中体现。

---

① ［芬兰］E. A. 韦斯特马克. 人类婚姻史［M］. 北京：商务印书馆，2015：35.

② 马克思，恩格斯. 共产主义——交往形式本身的生产［M］. 北京：人民出版社，1958：143.

③ （西汉）戴圣. 礼记·昏义［M］. 北京：中国文史出版社，1999：48.

一、契丹人的婚姻制度

契丹源于古代的东胡，是周人在东北的属部，属于典型的游牧民族。东胡作为一个大的部落联盟被匈奴击败后逐渐分化形成了不同民族，被称为东胡族系。其中退守到乌桓山的发展为乌桓族，退守到鲜卑山的发展为鲜卑族，鲜卑族中宇文部与其他民族融合逐渐发展成契丹、库莫奚。因此，契丹人的婚姻习俗与其族源的其他民族有很多相近之处。

《史记·匈奴列传》记载："匈奴，其先祖夏后氏之苗裔也……居于北蛮，随畜牧而转移……贵壮健，贱老弱。父死，妻其后母；兄弟死，皆取其妻妻之。"① 公元前3世纪既是匈奴在历史舞台的活跃时期，也是中国历史较为重要的转型时期，原始氏族社会时期的婚姻习俗仍有许多遗留并影响到其他一些游牧民族。其主要表现在：一是氏族外婚制。氏族外婚制最初出现于对偶婚时期，规定同一氏族的男女不准相互通婚，只能在本氏族之外寻找自己的配偶。这种婚姻关系不是个人对个人，而是氏族对氏族。② 二是收继婚制。收继婚的存在与氏族外婚制有一定的联系，嫁入本氏族的女子，仍是以氏族对氏族，而不是以个人对个人，女子嫁到夫家，不但属于夫家而且属于夫家的氏族。收继婚实行的背景正如《史记·匈奴传》所记载的那样："父子兄弟死，取其妻妻之，恶种姓之失也。故匈奴虽乱，必立宗种。"③ 可见，收继婚俗是与匈奴当时特殊的社会生活和社会结构相适应的，重视宗族的血脉是其收继婚流行的主要原因。另外，由于父系家长制脱胎于对偶婚家族，而对偶婚又是从原始的群婚发展而来的，因此，收继婚也是原始群婚的一种遗风。

《后汉书·乌桓鲜卑列传》记载："乌桓者，本东胡也……俗善骑射……随水草放牧，居无常处……贵少而贱老，其性悍塞。怒则杀父兄，而终不害其母，以母有族类……其嫁娶则先略女通情，或半岁百日，然后送牛、马、羊畜，以为娉币。婿随妻还家，妻家无尊卑，旦旦拜之，而不拜其父母。为妻家仆役，一二年间，妻家乃厚遣送女，居处财物一皆为

---

① （汉）司马迁. 史记·匈奴列传（卷一百一十）[M]. 北京：中华书局，1959：2879.

② 林幹. 匈奴史 [M]. 呼和浩特：内蒙古人民出版社，2007：161.

③ （汉）司马迁. 史记·匈奴列传（卷一百一十）[M]. 北京：中华书局，1959：2900.

办。其俗妻后母，报寡嫂，死则归其故夫。"① 这段史料大体勾画出乌桓的婚姻习俗，史料中所描述的无论是聘娶婚、劳役婚还是收继婚，在婚姻家庭中女性的地位相对都比较高。乌桓早在汉代已经进入父系氏族社会，但依然是有"怒则杀父兄，而终不害其母，以母有族类"的习俗，说明在乌桓家庭和婚姻关系中母系社会遗留下的重视母方家族势力的风气和思想依然很浓厚。特别是其收继婚较之匈奴和后期的蒙古更为复杂，"兄死，弟可以妻其寡嫂，若寡嫂之小叔死，小叔之子可以妻其伯母；若小叔无子，则依次由其他伯叔妻此小叔原来的寡妻"②。同书又载"鲜卑者，亦东胡之支也……其言语习俗与乌桓同。唯婚姻先髡头，以季春月大会于饶乐水上，饮宴毕，然后配合。"③ 鲜卑早期的婚俗除了延续东胡系乌桓的婚俗外，增加了头发式样的变化，并明确了举行婚姻仪式的时间地点，使婚姻习俗有了更为具体的内容规定。乌桓、拓跋同俗，而田余庆先生在《拓跋史探》④ 提到了鲜卑拓跋部"子贵母死"制度，关于这一制度周一良先生也有阐述"拓跋氏入中原之旧制，凡其子之立太子者，母妃先赐死"⑤。这是个体家庭产生之初，甥舅继承制逐渐向父子继承制转变而出现的舅权与父权的冲突，其实质是为了加强皇权。史睿在《鲜卑婚俗与北朝汉族婚姻礼法的交互影响》一文中也提到"北朝的婚姻礼法之倚重母党、妻党与鲜卑贵族抑制母党、妻党表象相宜实质相同"⑥，这就使北朝农耕民族原本保留着局部交换婚姻关系之下的一系列传统礼法得以强化，更加重外家轻本宗。随着鲜卑族放弃了"子贵母死"之法，舅权和父权的联手与合作逐渐实现，政治权力主体力量得到进一步加强。

《三国志》所记载的乌丸⑦的婚姻习俗与《后汉书》所记载的基本相

---

① （宋）范晔撰，（唐）李贤等校注. 后汉书·乌桓列传（卷九十）［M］. 北京：中华书局，1965：2979.

② 林幹. 东胡史［M］. 呼和浩特：内蒙古人民出版社，2007：26.

③ （宋）范晔撰，（唐）李贤等校注. 后汉书·鲜卑列传（卷九十）［M］. 北京：中华书局，1965：2985.

④ 田余庆. 拓跋史探［M］. 北京：生活. 读书. 新知三联书店，2003.

⑤ 周一良. 魏晋南北朝札记［M］. 北京：中华书局，1959：380.

⑥ 史睿. 鲜卑婚俗与北朝汉族婚姻礼法的交互影响［J］. 文史，2018（2）.

⑦ 乌丸即乌桓.

同。"鲜卑亦东胡之余也,别保鲜卑山,因号焉。其言语习俗与乌丸同。其地东接辽水,西当西城。常以季春大会,作乐水上,嫁女娶妇,髡头饮宴。"① 可见,在三国时期契丹先世的婚姻习俗变化不大。在《魏书·契丹传》中首次出现记载契丹国的传记,"契丹国,在库莫奚东,异种同类,俱窜于松漠之间。……熙平中,契丹使人祖真等三十人还,灵太后以其俗嫁娶之际,以青毡为上服,人给青毡两匹,赏其诚款之心,余依旧式。朝贡至齐受禅常不绝。"② 这段史料介绍了契丹早期的婚姻习俗中有以青毡作为结婚时礼服这一习俗,而在段成式的《酉阳杂俎》中也记载了唐代北朝的一些婚俗情况:"北朝婚礼,青布幔为屋,在门内外,谓之青庐,于此交拜。"③ 这里也提到了以"青布幔为屋"的习俗。可见,青色在北方少数民族婚俗的礼仪中占有非常重要的地位。

二十四史中的《周书》中没有具体提到契丹族的婚俗,但从《隋书·契丹传》记载中可知"契丹之先,与库莫奚异种而同类,并为慕容氏所破,俱窜于松、漠之间。其后稍大,居黄龙之北数百里。其俗颇与靺鞨同。"④《北史·契丹传》中也有类似的记述:"其俗与靺鞨同,好为强寇……"⑤ 上述史料中提到契丹的习俗与靺鞨大体相同,而有关靺鞨的习俗在《隋书》中有相关记载,"靺鞨,在高丽之北,邑落具有酋长。……其俗淫而妒(妒),其妻有外淫,人有告其夫,夫辄杀妻,杀而后悔,必杀告者,由是奸淫之事终不发扬。"⑥ 可见,靺鞨婚姻习俗中有了对女性守贞节的要求。我们知道靺鞨在隋唐时期逐渐强盛,其一部粟末靺鞨建立雄踞一方的渤海国,另一部黑水靺鞨发展成为女真,并建立了金政权。契丹在五代时期建立了辽政权,收复了渤海故地,女真部族也依附于辽。因为部落依附和民族交往的缘故,契丹与靺鞨的婚姻习俗有相近或相似的地方,也就是

---

① (晋)陈寿. 三国志·魏书·鲜卑列传(卷三十)[M]. 北京:中华书局,1959:836.
② (北齐)魏收. 魏书·契丹列传(卷一百)[M]. 北京:中华书局,1974:2223-2224.
③ (唐)段成式,方南生点校. 酉阳杂俎[M]. 北京:中华书局,1981:7.
④ (唐)魏徵、令狐德棻. 隋书·北狄·契丹列传(卷八十四)[M]. 北京:中华书局,1973:1881.
⑤ (唐)李延寿. 北史·契丹列传(卷九十四)[M]. 北京:中华书局,1974:3128.
⑥ (唐)魏徵、令狐德棻. 隋书·东夷·靺鞨列传(卷八十一)[M]. 北京:中华书局,1973:1821.

契丹与女真的婚姻习俗也有相近或相似的地方。在《旧唐书》中提到："契丹，居潢水之南，黄龙之北，鲜卑之故地，在京城东北五千三百里。东与高丽邻，西与奚国接，南至营州，北至室韦。……其俗，死者不得作冢墓，以马驾车送入大山，置之树上，亦无服纪。子孙死，父母晨夕哭之；父母死，子孙不哭。其余风俗与突厥同。"① 而在正史中有关突厥习俗的记载最早见于《周书》，在《周书·异域传（下）》中记载："突厥之先出于索国，在匈奴之北。……泥师都既别感异气，能征召风雨。娶二妻，云是夏神、冬神之女也。一孕而生四男。"② 这里提到的就是突厥早期的对偶婚；"……遂共奉大儿为主，号为突厥，即讷都六设也。讷都六有十妻，所生子皆以母族为姓，阿史那是其小妻之子也。"③ 这段史料记载的是突厥早期的一夫多妻制婚俗；"……其俗被发左衽，穹庐毡帐，随水草迁徙，……犹古之匈奴也。……依平生所杀人数男有悦爱于女者，归即遣人聘问，其父母多不违也。"④ 记述的是突厥早期的聘娶婚；"父兄伯叔死者，子弟及侄等妻其后母、世叔母及嫂，唯尊者不得下淫。"⑤ 这段史料所反映的是突厥早期有收继婚的婚俗。因此，通过《周书》的记载我们可以看到，突厥早期的婚姻有对偶婚、一夫多妻制、聘娶婚、收继婚等习俗，这些习俗在《北史》《隋书》《旧唐书》《新唐书》中均有相关的记载，而突厥的婚姻习俗在早期其他部族的婚姻习俗中也大多存在。

因此，通过上述二十四史中与契丹婚姻习俗有相近性或是契丹先祖的史料的耙梳，基本可以得出古代北方游牧民族的婚姻习俗有诸多的相似之处。

契丹作为我国古代北方的游牧族群，是一个混血儿，系出多宗。其族

---

① （后晋）刘昫. 旧唐书·北狄·契丹列传［卷一百九十九（下）］［M］. 北京：中华书局，1975：5350.

② （唐）令狐德棻等撰. 周书·异域下·突厥列传［M］. 北京：中华书局，1971：909-910.

③ （唐）令狐德棻等撰. 周书·异域下·突厥列传［M］. 北京：中华书局，1971：909-910.

④ （唐）令狐德棻等撰. 周书·异域下·突厥列传［M］. 北京：中华书局，1971：909-910.

⑤ （唐）令狐德棻等撰. 周书·异域下·突厥列传［M］. 北京：中华书局，1971：909-910.

系有广义和狭义之分，广义契丹包括匈奴系、月氏系、鲜卑系，狭义契丹包括大贺氏、遥辇氏、迭剌氏，而狭义的契丹族系在所见的史料中多以契丹为名。契丹社会前后大约存续了近千年的历史，并逐渐形成了自己独特的婚姻制度。

有关契丹的婚姻制度前辈学者已有很多的研究，田广林先生在《契丹礼俗考论》中从三个维度归纳出契丹社会的婚姻制度。即"始终贯穿异姓婚的原则；实行等级婚姻；通行一夫一妻制"①。通过对辽代相关史料的耙梳，大致可以归纳出契丹人婚姻制度的概貌。

第一，契丹社会同姓不婚是其婚姻形态的主流。田广林先生在《契丹礼俗考》一文中，通过对契丹人早期的"青牛白马传说"的分析，认为"青牛神女与白马天神来自两地，二者异姓，故'可与为夫妇'反映出契丹的婚姻形态一开始就起点较高，奉行同姓不婚的原则"②。这与"男女同姓，其生不繁"有着相似的伦理规范和道德标准。早期的契丹社会没有严格限定两姓之间的婚姻，虽是"婚嫁不拘地里"③。这里的"地里"也就是我们所说的不同姓氏的居住地，同一地里姓氏应该是相同的，"婚姻不拘地里"也就是同姓和异姓均可以婚姻，但主要是以异姓婚姻为主。同时，在《契丹国志》中也记载："番法，王族惟与后族通婚，更不限以尊卑；其王族、后族二部落之家，若不奉北主之命，皆不得与诸部族之人通婚。"④ 耶律就是广义上的皇族，萧氏就是广义上的后族，这两大系统的契丹族众，就是契丹统治集团最根本的社会基础。另"契丹部族，本无姓氏，惟各以所居地名呼之，至阿保机变家为国之后，始以王族号为'横帐'，仍以所居之地名曰世里著姓。世里者，上京东二百里地名也。今有世里没里，以汉语译之，谓之耶律氏，复赐后族姓萧氏。"《辽史·太宗本纪（下）》记载，会同三年（940 年）十二月"丙辰，诏契丹人授汉官者从汉仪，听与汉人婚姻"⑤。另外，在余靖《武溪集》卷十八《契丹官仪》

---

① 田广林. 契丹礼俗考论［M］. 哈尔滨：哈尔滨出版社，1995：57-84.
② 田广林. 契丹礼俗考论［M］. 哈尔滨：哈尔滨出版社，1995：59.
③ （宋）叶隆礼. 契丹国志［M］. 北京：中华书局，2014：247.
④ （宋）叶隆礼. 契丹国志［M］. 北京：中华书局，2014：247.
⑤ （元）脱脱. 辽史·太宗本纪（下）（卷四）［M］. 北京：中华书局，2016：53.

中又有"四姓杂居，旧不通婚。谋臣韩绍芳献议，乃许婚焉"的记载。如果余靖所传无误，那就可以推断出四姓（指契丹、萧、汉、渤海）通婚在当时是被认可的。尤其是在《辽史·后妃传》（卷七十一）中记载："肃祖尝过其家曰：同姓可结交，异姓可结婚。"① 不难看出当时异姓通婚思想在契丹人中占主导地位。

第二，契丹社会凸显等级婚姻的内婚制。随着社会的发展，契丹社会的阶级分化现象越来越明显，与之相适应的契丹人的婚姻形态也呈现出等级婚姻。贞观年间，大贺联盟建立，属于部落上层的两大家族李姓契丹②和孙姓契丹③之间的通婚就是属于等级婚姻中的内婚制。通过对史料的把梳我们可以发现，孙姓契丹最早出现在《旧唐书·契丹传》中，史载："又契丹有别部酋帅孙敖曹，初仕隋为金紫光禄大夫。武德四年，与靺鞨酋长突地稽俱遣使内附，……授云麾将军，行辽州总管。至曾孙万荣，……万岁通天中，万荣与王妹婿松漠都督李尽忠，俱为营州都督赵翙所侵侮，二人遂举兵杀翙，据营州作乱。"④《资治通鉴》又载："贞观二十二年（648年），以契丹别部置归诚州，属松漠都督府"⑤；武则天万岁通元元年（696年）"夏，五月，壬子，营州契丹松漠都督李尽忠、归诚州刺史孙万荣举兵反，攻陷营州"⑥。同年"冬，十月，辛卯，契丹李尽忠卒，孙万荣代领其众"⑦。通过以上史料的分析，我们可以得出以下信息：一是，大贺氏是在贞观二十二年赐姓李而为李姓契丹，孙姓契丹是在隋被封为金紫光禄大夫，唐贞观二十二年将孙姓契丹置归诚州，属松漠都护府。可见，孙姓契丹是古八部中新兴势力中比较强大的一部，且加入了大贺氏联盟。

---

① （元）脱脱．辽史·后妃传（卷七十一）［M］．北京：中华书局，2016：1318．

② 据《新唐书·契丹传》记载：在太宗贞观二十二年（648）"窟哥举部内属，乃置松漠都督府，以窟哥为使节十州诸军事、松漠都督、封无极男，赐李姓"。这样，大贺氏家族便成了李姓契丹。

③ 因孙氏契丹的来源不像李氏契丹记载的明确，学界多认为"孙"即"审密"之转音。审密氏在大贺氏联盟晚期，分为两部，一为乙室已，另一为拔里，世与大贺氏通婚。见田广林先生的《契丹礼俗考》。

④ （后晋）刘昫．旧唐书·北狄·契丹列传［卷一百九十九（下）］［M］．北京：中华书局，1975：5350．

⑤ （宋）司马光．资治通鉴［M］．北京：中华书局，1956：6444．

⑥ （宋）司马光．资治通鉴［M］．北京：中华书局，1956：6505．

⑦ （宋）司马光．资治通鉴［M］．北京：中华书局，1956：6510．

二是，李姓契丹与孙姓契丹建立了通婚关系，孙敖曹的曾孙孙万荣是大贺氏联盟长李尽忠的妻兄，也就是孙氏契丹是以后契丹政权建立后的"乙室已"和"拔里"，即国舅也。

遥辇时期，契丹社会的大贺氏、遥辇氏、乙室已和拔里氏的势力逐渐分割离散，失去了与迭剌部抗衡的条件，"遥辇氏承万荣、可突于散败之余，更为八部，然遥辇、迭剌别出，又十部也。阻午可汗析为二十部……涅里相阻午可汗，分三耶律为七，二审密为五，并前八部为二十部。三耶律：一曰大贺，二曰遥辇，三曰世里，即皇族也。二审密：一曰乙室已，二曰拔里，即国舅也"①。同时，又据《辽史》记载可知，"契丹外戚，其先曰二审密氏：曰拔里，曰乙室已。至辽太祖，娶述律氏。述律，本回鹘糯思之后。大同元年，太宗自汴将还，留外戚小汉为汴州节度使，赐姓名曰萧翰，以从中国之俗，由是拔里、乙室已、述律三族皆为萧姓。"② 赵卫邦先生在《契丹国家的形成》一文中也提到了"阿保机的家族原来世与拔里、乙室已二族为婚。契丹虽已进入父系氏族阶段而母系血缘关系保仍甚重视，故国舅帐同样是与君主关保最密切的贵族家族"③。这样，契丹社会逐渐形成了三耶律与二审密互为婚姻的等级内婚制。

第三，对契丹皇族婚姻的限制。在《契丹国志》中有对皇族和后族通婚的记载，即"其王族后族二部落之家，若不奉北主之命，皆不得与诸部之人通婚"④。在辽圣宗时期，对皇族内的婚姻又做出严格的规定，辽圣宗统和八年（1019年）十月，"癸巳，诏横帐三房不得与卑小帐族为婚；凡嫁娶，必奏而后行"⑤。可见，契丹皇族内部的婚姻是存在着一定制约的。

第四，非皇族的婚姻较为自由。有关非皇族成员婚姻的规定，我们依据《契丹国志》所载"……诸部族彼此相婚嫁不拘此限，汉人等亦同"⑥这一史料可知，其他部族间的通婚是不受制约的。辽政权早在兴宗朝时就

① （元）脱脱.辽史·营卫志（中）（卷三十二）［M］.北京：中华书局，2016：427.430.431.
② （元）脱脱.辽史·外戚表（卷六十七）［M］.北京：中华书局，2016：1135.
③ 赵卫邦.契丹国家的形成［J］.四川大学学报，1958：02.
④ （宋）叶隆礼.契丹国志［M］.北京：中华书局，2014：247.
⑤ （元）脱脱.辽史·圣宗本纪（七）（卷十六）［M］.北京：中华书局，2016：208.
⑥ （宋）叶隆礼.契丹国志［M］.北京：中华书局，2014：247.

解除了对其他民族间的婚禁，"胡人东有渤海、西有奚、南据燕、北据其窟穴，四姓杂居，旧不通婚。谋臣韩绍芳（兴宗朝为相）献议，乃许婚焉。"① 这里涉及了契丹、奚、汉、渤海四姓，四姓通婚有如下记述：首先，太宗会同三年（940 年），承认受封汉官的契丹人与汉人通婚，并根据兴宗时韩绍芳的献议得到全面普及，《武溪集》对此有明确的记载。道宗时期多次奉旨入辽的宋臣苏辙，在《栾城集·奉使契丹》（卷十六）奚君中记载的"燕俗嗟犹在，婚姻未许连"② 与此也有关联。其次，《金史》中也有相关的记载。《金史·章宗本纪》载，明昌二年（1191 年）四月"戊寅朔。尚书省言。齐民与屯田户往往不睦若令递相婚姻实国家长久安宁之计。从之"③。这些都是当时四姓之间有和亲打算的例证。但是四姓通婚并没有持续很长时间就被禁止了。在《辽史·道宗本纪》中记载，辽道宗大安十年（1094 年）六月"己亥，禁边民与蕃部为婚"④。可见，为了维护少数民族血统的纯洁性，这种特殊的社会意识形态存在是必然的。

第五，一夫一妻制是契丹社会基本的婚姻形态。田广林先生在其《契丹礼俗考论》中提到，契丹人祖神传说青牛白马的故事，表明其社会发展从起始阶段，就已经进入一妻一夫制家庭时代。一妻一夫制，是契丹社会婚姻的基本形态。⑤ 对于一夫一妻制，恩格斯在其经典著作《家族、私有财产和国家的起源》一书中有非常经典的论述，他认为一夫一妻制的起源绝不是个人性爱的结果，并且与它没有关系，因为婚姻还是以前的权衡利害的婚姻，所以，"一夫一妻制不是以自然条件为基础，而是以经济条件为基础，即以私有财产战胜原始的自然生长的共有财产的胜利为基础。"⑥对此，芬兰著名社会学家、人类学家和哲学家爱德华·亚历山大·韦斯特马克在其《人类婚姻史》著作中也提出："婚姻不仅仅规定了男女之间的

---

① （宋）余靖．广东丛书·武溪集（卷十八）·契丹官仪［M］．北京：商务印书馆，1946：219.

② （宋）苏辙著，曾枣莊、马德富校点．栾城集·奉使契丹（卷十六）［M］．上海：上海古籍出版社，1987：397.

③ （元）脱脱．金史·章宗本纪（卷九）［M］．北京：中华书局，1975：219.

④ （元）脱脱．辽史·道宗本纪（五）（卷二十五）［M］．北京：中华书局，2016：342.

⑤ 田广林．契丹礼俗考论［M］．哈尔滨：哈尔滨出版社，1995：77.

⑥ ［德］恩格斯著，张仲实译家族·私有财产即国家的起源［M］．上海：三联书店，1950：68.

性交关系，它还是一种从各方面影响到双方财产的经济制度。"① 可见，一夫一妻制的出现是社会发展到父权家长制时代，男子独占私有财产的产物。在文明社会的财产私有制时代，妻妾子女都被视为男性家长的财产。因此，一夫一妻制是女性方面的一夫一妻制，对于男性而言是不会妨碍其秘密的或公开的多偶制。但无论是一夫一妻制还是一夫一妻制变异下的一夫多妻制，这种婚姻形态仍是父权家长制时代专偶婚制度的两种形式。

中国古代早期对于一夫一妻的承认体现在两个方面，一是礼制上的体现。在古代宗法制社会中里，多娶是为胤嗣之续，但同时又存在着嫡庶之别，妻只能有一个，因此在礼制上以阴阳、日月、乾坤、刚柔来比喻夫妇的地位，充分体现了对一夫一妻制的承认。如《礼记·礼器》中提到："大明生于东，月生于西，此阴阳之分，夫妇之位也。"② 而在《毛诗正义·召南·小星》也提到："嘒彼小星，三五在东。肃肃宵征，夙夜在公。寔命不同。嘒彼小星，维参与昴。肃肃宵征，抱衾与裯。寔命不犹。"夫妻比作日月，众妾只不过是小星罢了，原则上维护一夫一妻制。二是法制上的体现。陈顾远先生在其著作《中国婚姻史》中提到："秦汉以后，用律辅礼，故礼制上所否认之妻妾易位，或尊妾为妻，历代各律每禁止之，其尤著者，则为重婚罪之制定是也。"③ 而关于重婚罪量刑与惩罚也是现代社会婚姻法的一部分。契丹社会由于经济地位和生活条件的限制，基本在普通平民阶层家庭中盛行一夫一妻制，但同时也存在一夫多妻制。洪皓的《松漠纪闻》中载有"契丹、女真诸国皆有女倡，而其良人皆有小妇、侍婢……"④ 这就说明，契丹社会良民即平民阶层的婚姻形态也存在着一夫多妻制。这种婚姻形态在契丹社会的贵族中更为广泛，尤其在契丹建国后，随着对外的军事征伐，在战争中立功的将帅得到的赏赐品就有大量的俘获或掳掠的女性，正妻之外的妻妾在某种程度上就被视为一种财物和奖品，这在位高的皇族、后族和韩德让家族中表现得尤为突出。据史料

---

① [芬兰] E. A. 韦斯特马克. 人类婚姻史 [M]. 北京：商务印书馆，2015：26.
② 十三经注疏整理委员会. 十三经注疏·礼记正义（上、中、下）[M]. 北京：北京大学出版社，1999：754.
③ 陈顾远. 中国婚姻史 [M]. 北京：商务印书馆，2016：42.
④ 洪皓. 松漠纪闻 [M]（《长白丛书》吉林师范学院古籍研究所，李澍田主编）长春：吉林文史出版社，1986：19.

记载："隆庆者，隆绪之弟，契丹国母萧氏之爱子也，故王以全燕之地而开府焉。其调度之物，悉侈于隆绪，尝岁籍民子女，躬自拣择，其尤者为王妃，次者为妾滕。"① 幽州和蓟州地区的百姓备受贵族的欺凌，史载："耶律、萧、韩三姓恣横，岁求良家子以为妻妾，幽州之女，有姿质者，父母不令施粉白，弊衣而藏，比嫁，不与亲族相往来"。② 当地百姓家的姑娘为了避免被霸占，只能以隐藏的状态求生存，这也从侧面说明了契丹上层一夫多妻制的盛行。

二、女真人的婚姻制度

女真是中国北方较为古老的通古斯部落的部族之一，它凭借本民族的尚武精神，打败了统治女真多年的辽王朝，建立了历史上强大的金政权，并在灭辽之后又一举灭掉了中原的北宋王朝。金政权虽然只存在了短短的一百二十余年，但在中原近一千五百多年的封建社会的渲染下，快速历经了原始社会、奴隶社会、封建社会三个社会形态。使女真建立的金政权在中国历史上留下了极其浓重的一笔，遗留了很多值得我们研究的问题，特别是对女真婚姻习俗的研究，值得我们深入思考。在女真历史发展的长河中，与社会生活密切相关的婚姻习俗由于受到政治、经济、军事、文化、民族关系等诸多因素的影响，变迁的轨迹显得更为复杂多样和独特。

（一）由"从妻居"向"从夫居"演进的女真先民

女真的先民就是古肃慎国，东汉称之为挹娄，元魏称之为勿吉，隋唐时称之为靺鞨。③ 早期女真各部最大的氏族组织是以血缘为纽带的邑落。这些原始的氏族集团组成的邑落，组织上比较松散，各邑落间的发展也不均衡。《魏书·勿吉传》载有女真先民邑落时期的婚俗："初婚之夕，男就

---

① （宋）江少虞. 宋朝事实类苑［M］. 上海：上海古籍出版社，1981：1010.

② （宋）江少虞. 宋朝事实类苑［M］. 上海：上海古籍出版社，1981：1012.

③ 有关女真源流的说法采纳的是（宋）洪皓《松漠纪闻》的观点。《长白丛书》吉林师范学院古籍研究所，李澍田主编，吉林文史出版社，1986 年，第 9 页。关于女真的源流，孙进己《女真史》中有更详细的阐述，认为肃慎、挹娄、勿吉不是同部，靺鞨也不是专指女真，只有黑水靺鞨才是女真的祖先。见孙进己《女真史》，吉林文史出版社，1987 年，1-8 页。

女家执女乳而罢，便以为定，仍为夫妇。"① 这条史料所反映的是女真先民早期"从妻居"婚姻习俗。从这一习俗可以看出，女真先民尚处于母系氏族阶段，在女方家举行婚礼，体现了母权制时代的社会关系中，女子的社会地位高于男子。但据《晋书·肃慎传》记载的女真先民的嫁娶之法"男以毛羽插女头，女和则持归，然后致礼娉之"② 中又可以看出：从魏到晋，女真先民的婚姻习俗随着社会的发展发生了很大的变化，这时期的婚姻主动权渐趋转向男子，但这一变迁并非一蹴而就，而是经历了漫长的历史过程。男子在婚姻中的主动地位渐趋凸显，妻子如丈夫的财产一样，丈夫拥有其绝对的专属权。在《隋书·靺鞨传》中记有女真先民的习俗："其俗淫而妒（妒），其妻有外淫，人有告其夫，夫辄杀妻，杀而后悔，必杀告者，由是奸淫之事终不发扬。"③ 这一习俗的记载从字面上看，是丈夫对妻子外遇采取极其严厉的惩罚措施，不但杀妻，连告发的人也一同杀掉，以达到"家丑不可外扬"之目的，但实际上反映的是女真先民的婚姻习俗演变的轨迹，是随着个体家庭以及私有制的产生而发生变化。家庭的私有财产掌握在男子手中，妻子只不过是丈夫的一种财产而已，并在男子的头脑中产生了决不允许他人侵占的思想意识。随着个体家庭的出现，一夫一妻制婚姻关系的萌芽，在家庭中丈夫获得了独占妻子的权利，女性们一结婚就丧失了婚前的性自由，严守贞节是做妻子的重要义务之一，倘若女子结婚之后，还想回到婚前的性自由，并企图进行实践，那就会遭到比过去任何时候都严厉地惩罚。面对丈夫如此严厉的约束和惩罚，女人们也曾想通过惩罚丈夫出轨的对象或诟病为人妻不留心丈夫的行为，来规制男子的出轨。如《松漠纪闻》中记载："妇人皆悍妒，大氏与他姓相结为十姊妹，迭稽察其夫，不容侧室。及他游，闻则必谋置毒，死其所爱。一夫有所犯而妻不之觉者，九人则群聚而诟之。争以忌嫉相夸，故契丹、女真诸国皆有女倡，而其良人皆有小妇、侍婢，唯渤海无之。"④ 这条史料虽是渤海人

---

① （北齐）魏收．魏书·勿吉传（卷一百）［M］．北京：中华书局，1974：2220.

② （唐）房玄龄．晋书·四夷传（卷九十七）［M］．北京：中华书局，1974：2535.

③ （唐）魏徵．隋书·靺鞨传（卷八十一）［M］．北京：中华书局，1973：1821.

④ 洪皓．松漠纪闻［M］（《长白丛书》吉林师范学院古籍研究所，李澍田主编）长春：吉林文史出版社，1986：19.

的个案材料，但我们依然能够推断出，在北方少数民族婚姻习俗中，男子在家庭中的尊上地位和妻子不甘愿屈从，试图通过某种途径和手段改变自己被动的命运，争取到自己对丈夫的独有权。这既体现了母系氏族女权制的遗风，也打上了财产私有制的烙印。正如恩格斯在《家庭、私有制和国家的起源》中所描述的那样，"在氏族制度下，家庭从来不是，也不可能是一个组织单位，因为夫和妻必然属于两个氏族"①。而这个时期的女真先世男子的行为，也体现了女真先世的婚姻由对偶婚开始向单偶婚转化，世系也由母系开始向父系转变，男子居于主导地位的家庭产生，整个社会的公有制经济逐渐被私有制经济所取代。在婚姻习俗方面，某些对偶婚的残余力量仍然保留，但在单偶婚婚制上出现了的某些新因素，并逐渐居于主导地位。

（二）"从妻居"习俗遗迹的遗留——"服役婚"

女真先民"从妻居"的婚姻习俗，随着社会的发展渐趋向"从夫居"转换。但在女真先祖时期，女真人的婚姻习俗尚未完全脱离"从妻居"的氏族外婚。据《金史·世纪》记载，金始祖函普，解决了部族间的纠纷，赢得了部族人的信任，为感谢函普，"以青牛一，并许归六十之妇。始祖乃以青牛为聘礼而纳之，并得其赀产。后生二男，长曰乌鲁，次曰斡鲁，一女曰注思板，遂为完颜部人。"② 这既是女真婚姻习俗中从妻居的反映，也是女真氏族外婚制和聘娶婚习俗的写照。在《酉阳杂俎》中也记载了唐代北朝的一些婚俗情况："北朝婚礼，青布幔为屋，在门内外，谓之青庐，于此交拜。"③ 从所记载的内容看，北朝的婚礼中，交拜的仪式在女方家门外完成，说明当时包括女真人在内，北方少数民族的婚姻习俗是氏族外婚制，而金始祖完颜氏的姓氏也是"从妻居"而得的，契丹始祖所生八子，所形成的契丹八部的首领都是"从妻居"。"从妻居"得姓，或以妻所在部落地名为姓，这些都是少数民族氏族外通婚"从妻居"的极好例证。

女真人由母系氏族向父系氏族过渡，在私有制早期还流行一种服役婚

---

① ［德］恩格斯. 家庭、私有制和国家的起源［M］. 北京：人民出版社，1972：98.
② （元）脱脱. 金史·世纪（卷一）［M］. 北京：中华书局，1975：2.
③ （唐）段成式，方南生点校. 酉阳杂俎（卷一）［M］. 北京：中华书局，1981：7.

的婚俗。所谓的服役婚，就是男子婚前或婚后，须在妻母家服劳役若干时间，作为娶妻的代价。① 这种服役婚在少数民族中颇为盛行，《后汉书·乌桓传》和《新唐书·北狄传》就有乌桓人和室韦人的男方给女方母家服役婚俗的记载，女真人的服役婚俗主要记载在宇文懋昭的《大金国志》卷三十九《婚姻》条："既成婚，（婿）留于妇家，执仆隶役，虽行酒进食，皆躬亲之。三年，然后以妇归。妇用奴婢数十户，牛马数十群，每群九牝一牡，以资遣之。"② 可见，服役婚俗在我国古代的许多民族中都曾出现过。而女真人服役婚俗所体现出的不仅是夫婿为女方执仆役以补偿妇家女儿出嫁所带来的劳动力损失，更为重要的是丈夫服役期满携妇归家时，妇家将给予一定资产，作为出嫁女儿财产继承的补偿。这种婚姻习俗从根本上说，是随着私有制的产生而出现的。同时也表明婚姻习俗开始由"从妻居"向"从夫居"过渡，而"服役婚"恰恰反映出了在这种婚姻习俗过渡过程中，依然留有"从妻居"婚姻习俗遗迹的残余。

（三）女真建国前原始旧婚俗的演进

父系氏族以后，随着生产力的发展，产品有了剩余，霸占和抢劫剩余物资的思想意识开始产生。武士抢人、抢物的现象经常发生，战争和抢掠联为一体。③ 妻子作为丈夫的财产，抢掠妇女作为妻妾是财产增值的重要手段，这也是抢掠婚的重要根源。此外，由于人们对男女性别的偏见，弃杀女婴恶习的存在，导致一些地区成年女性缺乏，出现以抢劫的方式掳掠妻妾的习俗。抢掠婚无论是中原汉族还是北方少数民族都存在过。女真人早期的抢掠婚在《金史》中有详细的记载，《金史·世宗纪》记载的"渤海旧俗男女婚娶多不以礼，必先攘窃以奔……"④ 这种抢掠婚习俗的出现恰恰是在母系氏族群婚制向父系氏族个体婚制的过渡时期，而《金史·欢都传》中有关抢掠婚的记载："初，乌萨扎部有美女名罢敌悔，青岭东混同江蜀束水人掠而去，生二女，长曰达回，幼曰滓赛……昭祖及石鲁以众

---

① 史凤仪．中国古代婚姻与家庭［M］．武汉：湖北人民出版社，1987：40.

② 宇文懋昭．大金国志校证（卷三十九）［M］．北京：中华书局，1986：554.

③ 刘发岑．婚姻通史［M］．沈阳：辽宁人民出版社，1991：74.

④ （元）脱脱．金史·世纪（卷一）［M］．北京：中华书局，1975：169.

至，攻取其赀产，虏二女子以归。昭祖纳其一，贤石鲁纳其一，皆以为妾。"① 就是女真各部尚处于各部渐趋统一走向建立国家的时期，美女罢敌悔及她所生的两个女儿均遭遇抢掠成婚的命运，体现出金初抢婚习俗的盛行，而昭祖和贤石鲁是以联盟首长特殊身份率众去掠夺，使抢掠婚失去了原来朴素求妻的意义，成为有权势者为获得美女和财物的一种掠夺行为。而此后在灭辽、灭宋战争中的抢掠婚却凸显了女真统治者的政治目的。因此，抢掠婚的残酷性和掠夺性，是奴隶制度社会的重要表现，这一婚俗的演变也反映了女真建国后社会发展的轨迹。

女真先祖的放偷习俗是原始群婚制的遗俗。《松漠纪闻》载有："金国治盗甚严，每捕获，论罪外，皆七倍责偿。唯正月十六日则纵偷一日以为戏。妻女、宝货、车马为人所窃，皆不加刑……亦有先与室女私约，至期而窃去者，女愿留则听之。自契丹以来皆然，今燕亦如此。"② 这一婚姻习俗包含的内容有：其一，女真人男子可以在这一天偷欢自己喜欢的女子，即便这个女子已经成家；其二，可以与自己私订终身的未婚"在室女"自由私奔，如女子愿留则完成私奔婚的事实，并得到家长的认可。这就说明女真人对"在室女"的婚姻自由选择权还是比较宽泛的。但是，这个习俗初期并不排除已婚女人，然而由于受到汉族文化的影响，对偷欢已婚女则加以限制，为礼法所不容，以至于完颜希尹的第三子挞挞在"正月十六挟奴仆入寡姊家烝焉"。③ 这一举动受到汉化程度较深的父亲完颜希尹严厉惩罚，而完颜希尹缚杖其子问其原因时，他的回答竟是"放偷敢尔"。可见，放偷习俗对女真人婚姻认识的影响之大已经超越了法律，而这一婚姻习俗的演变也从侧面反映出女真社会渐趋步入封建社会的发展轨道。

收续婚的出现和盛行，也与原始的群婚残余有关，如契丹族保存着东胡民族的"妻后母，报寡嫂"④ 的遗风，典型代表是耶律滑哥"烝其父

---

① （元）脱脱. 金史·欢都传（卷六十八）[M]. 北京：中华书局，1975：1591.

② 洪皓. 松漠纪闻 [M]（《长白丛书》吉林师范学院古籍研究所，李澍田主编）长春：吉林文史出版社，1986：30.

③ 洪皓. 松漠纪闻 [M]（《长白丛书》吉林师范学院古籍研究所，李澍田主编）长春：吉林文史出版社，1986：36.

④ （南朝宋）范晔. 后汉书·乌桓传（卷九十）[M]. 北京：中华书局，1973：2979.

妾"①；女真人"父死则妻其母，兄死则妻其嫂，叔伯死则侄亦如之，无论贵贱，人有数妻"②，其风俗是"取妇于家，而其夫身死，不令归宗，则兄、弟、侄皆得以聘之，有妻其继母者"③；《金史》中记载有明确收继关系的，如颇剌淑对胞弟劾者的媳妇加古氏的收继；熙宗对胞弟常胜的妻子撒卯的收继并纳入宫中；斡本对从兄弟谋良虎之妻的收继；斡本对弟绳果（完颜宗峻）之妻的收继；兀术对兄讹里朵之妻张氏的收继；等等。收继婚的盛行与财产观念和民间继替制度密不可分，也造成了金代女真人一夫多妻的普遍流行。妻子作为家族的财产而存在，当第一个直接拥有者去世后，为使家族财产不流失，而将其所有权转入家族中其他男性成员，既避免了女性改嫁带来的财产损失，也保证了死者血脉在家族中的延续。因此，收继婚俗从根本上剥夺了妇女作为"人"这一本质的内涵，而将其归入了物的行列，否认了女性独立的人格和权利。虽然有时收继也得到了妇女本人的认可，但那只不过是她对本民族习俗的一种无奈的选择。

总之，女真建国前，社会形态已经开始迈向文明社会，但由于自然环境的恶劣，生产力的落后，传统习俗的根深蒂固，文化形态的封闭性等原因，使女真先祖依然固守一些氏族部落时期的婚姻习俗，甚至在女真建国后还一直延续。

三、蒙古人的婚姻制度

春秋时期，北方各游牧部族被泛称为戎或狄。狄又分为赤狄、白狄和众狄，其中赤狄、白狄生活在今陕北和鄂尔多斯东南沿边一带。山戎主要活跃在河北北部、辽宁西南及内蒙古东部三者交汇处，并逐渐强大起来。西周时东胡主要活动在呼伦贝尔草原、西拉木伦河和老哈河一带。随着北方诸族的发展，对中原各诸侯国造成威胁，各诸侯国纷纷修筑长城以阻挡其南下。战国时期，随着各部族的融合和发展，其势力及活动范围也发生了很大的变化，逐渐形成了匈奴、东胡两个族系。匈奴是蒙古地区第一个

---

① （元）脱脱. 辽史·逆臣传（卷一百一十二）[M]. 北京：中华书局，2016：1653.

② 宇文懋昭. 大金国志校证·附录三 [M]. 北京：中华书局，1986：615.

③ 陶宗仪. 说郛·虏廷事实（卷八）[M]. 北京：中国书店出版社，1986：48.

在正史出现并建立强大政权的北方民族，有很多学者认为蒙古族的族源应该从匈奴开始。① 但亦邻真先生在《中国北方民族与蒙古族族源》一文中提出，蒙古民族是一个逐步形成的民族，其中东胡人属于蒙古人种，狭义的东胡人就是鲜卑人乌桓（丸）人。在鲜卑人迁进内蒙古西部地区和内地以后，北魏时期在东胡故地居住的主要有契丹人和室韦人。室韦人中语言属于东胡后裔语言的室韦人又称作达怛人，② 这就是我们后来所见的蒙古人。

（一）蒙古人婚姻制度中的一夫一妻制及其变异

在拉施特的《史集》中提到蒙古各部落的族源，认为"蒙古各部族起源于遁入额尔古纳河的两个人，由于生息繁衍，其氏族人数渐众，蒙古一词成了他们氏族的名称"③。而在《蒙古秘史》中也提到成吉思汗的家族起源是"奉天而生的孛儿帖·赤那，和他的妻子豁埃·马阑勒，渡过大湖而来，来到斡难河源头的不儿罕·合勒敦山扎营住下。他们生下的儿子为巴塔赤罕"④。这两条史料从婚姻的角度分析，说明这时期蒙古族部落始祖实行的是一夫一妻制，且表现为图腾外婚制，世系均记载为男性。恩格斯认为一夫一妻制的家庭是在"野蛮时代的中级阶段和高级阶段交替的时期从对偶家庭中产生的，是建立在丈夫的统治之上的，其目的就是生育确凿无疑的父亲的子女，继承他们父亲的财产"⑤。可见，蒙古部族在此时已迈入文明时代。

北方少数民族在婚姻制度上都非常相似，蒙古部族早期也存在一夫一

---

① 参见内田吟风《北亚史研究·匈奴篇》（东京，1975年）第40页；麦高文《中亚古国史》（1939年，中译本，中华书局，1958）；马长寿《北狄与匈奴》（三联书店，1962）。其中包括：P·帕拉斯以来主张匈奴人即蒙古人的意见；伸丘林的匈奴是蒙古人的古时族名，霍握尔斯也持有类似的观点；J·施米特、B·贝格曼等人也认为匈奴人讲蒙古语；白鸟库吉由原来主张匈奴是突厥的观点，一变而为匈奴—蒙古说；二次大战以后，坚持匈奴—蒙古说的，主要见于蒙古人民共和国。

② 亦邻真. 中国北方民族与蒙古族族源 [J]. 内蒙古大学学报（哲学社会科学版），1979（Z2）.

③ ［波斯］拉施特主编. 史集 [M]. 余大均，周建奇译. 北京：商务印书馆，1983：127.

④ 余大均译注. 蒙古秘史 [M]. 石家庄：河北人民出版社，2007：3.

⑤ 中共中央马克思恩格斯列宁斯大林著作编译局编. 马克思恩格斯选集：第四卷 [M]. 北京：人民出版社 1995：57.

妻制的变异一夫多妻制，但一夫多妻制中，在众多妻子当中有一个主妻，同时，一夫多妻是具有一定特殊地位和经济实力才能实现的。这在《蒙古秘史》《蒙兀儿史记》《多桑蒙古史》《夷俗记》《马可波罗行纪》等史料中都有相关的记载。《蒙古秘史》记有："孛端察儿的结发正妻所生的儿子，名为把林失亦剌秃合必赤。随合必赤把阿秃儿的母亲从嫁来的妇人，被孛端察儿纳为妾，她生下一个儿子，名为沼兀列歹"①；孛端察儿的孙子"赤都忽勒孛阔有许多妻妾，生了许许多多儿子"②；孛端察儿的后人豁儿赤预言"铁木真当国主"③，铁木真答应他如果我真像你所说的那样掌管了国家，我就让你做万户长。豁儿赤提出除了"封我做万户长，还得从国内美好的女子中由我任意挑选三十人为妻"④，铁木真成为合罕后，果真给他30名美女为妻。蒙古部落的首领也速该·把阿秃儿也过着多妻生活，他共有七个子女，其中正妻诃额仑夫人生了铁木真、合撒儿、合赤温、帖木格这四个儿子，又生了一个女儿，名为帖木伦⑤，别克帖儿、别勒古台则为另一夫人所生；史料记载，成吉思汗共有一百多位妃子⑥，比较有名气的有孛儿帖、也遂、也速干、忽阑等，其中孛儿帖为众妃之首。《蒙兀儿史记》也有一夫多妻制的记载："蒙兀之出阿而格乃衮也，其后人最著者曰孛儿帖赤那娶妻甚多，长妻豁埃马阑勒。"⑦ 在《蒙兀儿史记》中也有孛端察儿娶妻的记载，"孛端察儿更自娶妻，生子曰合必赤把阿秃儿，仍纳其从嫁之婢为妾生子沼兀列歹"。⑧《多桑蒙古史》记载："其人妻妾之数，任其娶，能赡养若干，即娶若干。"⑨《马可波罗行纪》也载："各人之力如足赡养，可娶妻至于百数。然视第一妻为最驯良。"⑩ 同时，在加

① 余大均译注.蒙古秘史（卷一第43节）[M].石家庄：河北人民出版社，2007：31.
② 余大均译注.蒙古秘史（卷一第41节）[M].石家庄：河北人民出版社，2007：29.
③ 余大均译注.蒙古秘史（卷三第121节）[M].石家庄：河北人民出版社，2007：145.
④ 余大均译注.蒙古秘史（卷三第121节）[M].石家庄：河北人民出版社，2007：145.
⑤ 余大均译注.蒙古秘史（卷一第60节）[M].石家庄：河北人民出版社，2007：55.
⑥ 《史集·成吉思汗纪》则有成吉思汗有500妻妾之说。
⑦ 屠寄.蒙兀儿史记[M].北京：中国书店出版社，1984：1.
⑧ 屠寄.蒙兀儿史记[M].北京：中国书店出版社，1984：4.
⑨ [瑞典]多桑.多桑蒙古史[M].冯承钧译.北京：商务印书馆，2013：3.
⑩ [意大利]马可波罗.马可波罗行纪[M].冯承钧译.上海：上海书店出版社，2001：148.

宾尼的眼中，蒙古人也是实行多妻制的，"每一个男人，能供养多少个妻子，就可以娶多少个妻子。"① 从这些史料的记载中我们可以看出，在蒙古人多妻制的家庭中，有一个享有较高的待遇的王妻，王妻的地位虽高于其他妻妾，但王妻也不能独占丈夫。正如恩格斯所指出："一夫一妻制的产生是由于大量财富集中于一人之手，并且是男人之手，而且这种财富必须传给这一男子的子女，而不是传给其他任何人的子女。为此，就需要妻子方面的一夫一妻，而不是丈夫方面的一夫一妻制。所以，妻子方面的一夫一妻制根本不妨碍丈夫的公开的或秘密的一夫多妻制。"② 这就是一夫一妻制婚姻形态中的一夫多妻制婚姻家庭的特点。因此，一夫多妻制从来就是富者和豪门的特权，而大多数普通的民众还是过着一夫一妻制的生活。

（二）蒙古人婚姻制度中抢婚习俗的再探讨

早期蒙古社会除了多妻制婚姻形态外还存在抢婚制、收继婚制、聘娶婚制和服役婚等。所谓的抢婚也叫掠夺婚，早期的嫁娶方法就是以掠夺婚为开端的。陈顾远先生在《中国婚姻史》对掠夺婚做了如下解释："掠夺婚者，男子以掠夺方式娶女子为妻妾，而未得该子女及其亲属同意之谓也。"③ 这种婚姻形态的出现是由于氏族制在机构及原则上反对血亲结婚，男子求妻便不得不求之于自己所属的氏族以外。在求妻的时候，他们并不限于他们自己的部落以内，甚至于不限于与他们有友好关系的部落以内，亦可从敌对的部落中用武力俘获妇女作为妻室……当妻子变为由购买或俘获而得到的时候，或变为由努力与牺牲而得到的时候，那么他们将绝不轻易地把妻子与他人共享了。④ 在《蒙古秘史》记载了蒙古早期的掠夺婚。孛端察儿与其哥哥在收服统格黎克小河的居民时，捉住了一个怀孕的妇女，并与孛端察儿生了一个儿子——巴阿里歹。"也速该·巴阿秃儿在斡

① ［英］道森编．出使蒙古记［M］．吕浦译，周良霄注．北京：中国社会科学出版社，1983：8.
② 中共中央马克思恩格斯列宁斯大林著作编译局编．马克思恩格斯选集：第四卷［M］．北京：人民出版社，1995：73.
③ 陈顾远．中国婚姻史［M］．北京：商务印书馆，2014：61.
④ ［美］摩尔根．古代社会（第三册）［M］．杨东莼，张栗原，冯汉骥译．北京：商务印书馆，1971：799.

难河放鹰捕猎，遇见从斡勒忽讷兀惕部娶妻回来的蔑儿乞惕部人也客赤列都。他去探看，看见了一个美貌无比的姑娘或贵夫人。他（策马）奔驰回家，领着他的哥哥捏坤太师、弟弟答里台斡惕赤斤来了……也速该·巴阿秃儿遂将诃额仑夫人带到了自己家里。"①《蒙古秘史》中所记载的这些例子说明逐水草而徙的游牧民族，在进入文明时代，嫁娶已经不能在本氏族集团内部进行，须到遥远的自己氏族以外的氏族中去寻觅，这就会出现嫁娶途中的武力抢劫妇女为妻的婚姻行为。到了成吉思汗时代，掠夺婚又出现了新的变化，它是伴随着战争的掠夺和征服而出现的。由于兀都亦惕蔑儿乞惕部的脱黑脱阿别乞，兀洼思蔑儿乞惕部的答亦儿兀孙、（合阿惕蔑儿乞惕部的）合阿台答儿麻刺这三个蔑儿乞惕人率领三百人，来报复从前也速该·巴阿秃儿抢夺脱黑脱阿别乞的弟弟也客赤列都的妻子诃额仑之仇，掠走了孛儿帖夫人……铁木真联合脱斡邻勒汗、札木合三人进行复仇，一同摧毁了蔑儿乞惕人聚会的大帐庐，掳掠了美好的妇女，从斡儿洹、薛凉格两河之间的塔勒浑阿刺勒撤退。② 在推举铁木真为大汗时的誓言中也提到了"众敌在前，我们愿做先锋冲上去，把美貌的姑娘、贵妇（合屯），把宫帐（斡儿朵）、帐房（格儿），拿来给你！我们要把异邦百姓美丽贵妇和美女，把臀节好的骟马，掳掠来给你"③。当成吉思汗在征服塔塔儿部落后，便抢娶塔塔儿部落也客·扯连的女儿也速干、也遂姊妹为妃。《蒙古秘史》还记载了："客列亦惕部百姓被征服后，被各方分掳了。因为速勒都思氏人塔孩把阿秃儿有功，分给他一百个只儿斤部人。王汗的弟弟札合敢不有两个女儿。成吉思汗降旨，自己娶了他的长女亦巴合别吉，次女莎儿合黑塔泥别吉嫁给了拖雷。"④ 随着征服与被征服战争的发生，胜利者按照他们各自的地位依次选择被征服者的妻女。成吉思汗在统一蒙古部落的战争中，先后征服了蔑儿乞惕、塔塔儿、克烈亦惕、乃蛮等

① 余大均译注.蒙古秘史（卷一54-56节）[M].石家庄：河北人民出版社，2007：48-52.

② 余大均译注.蒙古秘史（卷三第111-115节）[M].石家庄：河北人民出版社，2007：126-131.

③ 余大均译注.蒙古秘史（卷三第123节）[M].石家庄：河北人民出版社，2007：149.

④ 余大均译注.蒙古秘史（卷七第186节）[M].石家庄：河北人民出版社，2007：281.

势力强大的部落，并将其妻女"可以做妻的做了妻，做奴婢的做了奴婢"①。关于蒙古人早期的掠夺婚在《新元史·后妃列传》中也记载："烈祖宣懿皇后斡勒忽讷氏，讳诃额伦。先为蔑儿乞惕部人也客赤列都所娶，也客赤列都御后行至斡难河，烈祖出猎，见后美，与族人捏坤太石、答里斡赤斤共劫之。后使也客赤列都策马疾走，烈祖追不及，以后归，遂纳焉。"②上述史料所记载的就是元代入主中原以前，烈祖抢蔑儿乞惕部落的妇女为妻，后来蔑儿乞惕部落又夺太祖家的妇女为妻；太祖时期，"次后者曰古儿八速皇后，本乃蛮亦难察汗之妻，太阳汗之后母也。乃蛮败，为太祖所获，依蒙古礼纳之，有宠"③。可见，掠夺婚在蒙古早期婚姻习俗中是比较盛行的。

掠夺婚是完成了人类所经历的最激进的革命之一的"男从女居"转变为"女从男居"的一种表现形式。董化琪在其《试论社会变迁与抢婚习俗的演变》一文中指出，随着社会的变迁，在新的社会形态下，抢婚习俗由于具有新的社会功能而被继续传承。作为民俗文化的抢婚，在不同类型的发展阶段有着不同的社会功能。④而12—13世纪蒙古草原出现过的掠夺婚现象，主要是基于蒙古草原处于氏族社会到阶级社会的过渡时期，其婚姻习俗出现了族外婚制，加之战争的影响，蒙古各部出现了劫妻式掠夺婚、战争式掠夺婚和政治胁迫式掠夺婚等形式。⑤

关于蒙古族人的掠夺婚俗，大多数学者的观点认为蒙古人存在掠夺婚婚制，中国人民大学清史研究所的燕浏翔提出了不同的意见，她在《蒙古族抢婚"习俗"辨正》一文中提出："聘婚才是一直以来蒙古族的婚姻习俗，抢婚习俗只是后来者对蒙古人在战争状态下战争行为的一种误解。"⑥但明代记述蒙古人的史料中，依然留存有蒙古人掠夺婚制的记载。如萧大

---

① 塔娜.试论《蒙古秘史》中的古代蒙古族婚姻形态［J］.黑龙江民族丛刊，1992（3）.
② （民国）柯劭忞.张京华、黄曙辉总校.新元史·后妃列传（卷一百零四卷）［M］.上海：上海古籍出版社，2018：2465-2466.
③ （民国）柯劭忞.张京华、黄曙辉总校.新元史·后妃列传（卷一百零四卷）［M］.上海：上海古籍出版社，2018：2468.
④ 董化琪.试论社会变迁与抢婚习俗的演变［J］.内蒙古社会科学，2002（6）.
⑤ 奥丽雅.12-13世纪蒙古人抢婚习俗的民族学分析［J］.大连民族大学学报，2016（7）.
⑥ 燕浏翔.蒙古族抢婚"习俗"辨正［J］.内蒙古民族大学，2017（7）.

亨的《夷俗记》就有"其成亲则婿往妇家，置酒会，先祭天地……宴毕，诸亲友皆已散去，时将昏矣，妇则乘骑避匿于邻家，婿亦乘马追之，获则挟之同归妇家。不然即追至数百里一二日不止也。倘追至邻家，婿以羊酒为谢。邻家仍赠妇以马，纵之于外，必欲婿从旷野获之"①。同样，在明代蒙古处于分裂割据状态，各大封建主之间为争夺领地、财产、属民经常会出现战争，在战争中也会出现掠夺婚。如，瓦剌部首领乌格齐哈什哈杀死额勒伯克汗，夺取鄂勒哲依图鸿郭斡为妻。永谢布领主伊斯满太师袭杀元裔博勒呼济农，夺取其妻锡吉尔夫人。郭尔罗斯部的托郭齐实古锡助达延汗击杀伊斯满太师，夺回达延汗的母亲锡吉尔夫人，又娶了伊斯满的另一妻子郭罗泰。② 而对于战争中的掠夺婚，《1640年蒙古—卫拉特法典》有如下记载："为了保卫生命在战斗中杀夫（主要人物）者作为褒赏得其妻。"③ 可见，当时这种战争中的掠夺婚还得到了法律上的承认，成为鼓励将士奋勇杀敌的一种奖励手段，使掠夺婚中的女子成为封建战争中的战利品之一。而在非战争状态，是不允许掠夺和诱拐妇女的。"诱拐高贵者之妻私奔者，科罚九九及驼一头之财产刑；诱拐中层阶级者之妻私奔者，科罚五九及驼一头；诱拐下层阶级者之妻私奔者，科罚三九及驼一头。"④ 但通过对史料的耙梳、前辈学者的研究以及当今蒙古婚姻的习俗可知，蒙古人早期婚姻制度中存在着掠夺婚。⑤

（三）蒙古人收继婚的延续

关于收继婚，史凤仪先生在《中国古代婚姻与家庭》一书中指出，收

① （明）萧大亨.夷俗记校注·匹配［M］.崔春华校注.沈阳：辽宁大学出版社，1987：1.

② 杨绍猷.明代蒙古族婚姻和家庭的特点［J］.民族研究，1984（4）.

③ 罗志平.1640年蒙古—卫拉特法典（第五十条）［M］.中国社会科学院民族所，1977：11.

④ 罗志平.1640年蒙古—卫拉特法典（第一百一十六条）［M］.中国社会科学院民族所，1977：22.

⑤ 燕浏翔在2017年《内蒙古民族大学学报》第1期发表了《蒙古族抢婚"习俗"辨正》一文，认为聘婚才是一直以来蒙古族的婚姻习俗，抢婚习俗只是后来者对蒙古人在战争状态下战争行为的一种误解。

继，多数是兄弟亡故收其寡妻为己妻，个别也有收庶母为妻妾的。① 这虽
与强调礼制的中原儒家文化相悖，但在中国古代现实社会中收继婚并不少
见。活动范围主要限于漠北蒙古一带的北方游牧民族中的蒙古先民，过着
"逐水草而居"的草原生活，并逐渐形成了游牧文明，这与当时中原的
"农耕文明"存在着很大的差别。中原的农耕文明强调的是重人伦，在婚
姻上要求遵守长幼有序、尊卑有别，像收继婚这样违反伦常的婚姻是绝对
禁止的；而游牧文明则因逐水草而居，聚散无常，无法形成一整套完整的
伦理秩序，使收继婚广泛盛行。蒙古人与女真、党项、畏吾儿等人一样都
存在收继婚俗。同时，受群婚影响，还实行同辈甚至异辈的收继婚。在《元
史·乌古孙良桢传》中把收继婚称为"国俗"，即"父死则妻其从母，兄
弟死则收其妻"②。《蒙古秘史》《史集》《马可波罗行纪》《元典章》等文
献中有大量收继婚的记载。《蒙古秘史》载："海都的儿子察刺孩邻忽收娶
其嫂为妻，生下了一个儿子，名叫别速台，（其后裔）成为别速惕氏。"③
《马可波罗行纪》也载："鞑靼可娶其从兄妹，父死可娶其父之妻，惟不娶
生母耳。娶者为长子，他子则否，兄弟死亦娶兄弟之妻。"④ 旭烈兀的长子
阿八哈去世，其子阿鲁浑远战未归，其弟算端阿合马赴其兄阿八哈宫廷，
攫取大位，"尽纳其兄阿八哈诸妻"⑤。在蒙古人的观念中，收继婚是理所
当然、顺理成章的事。成吉思汗死后，他的宠妃木哥哈敦为窝阔台汗所
娶，他爱她胜过其他诸妻……察合台也爱这个木哥哈敦，他曾派人去窝阔
台那儿提出"父亲遗留下的诸母和美妾之中，把这个木哥哈敦给我"，窝
阔台合罕回答道："我已经娶了她，如果察合台的信早一些来，我就把她
送去了，假如他还看上别的人，我可以给他。"⑥ 蒙古人的收继婚给欧洲的

① 史凤仪.中国古代婚姻与家庭［M］.武汉：湖北人民出版社，1976：45.

② （明）宋濂.元史·乌古孙良桢列传（卷一百八十七）［M］.北京：中华书局，1976：4288.

③ 余大均译注.蒙古秘史［M］.石家庄：河北人民出版社，2007：36.

④ ［意大利］马可波罗.马可波罗行纪［M］.冯承钧译.上海：上海书店出版社，2001：148.

⑤ ［意大利］马可波罗.马可波罗行纪［M］.冯承钧译.上海：上海书店出版社，2001：490.

⑥ ［波斯］拉施特.史集（第一卷第一册）［M］.北京：商务印书馆，1985：244-245.

传教士留下了深刻的印象，加宾尼在《蒙古史》中就提到蒙古人的收继婚，并有"他们可以和同父异母的姐妹结婚，甚至在他们的父亲去世以后，可以同父亲的妻子结婚（非生母），弟弟也可以在哥哥去世以后同他的妻子结婚"① 的记载。蒙古人婚姻习俗中的多妻制大概也与收继婚有一定的关系。

元政权建立后，确立了婚姻礼俗制度，至元八年（1271 年）忽必烈颁布户婚条画中指出："诸色人同类自相婚姻者，各从本俗法，递相婚姻者，以男为主，蒙古人不在此限。"② 由于中原文化的渗透和影响，蒙古女性逐渐有了贞节观的思想，并出现个别妇女反抗收继婚的事件，但也不能从根本上扭转收继婚在元代的延续趋势，元廷也只是明确了对汉人上层收继婚的限制，而将蒙古人排除在外，规定："今后除蒙古人外，汉人职官正室如系再醮失节之妇，不许受封。"③ 元朝中受中原儒家文化影响比较深的蒙古儒士也曾试图改变女性被收继的状况，这在《元史》中也有相关的记载，元顺帝至正十五年（1355），曾有大臣建言："蒙古乃国家本族，宜教之以礼，而犹循本俗，不行三年之丧，又收继庶母、叔婶、兄嫂，恐贻笑后世，必宜改革，绳以礼法。"④ 但这一建议并没有被顺帝采纳。谏臣乌古孙良桢也提出"以国俗父死妻其从母，兄弟死则收其妻，父母死无尤制，遂言'纲常皆出于天而不可变，议法之吏，乃言国人不拘此例，诸国人各从本俗……名曰优之，实则陷之……'"⑤ 的建议，呼吁政府加大礼制对百姓生活的限制，禁止收继婚，也没有被元朝统治者所采纳。由于各依本俗的政策，在蒙古人内部盛行已久的收继婚俗并没有得到遏制，一直到元朝灭亡仍有出现。

① ［英］道森编 . 出使蒙古记［M］. 吕浦译，周良霄注 . 北京：中国社会科学出版社，1983：8.
② 陈高华等点校 . 元典章（第二册）［M］. 天津：天津古籍出版社，2011：614-615.
③ 陈高华等点校 . 元典章（第一册）［M］. 天津：天津古籍出版社，2011：422.
④ （明）宋濂 . 元史·顺帝本纪七（卷四十四）［M］. 北京：中华书局，1976：921.
⑤ （明）宋濂 . 元史·乌古孙良桢列传（卷一百八十七）［M］. 北京：中华书局，1976：4288.

第二节　婚姻的缔结

从古至今，婚姻是人们日常生活中必须涉及的一项制度，而婚姻的缔结又是婚姻的开始。辽金元时期，北方游牧民族的政治、经济、文化等方面都有其自身的独特性，而婚姻这一特殊制度则可以从各方面展现北方游牧民族的政治、经济、文化特征。婚姻的缔结，是男子与女子两人共同遵循一定的条件及程序而建立的夫妻关系，它包括婚姻的订立和夫妻关系的建立两个方面，在古代，无论是婚姻缔结的实质条件还是婚姻缔结的形式，都会受到政治需求、民族习俗、文化融合等方面的因素的影响。

一、契丹人婚姻的缔结

（一）契丹人婚姻缔结的实质条件

1. 契丹人缔结婚姻的年龄

结婚年龄是婚姻缔结的实质条件中的基础条件。在中国历史中，虽然历代封建王朝都提倡早婚，但是对结婚年龄仍然做了相应的规定。通过对所查阅的契丹史料的耙梳，有关契丹人缔结婚姻中女性年龄大概有如下的记载："圣宗仁德皇后萧氏，小字菩萨哥，睿智皇后弟隗因之女。年十二，美而才，选入掖庭。统和十九年，册为齐天皇后。"[1] "天祚元妃萧氏，小字贵哥，燕国妃之妹。年十七，册为元妃。"[2] "陈氏甫笄，涉通经义，凡览诗赋，辄能诵，尤好吟咏，时以女秀才名之。年二十，归于简。"[3] "耶律奴妻萧氏，小字意辛，国舅驸马都尉陶苏斡之女。母胡独公主。意辛美姿容，年二十，始适奴。"[4] "耶律术者妻萧氏，小字讹里本，国舅孛堇之女。性端悫，有容色，自幼与他女异。年十八，归术者。谨裕贞婉，娣姒

---

① （元）脱脱 . 辽史·后妃列传（卷七十一）［M］. 北京：中华书局，2016：1323.

② （元）脱脱 . 辽史·后妃列传（卷七十一）［M］. 北京：中华书局，2016：1328.

③ （元）脱脱 . 辽史·烈女传（卷一百零七）［M］. 北京：中华书局，2016：1620.

④ （元）脱脱 . 辽史·烈女传（卷一百零七）［M］. 北京：中华书局，2016：1621.

推尊之。"① "耶律中妻萧氏，小字挼兰，韩国王惠之四世孙。聪慧谨愿。年二十归于中，事夫敬顺，亲戚咸誉其德。"② 《辽代石刻文续编·萧德恭妻耶律氏墓志》记有"……孙女二，长女宝髻娘子，年二十一岁，出嫁于大横帐大内惕稳耶律仲令大王孙乌也太尉为妻"③；《辽代石刻文续编·义和仁寿皇太叔祖妃萧氏墓志》也载："……妃幼聪惠，美姿色，进止有度，瞬容顾盼，辉映左右，殊为永乐之所宠爱，亟因间进言之。遂召嫔于宋魏国王之邸，时年一十有五，以重和八年（1039 年）册为宋魏国妃"。④ 结合以上史料的记载，可以得出，圣宗仁德皇后萧菩萨哥，缔结婚姻的年龄是年十二；天祚元妃萧贵哥，年十七册封为元妃，其缔结婚姻的年龄要早于十七岁；邢简妻陈氏与邢简缔结婚姻的年龄是年二十；耶律奴妻萧氏意辛与耶律奴缔结婚姻的年龄是年二十；耶律术者妻萧讹里本与耶律术者缔结婚姻的年龄是年十八；耶律中妻萧挼兰与耶律中缔结婚姻的年龄是年二十；大横帐大内惕稳耶律仲令大王孙乌也太尉与妻宝髻娘子缔结婚姻的年龄是年二十一；义和仁寿皇太叔祖妃萧氏与皇太叔祖缔结婚姻的年龄是年一十有五；同时，在《辽代石刻文编·陈国公主墓志》中记载有："公主耶律氏，先漆水人也。景宗皇帝之孙，秦晋国皇太弟郑妃萧氏之女……以开泰七年戊午三月七日薨于行宫北至私第，享年十八。"⑤ 《辽代墓志疏证·耿延毅墓志》也载有："……早卒。有一女，初笄（15 岁）未嫁。"⑥ 《辽代墓志疏证·北大王墓志》也载有"……重熙十年，大王先娶达曷娘子，年十六而夭。"⑦ 这三则史料岁没有具体指明契丹女子成婚的具体年龄，但从"初笄（15 岁）未嫁"可以猜测出该女子十五岁尚未出嫁；陈国公主缔结婚约的年龄载史料中没有查到，但从其去世的年龄"为享年十

① （元）脱脱 . 辽史·烈女传（卷一百零七）［M］. 北京：中华书局，2016：1622.
② （元）脱脱 . 辽史·烈女传（卷一百零七）［M］. 北京：中华书局，2016：1622-1623.
③ 向南 . 辽代石刻文续编·萧德恭妻耶律氏墓志［M］. 沈阳：辽宁人民出版社，2010：271.
④ 向南 . 辽代石刻文续编·义和仁寿皇太叔祖妃萧氏墓志［M］. 沈阳：辽宁人民出版社，2010：275.
⑤ 向南 . 辽代石刻文编·陈国公主墓志［M］. 石家庄：河北教育出版社，1995：153-154.
⑥ 齐作声 . 辽代墓志疏证·耿延毅墓志［M］. 沈阳：沈阳出版社，2010：114.
⑦ 齐作声 . 辽代墓志疏证·北大王墓志［M］. 沈阳：沈阳出版社，2010：148.

八”可以推测其成婚年龄不会超过十八岁；而北大王墓志中提到的达曷娘子“大王先娶达曷娘子，年十六而夭”。也可以推测出达曷娘子缔结婚姻的年龄不会超过十六岁。

综上史料的分析可知，契丹女子缔结婚姻的年龄一般与皇族成婚年龄比较早，其余则比较晚，但我们大致可以推算出契丹女子成婚的年龄大概是在十二岁至二十一岁之间。

有关契丹男子成婚的记载，《辽代石刻文续编·萧德恭妻耶律氏墓志》记有："……儿女有七，长男莹，稚孺出家，特奉皇太后圣旨归元，时年一十有九，得偶于兴宗皇帝次男皇太叔祖长女郑国公主为妻。"①《辽史》也载有"酬斡貌雄伟，性和易。年十四，尚越国公主……"② 通过对泷川次郎、岛田正郎的《辽律之研究》著作研读和梳理，可以看到辽律中有好多条例与唐代的律法有很多相似的地方，而对于唐代男女缔结婚约的年龄，向淑云在《唐代婚姻法与婚姻实态》一书中，引用了李树桐在《唐人的婚姻》一文的观点，即"唐代女子十四岁、十五岁成婚的最多，十三岁到十八岁结婚的占次多数；男子方面，帝王结婚的年龄约十五岁、十六岁居多，帝王以外的男子，则似年十五岁以上常有结婚者"③。结合田广林先生在《契丹礼俗考论》著作中所提到的"据孟广耀先生研究，契丹人的初婚年龄男为十二岁至二十岁之间，多在十六岁左右，女为十二岁至二十岁之间，平均年龄在十五岁左右，比男性年龄略低……"④ 这与唐代男子缔结婚姻的年龄大体一致。与现在的婚姻缔结的年龄相比，应属于早婚，契丹当时提倡早婚与其社会发展对人口的需求有密切的关系。

2. 父母之命，媒妁之言

中国古代早期最原始的两性结合，完全是出于生物本能，不需要"父母之命，媒妁之言"。随着周代礼制的出现，婚姻的缔结离不开父母和媒妁。《诗经·国风·齐风》中有这样的记载："艺麻如之何？衡从其亩。取

---

① 向南．辽代石刻文续编·萧德恭妻耶律氏墓志［M］．沈阳：辽宁人民出版社，2010：271.

② （元）脱脱．辽史·耶律．萧酬斡列传（卷一百）［M］．北京：中华书局，2016：1574.

③ 向淑云．唐代婚姻法与婚姻实态［M］．台北：台湾商务印书馆，1992（7）.

④ 田广林．契丹礼俗考论［M］．哈尔滨：哈尔滨出版社，1995：82.

妻如之何？必告父母。既曰告止，曷又鞠止？析薪如之何？匪斧不克。取妻如之何？匪媒不得。既曰明止，曷又极止？"① 这首春秋时代的诗，诗中提到了娶妻必告父母，娶妻必有媒人。《战国策·燕策》也载有："处女无媒，老且不嫁，含媒而自衒，弊而不售，顺而无毁则售。而不弊者，唯媒耳。"② 也就是说姑娘没有媒人说媒，即使老了也嫁不出去。如果不用媒人，到处去自夸如何美貌，那就会让人耻笑，更嫁不出去了。只有顺应这种风俗，不说坏话，只说好话，才能把姑娘嫁出去，又不致招人耻笑，也只有媒人能做到。可见，中国古代在婚姻缔结方面，媒人起到了非常重要的作用。在《孟子·滕文公下》也载有："不待父母之命，媒妁之言，钻六隙相窥，踰墙相从，则父母国人皆贱之。"③ 因此，社会开始用媒妁约束人们，婚姻就与媒妁直接相连，无论是官私缔结婚姻都需要媒人联姻。

中原政权受儒家文化的影响，在婚姻的缔结上比较重视"父母之命，媒妁之言"，契丹作为北方游牧民族中的一支，具有草原文明的文化特色，但在其婚姻文化习俗中，父母和媒妁也发挥着不可替代的作用，限于史料的缺乏，只在《辽史》和《契丹国志》中梳理出一些记载，但依稀能看到媒妁在契丹人婚姻习俗中的重要性。

在《辽史》中记载帝王之家缔结婚姻时媒人发挥作用的主要是皇帝纳后礼和公主下嫁的礼。皇帝纳后礼载："择吉日，至日，后族毕集。诘旦，后出私舍，坐于堂。皇帝遣使及媒者，以牲酒饗饎至门。执事者以告，使及媒者入谒，再拜，平身立。……皇后升车，父母饮后酒，致戒词，遍及使者、媒者、送者。……媒者传旨命送后者列于殿北。俟皇帝即御坐，选皇族尊者一人当奥坐，主婚礼。……当奥者与媒者行酒三周，命送后者再拜，皆坐，终宴。"④ 契丹皇帝纳后的整个礼仪中共提到媒人五次，一是，媒人首先是受皇帝的差遣带纳后所需的牲、酒、饗、饎到后所在的堂门；二是，媒人进去拜谒皇后；三是，皇后上车，父母饮皇后赐酒，表达告诫

---

① 刘毓庆，李蹊译注．诗经［M］．北京：中华书局，2011：248-249.

② （西汉）刘向集录，王华宝注译．战国策·燕策［M］．郑州：中州古籍出版社，2007：330.

③ 万丽华，蓝旭译注．孟子·滕文公（下）［M］．北京：中华书局，2007：127.

④ （元）脱脱．辽史·礼志五·嘉仪礼（上）（卷五十二）［M］．北京：中华书局，2016：959-960.

的话也涉及了媒人；四是，媒人传达皇帝旨意，命送皇后的人在点背排列；五是，皇族中尊贵的奥者与媒人敬酒三圈。整个纳后的过程媒人起到了不可或缺的媒介作用。而辽代公主的下嫁仪中也记载了媒人的作用，"选公主诸父一人为婚主，凡当奥者、媒者致辞之仪，自纳币至礼成，大略如纳后仪。择吉日，诘旦，媒者趣尚主之家诣宫。俟皇帝、皇后御便殿，率其族入见，进酒讫，命皇族与尚主之族相偶饮"①。从史料记载中可以看到，媒人在公主下嫁时的作用与纳后几乎是差不多的，只是多了公主下嫁先择吉日的第二天，媒人去请娶公主家的人到宫廷这一项。

媒人在男女缔结婚姻的过程中的主要作用是沟通男女双方的情况，了解血缘姓氏、生辰属相及门第家世，《辽宁碑志·北宁耶律宗政墓志铭》就记有："先是，圣宗皇帝藩戚间，逼王娶妃。王性介特，辞以违卜，不即奉诏。自是不复请婚，以至无子。"②耶律宗政的父亲秦晋国王死后，圣宗皇帝逼他收继后母秦晋国妃，宗政以"违卜"也就是生辰属相不相适宜为借口拒绝奉诏。可见，"父母之命，媒妁之言"也是契丹人缔结婚姻的必要条件。

（二）契丹人婚姻缔结的形式条件

缔结婚姻的形式条件也就是婚姻缔结的程序，分为定婚和结婚两个部分，二者缺一不可，共同构成了婚姻缔结的程序要件。

中国古代非常重视婚姻的程序，繁文缛节非常多也十分复杂。中原文化的婚姻程序中比较看重的是礼，也就是叫我们所熟知的"娶妻必遵之以礼，而不行礼之奔者为妾"③。周代重礼，规定纳采、问名、纳吉、纳徵、请期、亲迎这婚姻程序中的六礼，并被以后朝代所沿用，但因其比较烦琐，到了宋代逐渐简化为纳采、纳币、亲迎三礼。田广林先生在《契丹礼俗考论》一书中提到了契丹婚礼的程序大致有通媒、纳礼、迎娶、跨鞍、拜祖、拜奥、会亲等婚礼仪式。从这些程序来看大致符合宋代的三礼，其

---

① （元）脱脱. 辽史·礼志五·嘉仪礼（上）（卷五十二）[M]. 北京：中华书局，2016：960-961.
② 王晶辰. 辽宁碑志·北宁耶律宗政墓志铭 [M]. 沈阳：辽宁人民出版社，2002：130.
③ 高连峻. 中国婚姻家庭史 [M]. 长春：吉林教育出版社，2002：528.

中通媒、纳礼是定婚的程序，迎娶、跨鞍、拜祖、拜奥是结婚的程序，会亲是婚礼结束后的第二天男女双方家族要举行宴会。

契丹人的结婚既有中原文化的礼制特点又具有自己独特的民族风俗，尤其是拜奥更是独具民族特色的婚礼仪式。契丹人的"拜奥礼"在《辽史·国语解》中有如下记载："凡纳后，即族中选尊者一人当奥而坐，以主其礼，送后者拜而致敬，故云拜奥礼。"① 关于契丹上层婚嫁中的拜奥礼在《辽史》中也有一些记载，《辽史·公主表》载："幼为奥姑。契丹故俗，凡婚燕之礼，推女子之可尊敬者坐于奥，谓之奥姑。"② 这里记载的是辽太祖耶律阿保机的女儿质古，曾经做过奥姑。在《辽史·礼志》也载："俟皇帝即御坐，选皇族尊者一人当奥坐，主婚礼。命执事者往来致辞于后族，……退复位，再拜。后族之长及送后者向当奥者三拜，南北向各一拜，向谒者一拜……当奥者与媒者行酒三周，命送后者再拜，皆坐，终宴。"③ 胡天在其《契丹的"拜奥"习俗》一文中也指出，"'奥'是古代的方位词，指室内的西南角，因室内的西南角背门窗而较阴暗，是俗话中的'深奥'之意。因契丹贵族婚嫁中主持婚礼的皇家女子'当奥而坐'所以称'奥姑'"。④ 通过以上的史料我们可以看到，拜奥礼在婚姻缔结的过程中是非常重要的一环。其主要表现在：一是，拜奥是选家族中的尊者女性为奥姑；二是，奥姑主婚礼；三是接受女方家族之长和送亲的礼拜。这也从侧面展现了母权制的遗留，说明契丹婚姻习俗中女性的地位比较高。

契丹的婚礼程序是其民族风俗习惯的展现，无论是定婚的程序还是结婚的仪式，都渗透着契丹民族发展融合的历史轨迹和民族自身所独有的特色。缔结婚姻时的婚礼，标志着男女双方某些社会关系交往的开始，而交往形成的社会关系纽带使社会成为一个较为复杂的整体。

（三）契丹人婚姻缔结的特殊现象

契丹在婚姻缔结上还有一些特殊的现象，即耶律与萧氏世代为婚，而

① （元）脱脱. 辽史·国语解（卷一百一十六）[M]. 北京：中华书局，2016：1695.
② （元）脱脱. 辽史·公主表（卷六十五）[M]. 北京：中华书局，1974：1105-1106.
③ （元）脱脱. 辽史·礼志五·嘉仪上（卷五十二）[M]. 北京：中华书局，2016：960.
④ 胡天. 契丹的"拜奥"习俗[J]. 社会科学集刊，1993（2）.

普通的契丹人却存在同姓为婚的现象。契丹皇室贵族的择偶范围一直规定得比较严苛。从辽政权未建立时，就有"懿祖庄敬皇后萧氏，小字牙里辛。肃祖尝过其家曰：'同姓可结交，异姓可结婚。'知为萧氏，为懿祖聘焉。生男女七人。乾统三年（1103年），追尊庄敬皇后"①。并且在《契丹国志》也记有"番法，王族惟与后族通婚"和"其王族、后族二部落之家，若不奉北主之命，皆不得与诸部之人通婚"②。"横帐三房不得与卑小族帐为婚。凡嫁娶，必奏而后行。"③从这两则史料中我们可以看出，耶律氏迎娶萧氏之女，萧氏之女被耶律氏纳为妻室在皇室贵族中是通行的习俗。但同时《契丹国志》还载有"契丹部族，本无姓氏。惟各以所居地名呼之，婚嫁不拘地里"④。另外，《辽史·耶律庶箴传》记载："咸雍十年（1074）迁都林牙。上表乞广本国姓氏曰：'我朝创业以来，法制修明，惟姓氏止分为二，耶律与萧而已。始太祖制契丹大字，取诸部乡里之名，续作一篇，著于卷末。臣请推广之，使诸部各立姓氏，庶男女婚媾有合典礼。'帝以旧制不可遽厘，不听。"⑤既然契丹部族本无姓氏，婚嫁不限地域，那就是说其婚姻存在着同姓为婚的现象。而辽朝建立后，契丹的姓氏只有耶律和萧两个，耶律庶箴想要排除中原文明最避忌的同姓为婚的现象，并顺应中原较先进的封建伦理道德观。然而，辽道宗以契丹人的旧制习俗不可匆忙改正为由没有采纳。泷川正次郎和岛田正郎在《辽律之研究》也提到，至少在重熙、咸雍年间的有关法制条文中，没有明确见到《唐律》卷14"户婚"中记载的"诸同姓为婚者，各徒二年。缌麻以上以奸论"⑥的内容。这样一来，我们就可以认为，契丹族在辽代所遵奉的是表面上耶律、萧两姓间的相互婚姻，也就是作为族外婚一般形态的所谓"二族连世通婚组织"的一种形式，但同姓为婚的现象在普通契丹人中依然存在。

① （元）脱脱．辽史·后妃传（卷七十一）［M］．北京：中华书局，2016：1318.
② （宋）叶隆礼．契丹国志［M］．北京：中华书局，2014：247.
③ （元）脱脱．辽史·圣宗纪七（卷十六）［M］．北京：中华书局，2016：209.
④ （宋）叶隆礼．契丹国志［M］．北京：中华书局，2014：247.
⑤ （元）脱脱．辽史·耶律庶箴传（卷八十九）［M］．北京：中华书局，2016：1486.
⑥ ［日］泷川正次郎、岛田正郎．辽律之研究［M］．大版屋号书店株式会社，1944：147.

二、女真人婚姻的缔结

（一）女真人婚姻缔结的实质条件

1. 女真人缔结婚姻的年龄

有关女真人缔结婚姻的年龄，由于金代《户婚》《婚书》亡佚不传，缺失关于婚龄的法律规定记载，但从金律依唐制的特点来看，金人初婚年龄应与唐代"男年十五、女年十三以上，听婚嫁"① 的规定相近。笔者检索各类金代文献共获得金代女性初婚年龄信息 14 条，虽在数量上不能占绝对优势，但样本分布于金代各历史阶段，仍有助于考察金代女性初婚年龄情况，以归结出较具规律性的波动变化（见表一）

表（一）金代女性初婚年龄数据表

序号	姓名	初婚年龄	成婚时间	资料来源
1	毛伯明二女	及笄	章宗时期	《潞州录事毛君墓表》
2	女尼德净	过笄	金初	《中都报先寺尼德净灵塔记》
3	元阿秀	13	天兴	《孝女阿秀墓铭》
4	清河张氏夫人	14	皇统	《清河张氏夫人墓志铭》
5	鲁国大长公主	15	贞元	《鲁国大长公主墓志铭》
6	吕延嗣妻韩氏	16	皇统	《东平县君韩氏墓志》
7	赞皇郡太君梁氏	17	大定	《赞皇郡太君墓铭》
8	冯妙真	18	贞祐	《金史·列女传》
9	时丰妻张氏	18	天辅	《时丰妻张氏墓志铭》
10	显宗孝懿皇后徒单氏	18	大定	《金史·后妃传》
11	南阳郡太君李氏	20	大定	《南阳郡太君墓志铭》
12	聂舜英	22	宣宗、哀宗	《聂孝女墓铭》

---

① （宋）王溥. 唐会要［M］. 京都：株式会社中文出版舍，1978：1529.

续表

序号	姓名	初婚年龄	成婚时间	资料来源
13	刘中德妻王氏	≤23	天会	《刘中德墓志铭》《刘中德夫人王氏墓志铭》
14	宣宗昭圣皇后刘氏	23	大定	《金史·后妃传》

由表（一）可知，金代女性初婚年龄在十三至二十三岁间波动，高峰集中在十八至二十三岁，这符合金律对成丁年龄的规定①。其中后妃初婚年龄在十八至二十三岁间波动，这与以往学界对此问题的判断存在一定差距②。金代女性初婚年龄的这种波动说明法定婚龄并非意味着对现实的强制性，两者间存在一定差距。法定婚龄可以理解为是允许结婚的最低年龄，而非男女必婚年龄。同时，金代女性初婚年龄有随金政权时间的波动而波动的实际情况，基本符合中国古代婚龄变迁的普遍规律，即"社会长期太平，婚龄就呈上升和稳定的趋势，而社会动荡不安则会使婚龄呈现下降和波动的趋势"③。

有关金代男子成婚的年龄，在史料中记载的不是很详细，但通过对《金史》的梳理，可以看到一些端倪。如《金史·食货志》记载："金制，男女二岁以下为黄，十五以下为小，十六为中，十七为丁，六十为老。"④这大概可以推断出男子成婚年龄基本在 15 岁以上，但因史料缺乏无法做出确切的判断。而在《金史》中有部分皇室婚龄的记载，如对金世宗婚龄的记载，"……以后兄晖子天锡为太尉，石土黑后授世袭猛安。上谓天锡曰：'朕四五岁时与皇后定婚，乃祖太尉置朕于膝上曰：'吾婿七人，此婿最幼，后来必大吾门。'今卜葬有期，畴昔之言验矣。"⑤ 金世宗的儿子完

---

① 《金史》卷四十六《食货志》载"金制，男女二岁以下为黄，十五以下为小，十六为中，十七为丁，六十为老"。

② 王晓清《元代社会婚姻形态》（武汉出版社，2005 年）依据《金史》所记 5 例女性婚龄资料认为"金朝皇后成婚年龄约在十七八岁左右"。

③ 薛瑞泽．魏晋南北朝婚龄考［J］．许昌师专学报（社会科学版），1993（2）．

④ （元）脱脱．金史·食货志（一）（卷四十七）［M］．北京：中华书局，1975：1031．

⑤ （元）脱脱．金史·后妃列传（下）（卷六十四）［M］．北京：中华书局，1975：1521．

颜允恭也就是金显宗，允恭出生的时间在《金史》记载："显宗体道弘仁英文睿德光孝皇帝，讳允恭，本讳胡土瓦，世宗第二子，母曰明德皇后乌林答氏。皇统六年丙寅岁生。体貌雄伟，孝友谨厚。"①而其昭圣皇后在《金史》里记载："昭圣皇后，刘氏，辽阳人。天眷二年九月己亥夜，后家若见有黄衣女子入其母室中者，俄顷，后生。性聪慧，凡字过目不忘。初读《孝经》，旬日终卷。最喜佛书。世宗为东京留守，因击球，见而奇之，使见贞懿皇后于府中，进退闲雅，无恣睢之色。大定元年（1161 年），选入东宫，时年二十三。"②通过上述史料的记载我们可以推算出，完颜允恭出生的时间是皇统六年（1146 年），而与昭圣皇后成亲的时间是大定元年（1161 年），完颜允恭当时的年龄应该是 15 岁。金章宗完颜璟是显宗的嫡子，其母孝懿皇后徒单氏。"大定八年（1168 年），世宗幸金莲川，秋七月丙戌，次冰井，上生。"③章宗与钦怀皇后蒲察氏的婚事在《金史》有载："后之始生，有红光被体，移时不退。就养于姨冀国公主，既长，孝谨如事所生。大定二十三年，章宗为金源郡王，行纳采礼。世宗遣近侍局使徒单怀忠就赐金百两、银千两、厩马六匹、重彩三十端。拜命间，庆云见于日侧，观者异之。是年十一月，备礼亲迎。诏亲王宰执三品已上官及命妇会礼，封金源郡王夫人，后进封妃，崩。"④这些史料可以推算出章宗出生的时间是大定八年，也就是 1168 年，与钦怀皇后成亲是大定二十三年，也就是 1184 年，此时章宗的年龄应该是 16 岁，与金律中规定的男子十五以下为小，十六为中，十七为丁基本吻合。

2. 父母之命，媒妁之言

从《金史》《大金国志》等金代的史料中可以看出，金代民间男女有自媒求偶的习俗。在《契丹国志》中就记载："嗢热者，国最小，不知其始所居。后为太祖徙置黄龙府南百余里，曰宾州，州近混同江，即古之粟末河，黑水也。部落杂处，以其族类之长为千户，统之契丹。女真贵游子弟及富家儿，月夕被酒，则相率携樽驰马，戏饮其地。妇女闻其至，多聚

① （元）脱脱. 金史·世纪补（卷十九）［M］. 北京：中华书局，1975：410.
② （元）脱脱. 金史·后妃列传（下）（卷六十四）［M］. 北京：中华书局，1975：1526.
③ （元）脱脱. 金史·章宗本纪（一）（卷九）［M］. 北京：中华书局，1975：207.
④ （元）脱脱. 金史·后妃列传（下）（卷六十四）［M］. 北京：中华书局，1975：1526.

观之，间令侍坐，与之酒则饮，亦有起舞歌讴以侑觞者。邂逅相契，调谑往反，即载以归，妇之父母知亦不为之顾。留数岁有子，始具茶食酒数车归宁，谓之‘拜门’，因执子壻之礼。其俗谓男女自媒，胜于纳币而婚者。"① 嗢热国应该是女真部族中的一部，从史料记载可以看出，女真早期的婚俗中，"父母之命，媒妁之言"发挥作用没有受儒家文化影响的中原农耕民族大。女真早期的婚姻习俗中比较盛行的是指腹婚，《松漠纪闻》记载："金旧俗，多指腹为姻。长，虽贵贱殊隔必不可渝。"② 金代国俗中的指腹婚史料除了《松漠纪闻》，在《大金国志》中也有相关的记载："金人旧俗多指腹为婚姻。既长，虽贵贱殊隔，亦必不可渝。"③ 这些均表明，金早期指腹婚的盛行。

指腹婚是一种封建家长包办子女婚姻的极端形式。胎儿还孕育在母体内，便由家长做主为他们预定婚约，成年以后便要依约与对方成婚。较早的指腹婚记载在《后汉书·贾复传》里，贾复在镇压河北农民起义时，被义军击伤，伤势十分严重。光武帝刘秀闻讯后大吃一惊，说道："闻其妇有孕，生女邪，我子娶之；生男邪，我女嫁之，不令其忧妻子也。"④ 光武帝刘秀指腹为婚的目的是给重伤的贾复以安慰，使其放心自己的妻子儿女。但这不会是刘秀灵机一动的产物，可能是对当时社会流行的指腹为婚习俗的一种利用。由于统治者的倡导，这种婚姻形式在汉以后，相沿成俗。尤其是在南北朝时期更加盛行，这可能与当时士庶界限比较分明有关，此婚俗一直延续到元明清时期，在民间一直很流行。

指腹婚是父母之间约定的婚姻，这期间不需要媒妁的中介作用，加之女真早期婚俗中的男女自媒的习俗，可以推断出女真早期婚俗中媒妁的作用不大，但指腹婚主要是怀孕父母之间的约定，双方父母都认为指腹婚能为双方的家庭和双方的子女带来政治和经济上的好处，同时也能巩固双方的友谊，但事过境迁，指腹婚往往生出许多事端而遭到人们的反对，所以元明时期，都出现了指腹婚的禁令。

① （宋）叶隆礼．契丹国志［M］．北京：中华书局，2014：275，276.
② 洪皓．松漠纪闻［Z］//李澍田．长白丛书．长春：吉林文史出版社，1986：28.
③ 宇文懋昭．大金国志校证（卷三十九）［M］．北京：中华书局，1986：553.
④ （宋）范晔撰，（唐）李贤等校注．后汉书［M］．北京：中华书局，1965：665.

（二）女真人婚姻缔结的形式条件

女真人的婚姻很早就具备了一定的婚姻仪礼，早在函普时期就有"始祖乃以青牛为聘礼而纳之，并得其赀产"① 的记载，也就是男子行聘礼，女子带嫁奁的婚俗，这一婚俗一直延续到女真建国后。而其缔结婚姻的程序在《三朝北盟会编》和《松漠纪闻》中都有较为详细的记载。

在《松漠纪闻》中大致记载了女真人求亲、定亲、迎亲以及最后完婚的大致情况。一是求亲，也就是史料中记载的"拜门"。"婿纳币，皆先期拜门，戚属偕行，以酒馔往，少者十余车，多至十倍。"② 男子同其亲属们携带钱财、牛马及美食美酒为聘礼前往女方家求亲。二是双方亲属见面的礼数，也就是史料记载的"男下女"。首先是饮酒，将上等的美酒装入金银器皿，次等的装入大型的瓦器中陈列于前。饮酒时男女分排而坐，用乌金、银杯饮酒三行；其次是食精美点心，每人一盘。最后是饮茶或食煎乳酪。整个过程中"妇家无大小，皆坐炕上，婿党罗拜其下，谓之'男下女'"③。也就是男子求亲到女方家时，女方家无论其成员的年龄大小，皆坐炕上，而男方家所有来求亲的成员也无论年龄大小皆拜其下，这既是彰显女性的地位的一种表现形式，也是母系氏族社会习俗的一种残留。三是定亲信物。定亲时，男女双方都将马作为重要的定亲信物。也就是史料记载的"婿牵马百匹，少者十匹，陈其前。妇翁选子姓之别马者视之，塞痕则留，辣辣则退。留者不过二三。或皆不中选，虽婿所乘亦以充数，大抵以留马少为耻"④。也就是男子牵马若干匹供女方家选择，多的上百匹，少的也得十几匹，女方家是否选留良马成为抉择女婿的一个标准。这个过程既是男方家庭经济实力的展示，也是女方对男方家庭经济和生活条件的一个判断，同时也包含了女真文化中将男子等同于骏马的文化象征寓意。选留马匹数量的多少表明女方家对男方的态度，一般选留"不过什二

① （元）脱脱. 金史·后妃列传（下）（卷六十四）［M］. 北京：中华书局，1975：2.

② 洪浩. 松漠纪闻［Z］//李澍田. 长白丛书. 长春：吉林文史出版社，1986：28.

③ 洪浩. 松漠纪闻［Z］//李澍田. 长白丛书. 长春：吉林文史出版社，1986：29.

④ 洪皓. 松漠纪闻［Z］//李澍田. 长白丛书. 长春：吉林文史出版社，1986：29.

三"①，若没有选中的，女婿本人所骑的马也可以放在选择的范围，如果女方家选留的数量少则男方家就认为是耻辱。而女方家也会有回礼，即"女家亦视其数而厚薄之，一马则报衣一袭"②。四是亲迎，完成婚姻缔结的程序。

一般情况下，女真人的婚姻大致有同意婚、服役婚、指腹婚、转房婚、抢婚等形态。因此，女真人婚姻完成的形式也因其婚姻形态不同而不同。

女真人的同意婚包括男女相悦的自由婚；父母同意或部族同意的约定婚等。有关女真人自由婚在《三朝北盟会编》中有较为详细的记载："其婚嫁，富者则以牛马为币，贫者则女年及笄行歌于途，其歌也，乃自叙家世妇工容色，以申求侣之意。听者有未娶欲纳之者，即携而归之。后方具礼，偕女来家，以告父母。"③ 也就是说家境贫穷的未婚女子以自己的歌声来吸引未婚男子，表达自己的待嫁心情。而未婚男子则通过歌声来斟酌和揣测女子是不是自己心仪之人，如男子愿意娶女子为妻，则可以携女子归家，完成事实上的婚姻。事实婚姻结束或有子女出生后再携女子和聘礼到女方家，到女方家不是去求婚而是告知女方的父母完成婚姻的最后程序。④女真人父母同意婚中包括指腹婚，女真人虽曾盛行过指腹婚，后受中原文化的影响，这种婚俗渐趋淡化，但指腹婚也是一种婚姻的约定。双方的家长就是婚姻的主持者，双方子女无论以后地位和境遇如何变化都要遵守约定好的婚姻关系。除指腹婚外，女真人很早就有约定婚姻的习俗，据《金史·乌春列传》载，世祖刚任节度使时，叔父跋黑暗怀非分之想，暗中引诱桓赧、散达兄弟及乌春、窝谋罕等人图谋不轨。乌春因跋黑高居要职而相信其作乱定能成功，于是对世祖怀有二心并虐待世祖的部人，部人向世祖倾诉，世祖派人责问乌春，但乌春并不买账。世祖担心跋黑与乌春结党作乱，因此曲意安抚乌春，"而欲以婚姻结其欢心。使与约婚……"⑤ 虽

---

① 洪皓. 松漠纪闻 [Z] //李澍田. 长白丛书. 长春：吉林文史出版社，1986：29.
② 洪皓. 松漠纪闻 [Z] //李澍田. 长白丛书. 长春：吉林文史出版社，1986：29.
③ （宋）徐梦莘. 三朝北盟会编 [M]. 上海：上海古籍出版社，2008：18.
④ 钟敬文主编，游彪等著. 中国民俗史（宋辽金元卷）[M]. 北京：人民出版社，2008：397.
⑤ （元）脱脱. 金史·乌春列传（卷六十七）[M]. 北京：中华书局，1975：1577-1578.

然最后姻亲关系并没有结成，但这段史料也记载了女真早期的就有约定婚姻的习俗。另外，在《金史·后妃列传》中也有金世宗完颜雍年幼时就订立婚姻的记载："朕四五岁时与皇后定婚……"① 因此，订立婚约是女真婚姻缔结的第一步。

另外，女真人的服役婚就是在成婚以后，男子需留在女方家为其供役，其地位在形式上是卑微的，也就是男子需要在女方家"执仆隶役"②，执仆隶役的时间是三年，三年后，男子才可以携带妻子返回自己的家中，同时获得女方家的"奴婢数十户，牛马十数群"③ 的陪嫁。这一婚俗虽说是母系氏族公社的残余，体现了女子的地位，但同时也是对女方家养育女儿的辛勤和花费的补偿。执仆隶役结束后，服役婚缔结的程序才最终完成。

三、蒙古人婚姻的缔结

（一）蒙古人婚姻缔结的实质条件

1. 蒙古人婚姻缔结的年龄

在中国传统婚姻习俗文化中，缔结婚姻年龄一般分为定婚年龄和结婚年龄两种。定婚年龄比较早，有在孩子还没有出生就把儿女婚事定下来了的指腹婚，也有在儿女幼年时双方家长间达成婚姻协议。《蒙古秘史》中记载，也速该带着铁木真去他母亲诃额仑的娘家斡勒忽讷兀惕部求亲，途中遇到弘吉剌惕部人特薛禅并决定与他结亲，于是把铁木真留下。当时铁木真年仅九岁，而孛儿帖比铁木真大一岁，也只有十岁。成吉思汗在长子术赤年纪还很小的少年之初，就为他聘娶了王汗的一个侄女，札阿绀孛的女儿尼克帖迷失旭真④为妻。成吉思汗还为其幼子托雷聘娶"客列亦惕部君主王汗的兄弟札阿-绀孛的一个女儿唆儿忽黑塔尼别吉"⑤ 为妻，当时

---

① （元）脱脱 . 金史·后妃列传（下）（卷六十四）[M] . 北京：中华书局，1975：1521.
② 洪皓 . 松漠纪闻 [Z] // 李澍田 . 长白丛书 . 长春：吉林文史出版社，1986：29.
③ 洪皓 . 松漠纪闻 [Z] // 李澍田 . 长白丛书 . 长春：吉林文史出版社，1986：29.
④ [波斯] 拉施特主编 . 史集 [M] . 余大均，周建奇译 . 北京：商务印书馆，1983：114.
⑤ [波斯] 拉施特主编 . 史集 [M] . 余大均，周建奇译 . 北京：商务印书馆，1983：190.

的唆儿忽黑塔尼别吉尚处于幼年。从这些例证中我们可以看到蒙古人订婚年龄是比较早的。这大概与当时蒙古人自然地理环境和游牧的生产生活方式有直接的关系，人员的多寡是部落强大与否的关键要素，因此，早婚早育的社会现实意义也就更加突出了。元朝建立后，其议婚年龄一般也比较低，这在一些史料中也有间接反映。如《叠山集》卷 11《聘之启》记载"令女鬟未成云，已婉容仪之谨；某男发方总角，幸宽褓褓之忧"女"鬟未成云"，男"发方总角"，意味着男女双方已到了可以议婚的年纪了。①

元代女子议婚年龄在十五岁左右，元代女子的行笄礼也是在十五岁，十五岁是初婚年龄的一个界限标准。王晓清在其著作《元代社会婚姻》中，对元代官宦家庭女子初婚年龄进行了统计，元代官宦人家女性的初婚年龄最小十七岁，最大二十四岁，而平民阶层的女子初婚年龄在十四岁至十六岁之间波动。而史凤仪先生在《中国古代婚姻与家庭》一书中也提到了元代女性的适婚年龄，即元代选宫妃有在年幼就选入宫中的，而民间则以十六岁到二十一岁为女子出嫁的适婚年龄。② 可见，人类社会成婚年龄的高低是随着历史变迁而变化的，但总体上看，蒙古女性的成婚还是比较早的，到了明清时期，《中华全国风俗志》也载："蒙人有早婚恶习，十二即娶，十八岁之处妇已少见。"③ 而平民缔结婚姻的年龄在《蒙古风俗鉴》中记载："姑娘出嫁的年龄为十七岁到二十一岁，男儿娶媳妇的年龄为十八到二十五岁，如果女的超过二十一岁，男的超过二十五岁，就被认为超过了婚龄。"④ 这正如历史学家布伦特·D. 肖所提出的，新娘的年龄是"决定某个群体的整体人口繁育能力的最重要的因素之一……所有与人口繁殖有关的社会习俗和惯例都受到它的影响。"⑤

在我国古代的史籍中，记载较详的是政治，男女成婚年龄被史书记载者看作极其琐细之事，记载得很少。但通过对史料的耙梳，以元代帝王的

---

① 王晓清. 元代社会婚姻［M］. 武汉：武汉出版社，2005：62-63.

② 史凤仪. 中国古代婚姻与家庭［M］. 武汉：湖北人民出版社，1987：84.

③ 胡朴安. 中华全国风俗志（下编）［M］. 石家庄：河北人民出版社，1986：476.

④ （清）罗布桑却丹. 蒙古风俗鉴［M］. 赵景阳译. 沈阳：辽宁人民出版社，1988：27.

⑤ Shaw, "The Age of Roman Girls at Marriage," p. 30. 转引自［加］伊丽莎白·阿伯特. 婚姻史——婚姻制度的精细描绘与多角度解读［M］. 孙露译. 北京：中央编译出版社，2014：12.

结婚年龄为例，尚能大概推算出元代蒙古男子的结婚年龄，如表（二）：

（表二）元朝帝王结婚年龄表

帝王	出生年代	结婚年代（娶后）	结婚年龄	资料出处
元太祖铁木真	1162 年	1178 年	9 岁定婚 17 岁结婚	《蒙古秘史》卷一、卷二
元世祖忽必烈	1215 年	元中统初年立后	<20 岁	《元史·后妃列传》
太宗英文皇帝	1186 年	不详	<20 岁	《史集》第 2 卷
元仁宗	1285 年	1313 年	29 岁	《元史·仁宗本纪》
元英宗	1303 年	1321 年（立后）	<18 岁	《元史·英宗本纪》
元明宗	1300 年	不详	<20 岁	《元史·后妃列传》
元宁宗	1326 年	1332 年	7 岁	《元史·后妃列传》
元顺帝	1320 年	1333 年	14 岁	《元史·顺帝本纪》

从表（二）可以看出，元代皇帝结婚年龄相对较低，基本是在二十岁以下，这与成吉思汗的传统习惯法有直接关系，在《黑鞑事略》中记载："成吉思立法，只要其种类子孙繁衍，不许有妒忌者。"[1] 此后，太宗时期也规定："诸妇人制质孙燕服不如法者，及妒者，乘以骗牛徇部中，论罪，即聚财为更娶。"[2] 这些史料的记载，都反映出蒙古人对子孙后代繁衍的重视，而这种以生育为目的婚姻是蒙古族初婚低龄化的直接因素。

2. 父母之命，媒妁之言

蒙古人的婚姻礼俗具有典型的游牧草原社会特征。随着元政权的建立，其婚姻习俗中又有与汉族婚姻习俗的共通之处。蒙古人缔结婚姻时，父母之命起着重要作用。如《蒙古秘史》中记载的也速该为铁木真定亲；《史集》中记载的成吉思汗为术赤、托雷定亲；从草原的蒙古政权到元代的一统政权，父母之命在子女的婚姻缔结中一直发挥着作用，子女的婚姻以父母的意愿为主。元世祖忽必烈为太子真金选太子妃时，选了好多世祖都不满意，世祖想为真金选的太子妃是自己打猎时，口渴到一座帐篷前讨求马奶时遇到的一位非常聪明贤淑通情达理的阔阔真。阔阔真纳为太子妃

---

① 许全胜校注.黑鞑事略校注 [M].兰州：兰州大学出版社，2014：183.
② （明）宋濂.元史·太宗本纪（卷二）[M].北京：中华书局，1976：33.

后。"性孝谨，善事中宫，世祖每称之为贤德媳妇。"① 在古代社会，媒妁之言和父母之命一样，都是婚姻缔结中非常重要的要件。由于史料记载的原因，元代社会婚姻习俗中媒妁之言的史料比辽金时期记载得详细，使我们更清楚地看到媒妁在元代社会婚姻习俗中所发挥的作用。陈鹏先生在《中国婚姻史稿》中提到，"撮合男女婚嫁者曰媒，又称媒妁"②。嫁娶之所以用媒妁，其目的正如儒家所说的是为了"隔男女，防淫佚，养廉耻"③。媒人之制由来已久，周礼地官中的媒氏就是"掌万民之判，凡男女自成名以上，皆书年月日名焉。令男三十而娶，女二十而嫁。凡娶判妻入子者，皆书之"④。媒氏作为官媒执行婚姻政策，掌管民众的婚姻，在春秋战国时期非常盛行，战国以后官媒减少而私媒盛行。

媒人往来于男女两家，在婚姻缔结中起着非常重要的作用。早在汉代就开始需要给付媒人一定的酬金才能为人撮合婚嫁。不同时期，媒妁的称谓是不一样的，因为从魏晋以后媒人都由妇女充当，所以被称为"媒媪"，唐代被称为"媒妪"，宋代被称为"媒妇"，元代被称为"媒婆"⑤。可见，媒妁多以中老年妇女充任。王晓清在其著作《元代社会婚姻》中提到，元代对媒妁的称谓有八种，即"掌判、红叶、行媒、青鸟、冰上人、伐柯、月下老、因针"⑥，这个时期出现了现今依然使用的褒义媒妁的称谓"红娘"。

元代对媒人规定的比较严格，首先官媒是由推选产生，注籍于官，由官府严格管理。《元典章·户部·婚礼》记载："今后媒妁从合属官司、社长、巷长、耆老人等推举选保信实妇人充，官为籍记姓名，仍严为约束，无得似前多取媒妁钱数，滥余设立违者治罪。"⑦ 可见，元代的媒人是由乡、社、里以及掌管风化的耆老推选出来的，由诚实可靠的妇人充任。媒人在政府登记后，由官府统一严加管理，如果无故多收取媒妁钱数，是要

① （明）宋濂. 元史·后妃列传二（卷一百一十六）[M]. 北京：中华书局，1976：2898.
② 陈鹏. 中国婚姻史稿 [M]. 北京：中华书局，1990：317.
③ 陈鹏. 中国婚姻史稿 [M]. 北京：中华书局，1990：317.
④ 扬天宇撰. 周礼译注 [M]. 上海：上海古籍出版社，2004：205.
⑤ 陈鹏. 中国婚姻史稿 [M]. 北京：中华书局，1990：318.
⑥ 王晓清. 元代社会婚姻 [M]. 武汉：武汉出版社，2005：28.
⑦ 陈高华等点校. 元典章（第二册）[M]. 天津：天津古籍出版社，2011：616.

受到法律制裁的。此项规定在《通制条格》中也有相关记载:"照得嫁娶并招女婿婚姻聘财,各有定例。今后媒妁,从合属官司、社长、巷长、耆老人等推举选保信实妇人充之,官为籍记姓名,仍严切约束无得似以前多取媒钱及滥余设立,违者治罪。"①《元典章》和《通制条格》关于对媒妁选拔和职业规范的记载几乎一样。另外在《元史·吕思诚列传》中也有关于媒妁的记载,吕思诚泰定元年考中进士,授予辽州同知,还未赴任,母亲去世,改任景州(河北)蓚县令。因为吕思诚治理有方,赏罚分明深得民心,百姓都认真履职尽责。"镇民张复,叔母孀居,且瞽,丐食以活,恐思诚闻之,即日迎养。思诚怜其贫,令为媒互人以养之。"② 这里提到的媒户人因是当地地方官吕思诚推之,符合《元典章》及《通制条格》中所记载的"从合属官司",因此,可以认为媒户人就是官媒。

其次,媒妁应通晓婚姻法令,并严格遵守。元朝在至元二十七年(1290 年)"命中书省参知政事何荣祖以公规、治民、御盗、理财等十事,辑为一书,名曰《至元新格》,二十八年,书成,敕刻板颁行,俾百司遵守"③。在其刑律条件之可考者中,婚姻和田地的狱讼最为繁多,为了减少婚姻上的纠纷,要求媒妁必须学习婚姻方面的法令,在行媒的过程中不得违背婚姻法令段例。④ 也就是史料中所记载的"诸狱讼之繁,婚、田为甚。其各处官司,宜使媒人通晓不应成婚之例,使牙人知买卖田宅违法之例,写状词人知应告不应告之例,仍取管不违甘给文状,以塞起讼之源。"⑤

最后,规范媒妁的职业操守。陈鹏先生在其著作《中国婚姻史稿》中也提到元代对媒妁职业的行为规范,主要体现在两个方面,一是,法律上严格规范媒妁从业所得报酬。元代规定媒妁在行媒的过程中不得多取媒钱多索聘财,违反者要受到法律的制裁。即"严切约束无得似以前多取媒钱

① 黄时鉴校注. 通制条格. [M]. 杭州:浙江古籍出版社,1986:52.
② (明)宋濂. 元史·吕思诚列传(卷一百八十五)[M]. 北京:中华书局,1976:4248.
③ (民国)柯劭忞. 新元史·刑法志(上)(卷一百零二)[M]. 张京华,黄曙辉总校. 上海:上海古籍出版社,2018:2433.
④ 刘玉珍. 元代婚姻制度研究 [D]. 济南:山东大学,2008:24.
⑤ (民国)柯劭忞. 新元史·刑法志(上)(卷一百零二)[M]. 张京华,黄曙辉总校. 上海:上海古籍出版社,2018:2435.

及滥余设立，违者治罪"①。"诸男女婚姻，媒氏违例多索聘财及多取媒利者，谕众决遣。"② 元律严格约束媒妁的职业规范，以防其利欲熏心。二是，要求媒妁在行媒的过程中要决断且不偏不倚，以假信息蒙骗要受到法律惩罚。中国古代社会媒妁是行走在人们婚姻生活中不可缺少的媒介，与人们的生活息息相关，因此媒妁的形象经常出现在文学作品中。《元曲·琵琶记》中所刻画的媒妁形象就有"我做媒婆甚妖娆，谈笑。说开说合口如刀，波俏。合婚问卜若都好，有钞。只怕假做庚帖被人告，吃拷"③。这些虽是媒妁自己的言语，但在刻画出媒妁人物形象的同时，也指出了如果媒妁向说媒方提供虚假信息，以其达到骗婚目的的话，就会被告到官府而受到法律惩罚。因此，我们通过文学作品中媒妁的语言可以看到元代媒妁的形象及对媒妁行为的规范。另外，在元代的文学作品中媒妁行媒所备的物品也体现了对其言行的规范。元代的媒妁在行媒的过程中一般要带有斧和秤，陈鹏先生的《中国婚姻史稿》也提到："充当官媒者，须以斧和秤为'招牌'。为人行媒，须携此而行。"④ 中国古代社会媒妁是行走于人们婚姻生活中不可缺少的媒介，与人们生活息息相关，《元曲·琵琶记》就刻画了媒妁的行媒过程中的所备的物品包括鞋子、斧头、袜子、秤等，其中属于媒妁招牌的就有斧头、袜子和秤。一是，关于斧头作为招牌的记载："〔外白〕媒婆，你挑着惹多东西做什么？〔丑白〕复相公：这个便是媒婆的招牌。〔外白〕且问这斧头做什么？……〔丑白〕毛诗里面说的好，道是析薪如之何？匪斧弗克。娶妻如之何？匪媒不得。以此把斧头为招牌。"⑤ 可见，媒妁的第一个招牌是强调自己的重要性；二是，关于袜子作为招牌的记载："〔外白〕更问他袜做什么？〔末〕相公问你袜做什么？〔丑〕也是招牌。人都道做媒的执伐。"⑥ "执伐"⑦ 的"伐"与"袜"谐

①　黄时鉴校注. 通制条格〔M〕. 杭州：浙江古籍出版社，1986：52.
②　(明) 宋濂. 元史·刑法志（上）（卷一百零三）〔M〕. 北京：中华书局，1976：2642.
③　(元) 高明. 元本琵琶记校注〔M〕. 钱南杨校注. 上海：上海古籍出版社，1980：45.
④　陈鹏. 中国婚姻史稿〔M〕. 北京：中华书局，1990：320.
⑤　(元) 高明. 元本琵琶记校注〔M〕. 钱南杨校注. 上海：上海古籍出版社，1980：76.
⑥　(元) 高明. 元本琵琶记校注〔M〕. 钱南杨校注. 上海：上海古籍出版社，1980：76.
⑦　《诗经·豳风·伐柯》有：伐柯如何，匪斧不克。娶妻如何，匪媒不得。后世称媒人为"执伐"或"执克"。

音。可见，媒妁的第二个招牌是媒妁职业的代称。三是，关于秤作为招牌的记载："［外］更问将他秤做何用？［末］婆婆，相公问你将秤做何用？［丑］最要紧用这个，唤作量秤人。凡是做媒时节，先把新人新郎称过相似，方与说亲。去后夫妻便和顺不相嫌，若是轻重头了，夫妻只是相打骂了。"① 可见，秤作为媒妁的招牌表明媒妁与人说媒具有准确评估双方是否能结成美满姻缘的能力。因此，元代媒妁与人行媒必带这些招牌以显示其职业的重要性和自己的从业能力。

（二）蒙古人婚姻缔结的形式条件

蒙古人早期的婚姻制度中就有一套求亲、下聘礼、迎亲、送嫁、举行婚礼和行阿姑之礼的程序。蒙古人的婚姻，大多是由族长或父母之命而定的。其缔结的过程中大概包括以下几项内容。

一是求亲。蒙古族的缔结是从求亲开始的，男方须多次向女方家求亲。早期蒙古人求亲都是父母长辈去女方家求亲，《蒙古秘史》就记载了也速该为了给铁木真从他母舅家找一个女孩定亲，就带了铁木真去他母亲诃额仑的娘家斡勒忽讷兀惕人那里求亲。后来就出现让有责任心的、有威望的人带着代表着和谐、甜蜜的白糖、茶叶等物品前去女方家里求亲。一般来说求亲的人跟女方的父母谈而不是本人。若女方收下礼物，那婚事就可以定下来了。男方须多次向女方家求亲。《蒙古秘史》中就记载也速该为自己儿子铁木真求婚时，特薛禅说："（向姑娘家）多次求婚才答应，便显得贵重，一、二次求婚就答应，则显得低下。（话虽这么说，）但女人的命，也没有在自己出生的家门住到老的。"② 蒙古族有一句婚俗谚语即"多求则贵，少求则贱"③。

二是下定礼。一经许婚，男方须送上定礼，并使未来的女婿住在女方家。求亲时需以家畜等若干献女家双亲作为定亲礼。铁木真与孛儿帖定亲，也速该就留下一匹从马作为定礼。成吉思汗将妹妹帖木仑许孛秃，孛

① （元）高明．元本琵琶记校注［M］．钱南杨校注．上海：上海古籍出版社，1980：76.
② 余大均译注．蒙古秘史［M］．石家庄：河北人民出版社，2007：62.
③ 阿古达睦，策·乌日亘．蒙古族婚礼（蒙文版）［M］．海拉尔：内蒙古文化出版社，1987：95-96.

秃"有马三十匹，请以马之半为聘礼"①。此后在蒙古婚姻习俗中，下定礼因女方的要求日渐提高。因此，在《卫拉特法典》等后期有关蒙古的法律中都规定了下定礼的最高限额。

三是迎亲。蒙古人婚姻缔结的过程中娶妻的新婿一定要亲迎。

四是送嫁。姑娘出嫁，需带嫁奁到夫家，嫁奁包括牲畜、财物及奴仆等。孛端察儿娶亲时，其妻带来一名从嫁女奴。亦必合与成吉思汗成亲，从嫁者多达 200 人。②

五是行阿姑之礼。新妇到男家，如有翁姑，新妇初见翁姑时，需献上自己父母送来的珍贵的礼物，并行表示谦逊的阿姑之礼，说明新妇是要孝敬那家长的。

六是举行婚礼。平民的婚礼一般是以酒宴为主。贵族的婚礼，要"举办隆重而盛大"的仪式，甚至"五百里内首领皆载马湩助之，皂车毡帐，成列数千人"③。

另外，新郎新娘还要在广阔的草原上下马祭拜在上的苍天。拜天礼仪完成之后，就正式成为夫妇了，婚姻的缔结形式就完成了。

第三节　婚姻礼俗

在中原传统文化中，婚姻仪礼属于"五礼"中的嘉仪，即《周礼正义》中所记载的"……以昏冠之礼，亲成男女……"④ 这里的婚冠之礼就有婚姻礼仪的内容。所谓"婚姻之礼，所以亲男女，使男女相亲……配为夫妻是也"⑤。辽金元作为少数民族建立的政权，礼仪制度也大致按照中原

---

① （明）宋濂．元史·孛秃传（卷一百一十八）［M］．北京：中华书局，1976：2921.
② 孟广耀．蒙古民族通史［M］．呼和浩特：内蒙古大学出版社，2002：384.
③ （元）李志常．长春真人西行记［M］．党宝海译注．石家庄：河北人民出版社，2001：28.
④ （清）孙诒让撰，王文锦、陈玉霞点校．周礼正义（卷34）［M］．北京：中华书局，1987：1361.
⑤ （清）孙诒让撰，王文锦、陈玉霞点校．周礼正义（卷34）［M］．北京：中华书局，1987：1361.

农耕文明的仪式进行建设，虽不像中原农耕文明的规定那么严格，却独具民族特色。

一、契丹人婚姻礼俗

婚姻是人生的大事，杜佑在《通典》中就指出了婚姻是"王化所先，人伦之本"①。所以，为缔结婚姻而产生的婚姻仪礼一直为各民族所重视。契丹人早期的习俗是"无礼顽嚣，于诸夷人最甚"②，到阿保机时期重视礼俗文化的建设，开始"制婚嫁"③，使契丹婚礼程式逐渐形成。

中原农耕文明的婚姻礼俗主要遵循周代形成的"六礼"，即《仪礼·士婚礼》中所记载的："婚有六礼，纳采、问名、纳吉、纳徵、请期、亲迎。"④ 它包括从提亲到迎亲成婚的整个过程，后来的腐儒特别强调礼制，而成为他们试图遵守的规范，并对社会上的世俗婚礼产生很大的影响。汉唐时期基本遵循此六礼。宋初仍沿用，但由于民间百姓感到烦琐，朱熹便将六礼进行合并，仅存纳采、纳徵、亲迎三礼，并在元、明、清时期流行于民间。

契丹的婚姻礼俗中有几项与中原农耕文明婚姻礼俗基本是一致的。其一是通媒，相当于六礼中的纳采、问名和纳吉。契丹婚姻礼俗中的通媒就是通过媒妁来沟通男女双方的情况，了解双方的血缘姓氏，生辰属相及门第家世。而纳采在六礼中大概相当于现在的提亲阶段，是由媒人进行沟通，传达男女两家的旨意；问名则是由媒妁到女家请教女方的姓名、生辰，以备合婚之用的礼俗；纳吉是男家将问名之后所占卜的满意结果通知给女方。因此，契丹礼俗中的通媒与六礼中的纳采的内容大体是一致的。其二是纳礼，与六礼中的纳徵有相似的地方，都是下聘礼。契丹是男方家长代表要由媒者引导，向女方家庭献纳采礼，以成聘约，而纳徵就是人们通常所说的"过大礼"或"下财礼"。因此，契丹婚姻礼俗中的纳礼与中

---

① （唐）杜佑. 通典·沿革十九·嘉礼四（卷59）[M]. 北京：中华书局，1987：1682.
② （宋）叶隆礼. 契丹国志·国土风俗（卷23）[M]. 北京：中华书局，2014：248.
③ （宋）叶隆礼. 契丹国志·国土风俗（卷23）[M]. 北京：中华书局，2014：248.
④ 《十三经注疏》整理委员会整理. 十三经注疏·仪礼注疏[M]. 北京：北京大学出版社，1999：60.

原六礼的纳徵极为相似。其三是择吉日，似六礼中的请期。婚姻的缔结是家族间的大事，历来被人们重视。因此，无论是中原农耕文明还是游牧民族的草原文明在选择婚期的时候，都要选择"良辰日"，以求吉祥。辽代史料不详，在婚俗方面没查到具体择期的记载，但从《辽史·礼志》记载："皇帝纳后之仪：择吉日。至日，后族毕集。"① 以及"公主下嫁仪：'……择吉日，诘旦，媒者趣尚主之家诣宫'"②。这两则史料虽是记载契丹贵族婚俗的，但也能从中看到契丹婚姻习俗中缔结婚姻有选择良辰吉日的观念，这与中原农耕文明所通行的六礼中的请期即男家择定成婚吉日后告与女家之礼，是极为相似的。其四是迎娶，大体相当于六礼中的亲迎。契丹人在迎亲时，新郎和男方家庭的有关人员在媒人的中介作用下，备车去女方家迎娶新娘，彩车的颜色和结婚礼服皆为黑色③。在《酉阳杂俎》中也记载有"北朝婚礼，青布幔为屋，在门内外，谓之青庐，于此交拜。"④ 而六礼中亲迎的礼俗：迎亲者不但衣服是黑色的，车子也是黑色的。《仪礼·士婚礼》中记载："主人爵弁，纁裳缁袘，从者毕玄端，乘墨车，从车二乘，执烛前马，妇车亦如此。"⑤ 可见，契丹人的婚姻礼俗与中原农耕文明早期的婚姻礼俗十分相似，都是黑衣黑车，这也从侧面反映出亲迎之礼在迎娶之处，仍然保存着远古掠夺婚的遗迹。另外，契丹婚姻礼俗中新娘临别时，要正式告别父母、兄弟及族人，父母要对新娘"致戒词"，嘱咐一番为妇之道，并赠送包括送终物品在内的嫁妆，新娘上车走后，其娘家人要追送到路上，其依依不舍之情及对嫁女的负责任态度，尤甚于汉族。⑥

此外，契丹人的婚姻缔结过程中还有自己独具特色的礼俗。主要体现在：一是跨鞍。既取其谐音象征着安好和美，又承袭了马背上民族的古

① （元）脱脱. 辽史·礼志五·嘉仪上（卷五十二）[M]. 北京：中华书局，2016：959.
② （元）脱脱. 辽史·礼志五·嘉仪上（卷五十二）[M]. 北京：中华书局，2016：960-961.
③ 田广林. 契丹礼俗考论 [M]. 哈尔滨：哈尔滨出版社，1995：84.
④ 段成式著，方南生点校. 酉阳杂俎（卷一）[M]. 北京：中华书局，1981：7.
⑤ 《十三经注疏》整理委员会整理. 十三经注疏·仪礼注疏 [M]. 北京：北京大学出版社，1999：72-73.
⑥ 田广林. 契丹礼俗考论 [M]. 哈尔滨：哈尔滨出版社，1995：84.

俗。段成式的《酉阳杂俎》就记有马背上民族将马鞍作为男性的象征，新娘跨鞍而过，意味着男女合和，成就百年之好。北方少数民族的这一跨鞍习俗，在唐代苏鹗所撰的《苏氏演义》中就载有："婚姻之礼，坐女于马鞍之侧，或谓此北人尚乘鞍马之义。夫鞍者，安也，欲其安稳同载者也。酉阳杂俎云：'今士大夫家婚礼新妇乘马鞍，悉北朝余风也。'今娶妇家新人入门跨马鞍，此盖起始也"。①可见，中原出现的婚姻缔结过程中的坐鞍习俗是由北方少数民族传入的。二是拜祖。新娘至夫家后，先要拜男方父母及其祖先，这是成为这个家族新成员首先要做的一件事情。而中原农耕文明的婚姻礼俗则是在新妇如男家后的第二天有拜舅姑的礼俗，而庙见，即祭拜宗庙一般在三个月后举行。《仪礼·士婚礼》载有："妇人三月，然后祭行。"② 如果新妇没庙见而亡，要葬到母家，不算成婚。三是拜奥。这是契丹婚姻礼俗中极具民族特色的一个仪式，也是辽史史料中描述得最为详细的婚姻礼俗。

通过以上分析，我们知晓契丹婚姻礼俗的概况以及与中原礼俗异同的同时，也可以得出契丹人的婚姻礼俗"质中原，而文于故俗"③。

二、女真人婚姻礼俗

婚姻是维系人类自身繁衍和社会延续最基本的制度和活动，在人的一生中占据十分重要的地位。兴起于白山、黑水之间的女真人，随着社会生活的不断发展，特别是金政权建立后，金朝统治者将"男婚女聘，渐化成俗"④ 作为民族融合、国家安定的安邦大计，在吸纳中原农耕文明传统婚姻礼俗的基础上，建立金朝的婚姻仪礼制度。

早期女真社会的婚俗虽有原始的遗留，但形成了独具女真特色的婚姻礼俗。

其一，纳币礼俗。这是女真婚姻中最重要的礼俗。早期的女真婚姻缔

---

① 苏鹗撰，吴企明点校. 苏氏演义：外三种［M］. 北京：中华书局，2012：20.
② 《十三经注疏》整理委员会整理. 十三经注疏·仪礼注疏［M］. 北京：北京大学出版社，1999：101.
③ 田广林. 契丹礼俗考论［M］. 哈尔滨：哈尔滨出版社，1995：84.
④ （元）脱脱. 金史·唐括安礼传（卷八十八）［M］. 北京：中华书局，1975：1964.

结的过程中，媒妁发挥的作用不大。其婚姻形态多为指腹婚、掠夺婚、服役婚、"歌行于途"的自由婚等。所以，在六礼中媒妁发挥主要作用的纳采，这在女真早期的婚姻礼俗中很少见，但与六礼中纳徵相近的纳币礼俗，却早在女真始祖函普时期就已经存在了。《金史·世纪》记载："始祖至完颜部，居久之，其部人尝杀它族之人，由是两族交恶，哄斗不能解。完颜部人谓始祖曰：'若能为部人解此怨，使两族不相杀，部有贤女，年六十而未嫁，当以相配，仍为同部。'"①始祖运用自己的智慧制定了部族之间相互遵守的"习惯法"，解决了部族间的争斗，部众信服函普，以一青牛做答谢，并如约"许归六十之妇。始祖乃以青牛为聘礼而纳之，并得其赀产"。②在《三朝北盟会编》中也记有："女真始祖浦（改作堪布）③，……有邻寨鼻察异酋（改作部）长姓结徒姑丹（改作图克坦）小名圣货（改作胜果）者，有室女年四十余尚未婚，遂以牛马、财用、农作之具嫁之于浦（改作堪布），后女真众酋（改作豪）结盟推为首领。"④同时，《三朝北盟会编》中还记有："其婚嫁，富者则以牛马为币。"⑤可见，在女真始祖函普时期，就有了男子以青牛为聘礼，女子携牛马、财用、农作之具为陪嫁的礼俗。值得一提的是，在洪皓的《松漠纪闻》中详细记载了女真求亲、定亲、迎亲和最后完婚的大致情况，而每一步骤中都有物物往来。可见，纳币在女真婚姻礼俗中的重要作用。

其二，拜门礼俗。拜门礼又称"男下女"，这是女真最具特色的婚姻礼俗。洪皓在《松漠纪闻》中记载："婿纳币，皆先期拜门，戚属偕行，以酒馔往，……妇家无大小，皆坐炕上。婿党罗拜其下，谓之男下女。"⑥具体如何进行的"男下女"，金史的史料中没有记载。王可宾先生在其著作《女真国俗》中引用了满族婚姻礼俗中的史料，即清代杨宾的《柳边纪略》卷四，对宁古塔满族婚俗的记述，来窥视女真"男下女"的婚姻礼

---

① （元）脱脱．金史·世纪（卷一）［M］．北京：中华书局，1975：2.

② （元）脱脱．金史·世纪（卷一）［M］．北京：中华书局，1975：2.

③ 在《三朝北盟会编》中记载的女真始祖堪布与中华书局版本的《金史·世纪》中记载的女真始祖函普是同一个人，只是音译不同。

④ （宋）徐梦莘．三朝北盟会编［M］．上海：上海古籍出版社，2008：127.

⑤ （宋）徐梦莘．三朝北盟会编［M］．上海：上海古籍出版社，2008：18.

⑥ 洪皓．松漠纪闻［Z］//李澍田．长白丛书．长春：吉林文史出版社，1986：28-29.

俗。"婚姻择门第相当者，先求年老为媒，将允，则男之母径至女家视其女，与之簪珥布帛，女家无他辞，男之父乃率其子至女之姻戚家叩头。姻戚家亦无他辞，乃率其子侄群至女家叩头。《金志》所谓'男下女礼'者是也。女家受而不辞，辞则犹未允也。既允之后，然后下茶请筵席，此男家事也，女家唯赔送耳。"① 从上面史料的记载中，我们可以了解到女真婚姻礼俗中的"男下女"简单经过。女真人先择门第相当者，在媒妁的联络下得到女方的同意，男方的母亲就去女方家相看其女，并给予一些簪珥布帛之物，如女家没有推辞，男方的父亲就率其到女家去行"拜门礼"。也就是正式订婚之前，必须先由其父率其子至女之姻戚家叩头，再由其父率子侄辈至女家叩头。而在女家叩头时，妇家无大小皆坐炕上，婿党要罗拜其下。在争得女方姻戚和其家属应允之后，才能正式定亲。上面史料中提到要向"女之姻戚家叩头"，来求其应允的原因是因为在交错从表婚的习俗下，姑舅姻戚家的子女，有优先婚配权，必须取得他们的应允，才可向妇家求婚。其所以要向妇家大小叩头罗拜，那是因为妇家女儿出嫁之后，妇家将失去一名劳力和应由她承继的财产。这关系到妇家所有老少的利益，也必须得到他们的应允。这就是"男下女"所产生的根源所在。② 女真婚姻礼俗中的求亲和定亲是一个隆重而欢庆的活动。在这个活动中大家饮酒、品茶、食多种式样形态各异的蜜糕和煎乳酪。

女真婚姻礼仪的完成是以男方在女方家服仆役三年结束为标志的。这时，女方家才准许女儿，连同给予女儿的奴婢、牛马等陪嫁随丈夫回男方家。其中，女方给予陪嫁中的牛马是以群为单位，每群中九牝一牡。也就是说陪嫁中的牲畜中以雌性居多，这是女真人将雌性牲畜能生育的自然属性寓意于人类女子生育来祈求子嗣昌盛。可见，女真人的陪嫁物与中原农耕文化婚姻礼俗一样，包含着丰富的文化寓意。

三、蒙古人婚姻礼俗

蒙古人作为生活在草原的游牧居民，在婚姻礼俗方面，既有典型的游

---

① （清）杨宾．柳边纪略［M］．北京：中华书局，1985：68.
② 王可宾．女真国俗［M］．长春：吉林大学出版社，1988：29.

牧草原社会特征，又与中原农耕文明的婚俗有许多相通之处。

元人徐远瑞在《吏学指南》中指出，"户籍生齿之总，婚为礼俗之本"①。可见，作为礼俗之本的婚姻在人们生活中的重要性。蒙古人在婚姻缔结时，由于嫁娶的立足点不同，逐渐形成了蒙古人"男看家道，女重颜色"的择偶标准。在元建立之前，蒙古人"其居穹庐（即毡帐），无城壁栋宇，迁就水草，无常"②的游牧形态，以及"牧且猎、衣以韦毳，食以肉、酪"③的生产方式，是蒙古族婚姻习俗赖以存在的基础。入主中原以后，蒙古族崇尚的仍然是"老稚闲弓猎，不复知耕弃；射雕阴山北，饮马长城旁；驼羊足甘旨，貂鼠充衣裳；酒酣拔剑舞，四顾天茫茫"④。游牧性的生活方式并没有根本性改变，立足于此的婚姻习俗一如其旧。从《元朝秘史》所记载的"大凡结亲呵，儿孩儿便看他家道，女孩儿便看她颜色"⑤，就是蒙古人传统的择偶习俗。

求亲。蒙古人在婚姻礼俗中，女方家对于求亲的次数是比较看重的。希望男方的家长在替儿子求亲时，反复恳求女方的父母，来表示诚心与尊重。"多遍索了与呵，便重；少遍索了与呵，便轻。"⑥ 女方接受男方的求亲，双方家长在一起喝许亲酒，也就是蒙古语的布浑察儿⑦。如果有媒妁，则由男方的媒人带领到女方家喝许亲酒。许亲酒代表着两家的婚事不再反悔，有夫妻成婚后百年好合的寓意。媒妁在蒙古人的婚俗中的作用也很大，在《高丽史·世家二》就记载，"达旦通媒合族，真实交姻，敢不许

---

① （元）徐元瑞撰，杨讷点校.吏学指南［M］.杭州：浙江古籍出版社，1988：52.
② （宋）彭大雅撰，许全胜校注.黑鞑事略校注［M］.兰州：兰州大学出版社，2014：18.
③ （元）李志常.党宝海译注.长春真人西游记（卷上）［M］.石家庄：河北人民出版社，2001：32.
④ （元）纳新.金台集·京城杂言六首（第一卷）［M］.北京：中国国际广播出版社，2016：40.
⑤ ［波斯］拉施特.史集（第一卷第1分册）［M］.余大钧，周建奇译.北京：商务印书馆，1983：246.
⑥ 佚名.元朝秘史（卷一）［M］.路芜，高孚尹，陈姗点校.济南：齐鲁书社，2005：29.
⑦ 蒙古语布浑察儿就是许亲酒之意。

之"① 是蒙古族奉行的婚姻准则。缔约婚姻的男女双方结成了固定的姻亲关系，彼此之间遵循着亲上加亲的原则。

聘礼。蒙古人在议婚时，男方须明确聘礼的数额，来表明其家道殷实程度。这在多桑的《蒙古史》中有相关的记载："欲娶女者，以约定家畜之数若干献之于女家两亲。"② 聘礼一般是马匹。这在《蒙古秘史》中就记有也速该替儿子铁木真向弘吉剌部特薛禅谈聘礼时，就"把自己带来的一匹从马做聘礼"③。在《元史·孛秃列传》也记有，成吉思汗将皇妹帖木伦许给亦乞列思部孛秃时，孛秃族人也不坚歹向成吉思汗许诺：孛秃家"有马三十匹，请以马之半为聘礼"④，虽然后来被成吉思汗以"婚姻而论财，殆若商贾矣……"⑤ 为由，没有要任何聘礼而将皇妹帖木伦嫁给了孛秃，但聘礼在蒙古人的婚姻习俗中占有重要地位。

陪嫁。蒙古人送女出嫁时要有陪嫁。在《世界征服者史》里的《合罕言行录》就记有合罕在八吉打境内被一个老人拦住了道路，合罕问其挡路的原因，老人说："我又老又穷，还有十个女儿，因为我穷，我不能给她们找到夫婿。"⑥ 这则史料反映出蒙古女孩如果没有陪嫁是嫁不出去的，因此，必须有陪嫁。贵族大臣家的女儿出嫁时，陪嫁更为丰厚。《合罕言行录》也有记载："……一个廷臣的女儿正被送往夫家，一箱八人抬的珍珠给运去作为她的嫁妆。"⑦ 女方家陪嫁除了财物外，还有数目不等的从嫁女口。成吉思汗娶亦巴合时，从嫁妇人达二百名。⑧

亲迎。按照蒙古风俗，蒙古人在纳聘礼结束后接下来就是亲迎。亲迎

---

① [朝鲜] 郑麟趾著，孙晓主编. 高丽史·世家二（卷二十六）（标点校勘本）[M]. 重庆：西南大学出版社；北京：人民出版社，2014：830.
② [瑞典] 多桑著，冯秉钧译. 多桑蒙古史（上册）[M]. 北京：商务印书馆，2015：29.
③ 余大均译注. 蒙古秘史 [M]. 石家庄：河北人民出版社，2007：62.
④ （明）宋濂. 元史·孛秃传（卷一百一十八）[M]. 北京：中华书局，1976：2921.
⑤ （明）宋濂. 元史·孛秃传（卷一百一十八）[M]. 北京：中华书局，1976：2921.
⑥ [伊朗] 志费尼著，何高济译，翁独健校订. 世界征服者史 [M]. 呼和浩特：内蒙古人民出版社，1980：268.
⑦ [伊朗] 志费尼著，何高济译，翁独健校订. 世界征服者史 [M]. 呼和浩特：内蒙古人民出版社，1980：268.
⑧ 王晓清. 元代社会婚姻形态 [M]. 武汉：武汉出版社，2005：26.

时，男家前往或女家礼送都是于礼相合的。直到现在蒙古人亲迎也是其缔结婚姻过程中比较隆重的环节。如科尔沁蒙古族的婚俗中迎亲的时候一定要为新郎选一匹好马，然后再选两个长相英俊有才艺的男孩为伴郎，带着聘礼去女方家接新娘。在去迎亲前新郎的父母亲手给迎亲的人敬酒，然后新郎的父母进行拜火仪式，新郎要拜三次火神，祈求婚姻的美满幸福。拜火仪式结束后，迎亲队伍出发，一路上，向长生的天，永恒的地，经过的敖包山、河流湖泊，坟头和岔路口以及路旁的村庄、寺庙撒奠，请求保佑。而且迎亲队伍在离女方家里不远的时候停下来，在路上点燃一次火，举行祭天地的仪式，唱歌、跳舞、喝酒，再派三到四个人到女方家里告知迎亲部队已到，这时候女方代表过来迎接他们进门，举行迎接仪式。①

送亲。蒙古族婚姻礼俗中特别重视送亲。如果从女方家里去的人很多的话，男方家里得准备很多车，而且一定要让新娘坐在新郎方的车子的最中间，男方会特别保护新娘所坐的车子，一般女方的父亲或者母亲送姑娘。铁木真与孛儿帖成婚时来送孛儿帖的就是孛儿帖的母亲。

蒙古人通过求亲、聘礼、陪嫁、亲迎、送亲等婚姻礼俗完成男女双方婚姻的缔结，其过程既有蒙古本民族的特色，也有与中原农耕民族相近的地方。

第四节　离婚与再嫁

芬兰著名社会学家、人类学家和哲学家爱德华·亚历山大·韦斯特马克在其著作《人类婚姻史》第三卷提到：人们所缔结的婚姻，一般都是没有期限的，或者说是终身性的。但是，即使是为终身而缔结的婚姻，由于种种原因，在男女双方的有生之年，也常常会被解除，② 这种婚姻关系的解除就是离婚。婚姻关系的消亡包括自然消亡和人为消亡。离婚是婚姻关系的人为消亡；夫妻一方死亡和拟作死亡的失踪包括出家为僧、道是婚姻

① 阿古达睦，策·乌日亘等编辑整理. 蒙古族婚礼［M］. 海拉尔：内蒙古文化出版社，1987：100—107.

② ［芬兰］E. A. 韦斯特马克. 人类婚姻史［M］. 北京：商务印书馆，2015：1225.

关系的自然消亡。婚姻关系无论是人为消亡还是自然消亡，都会引发再娶或再嫁的再婚问题。

中国古代在中原农耕文明的婚姻关系中，离婚在立法上分为禁止离婚和许可离婚，因此在礼制上有七出之目，在立法上有义绝之条。在离婚类别上有强制离婚、协议离婚、裁判离婚等。在离婚原因中夫之出妻在古代是最为普通的事，妻之去夫被后世看作不正常的事，"然妻之去夫者，历代亦有其例，惟后世律令则严为禁止耳"①。而再婚又分为妻死亡再娶、夫死亡或失踪再嫁。在中国古代礼制上倾向妻死不再娶，《白虎通·嫁娶》就记有"人君无再娶之义"②，但现实生活中，仍有再娶。按礼制要求，女人要从一而终，丈夫死后应当守节，不应再嫁别人。而法律上在一定条件下允许寡妇改嫁，但婚姻关系的消亡时间不能从丈夫的死亡时间算起，只能从改嫁算起，而改嫁又必须在丧服服满三年之后。夫失踪也是必须三年以后或五年才允许改嫁。所以中原农耕文明的婚姻关系中，除政府下诏必须改嫁外，再嫁对于女性而言是非常困难的。在北方游牧文明的婚姻关系中离婚与再婚，却不像中原农耕文明那样受礼制严格约束。

一、契丹人离婚与再嫁

辽代的契丹妇女没有中原农耕文明女性那种从一而终的思想，在婚姻生活中，有较大的自主权，夫妻之间如果婚姻不和谐，双方均可以提出离婚，而离婚或丧偶者男可续娶、女可再嫁。因留存下来的辽代史料中记载普通百姓婚姻情况的史料欠缺，有关契丹人离婚与再嫁以公主的婚姻状况为例，管窥一下契丹上层婚姻中的离婚与再嫁。

1. 因感情不和而离婚

在辽史的史料中，记载因感情不和而提出离婚的公主有三位。

一是景宗渤海妃之女淑哥。《辽史·公主表》记载，淑哥乾亨二年（980年）下嫁卢俊。"与驸马都尉卢俊不谐，表请离婚，改适萧神奴。"③淑哥下嫁卢俊是在其父景宗耶律贤时期，因与卢俊不和，圣宗统和元年

① 陈顾远.中国婚姻史［M］.北京：商务印书馆，2014：184.
② （清）陈立撰，吴则虞点校.白虎通疏证［M］.北京：中华书局，1984：470.
③ （元）脱脱.辽史·公主表（卷六十五）［M］.北京：中华书局，2016：1108-1109.

（983 年）上表请求离婚，在统和元年"六月己丑，有司奏，同政事门下平章事、驸马都尉卢俊与公主不协，诏离之，遂出俊为兴国军节度使"①。从这则史料我们可以看出，其一，淑哥与卢俊的婚姻存续时间比较短，仅3 年；其二，公主淑哥首先上表提出离婚，可以推测出公主的地位较驸马要高，辽代史料中与驸马感情不和提出离婚的多为公主一方；其三，卢俊作为驸马时官职是"同政事门下平章事"，大概相当于宰相的职位，离婚后其官职为"兴国军节度使"，职位有所下降。这就从侧面反映出辽代女性尤其是上层女性的地位相对其他时期而言要高得多。

　　二是圣宗钦哀皇后之女岩母董。这位公主离婚的次数达 3 次之多，前后嫁了 4 个人。在《辽史·公主表》中记载，"下嫁萧啜不。改适萧海里，不谐，离之。又适萧胡睹，不谐，离之。乃适韩国王萧惠。"② 这则史料中的四个人，岩母董所适的第一人是萧啜不，在史料中没有记载其详细情况；改嫁的第一个人是萧海里，因感情不和而离婚。在《辽史》记载中萧海里叛变，后被女真函首献于辽天祚帝的一个叛臣；改嫁的第二个人是萧胡睹，史料记载也是因感情不和而离婚。《辽史·逆臣下·萧胡睹列传》中记载："萧胡睹，字乙辛。口吃，视斜，发卷。伯父孝穆见之曰：'是儿状貌，族中未曾有。'及壮，魁梧桀骜，好扬人恶。重熙中，为祗候郎君。俄迁兴圣宫使，尚秦国长公主，授驸马都尉。以不谐离婚，复尚齐国公主，为北面林牙。"③ 后因谋反而投水自杀。改嫁的第三个人是韩国王萧惠，相比较前两个人，韩国王萧惠是一个善终之人，《辽史·萧惠列传》中记载："萧惠，字伯仁，小字脱古思，淳钦皇后弟阿古只五世孙。"④ 因功先后授爵，被封为魏国公、郑王、赵王、齐王、韩王，"重熙十七年（1049 年），尚弟姊秦晋国长公主，拜驸马都尉。"⑤ 到致仕之年仍为朝廷效力，又被封为魏国王。秦晋国长公主岩母董最后改嫁所适的韩国王也算是辽朝功勋卓著的元老重臣，但公主三次离婚，凡嫁四人，体现了契丹社

　① （元）脱脱. 辽史·圣宗本纪（一）（卷十）［M］. 北京：中华书局，2016：119.

　② （元）脱脱. 辽史·公主表（卷六十五）［M］. 北京：中华书局，2016：1109-11110.

　③ （元）脱脱. 辽史·逆臣（下）·萧胡睹列传（卷一百一十四）［M］. 北京：中华书局，2016：1663.

　④ （元）脱脱. 辽史·萧惠列传（卷九十三）［M］. 北京：中华书局，12016：1511.

　⑤ （元）脱脱. 辽史·萧惠列传（卷九十三）［M］. 北京：中华书局，2016：1511.

会礼法的宽松和游牧民族追求不受约束的质朴开放的精神风貌。

三是兴宗仁懿皇后之女跋芹。跋芹，兴宗第一女，被封为"魏国公主，重熙末，徙封晋国，加长公主"①。出嫁后"与驸马都尉萧撒八不谐，离之。清宁初，改适萧阿速，以妇道不修，徙中京，又嫁萧窝匿"②。这个时期，中原农耕文明的礼法制度逐渐渗透到契丹人的生活之中，圣宗开泰六年（1018年）也曾一度下诏"禁命妇再醮"③，但由于受到传统势力的冲击而未得到认真实行，命妇改嫁和再嫁者依然存在。

2. 因获罪而被强制离婚

在中原农耕文明的婚姻关系中，法律强制离婚的被称为"义绝"。也就是指夫妻间因为某种事情的发生已经情意断绝，因此法律上规定这种婚姻关系应当解除。这种婚姻关系不自动解除，国家就要强迫解除并给予惩罚。④ 义绝最早见于唐代的法律，多属于亲属间互相侵犯的行为，是以家族为中心，为维护封建伦常观念和封建家庭秩序而设立的。耙梳辽代史料，辽代强制离婚多是男方犯罪而被强制离婚的，主要有以下几则史料。

一是辽代胡独公主之女意辛。耶律奴的妻子萧氏，小字意辛，是国舅驸马都尉陶苏斡之女。母亲是胡独公主。意辛容貌秀美，二十岁才嫁给耶律奴。在夫家侍奉尊亲团结族人，以孝顺恭谨闻名。"初，奴与枢密使乙辛有隙。及皇太子废，被诬夺爵，没入兴圣宫，流乌古部。上以意辛公主之女，欲使绝婚。"⑤ 这是辽代强制离婚的一个案例，但因为意辛重夫妇情谊，乞求皇帝准许自己随丈夫一起流放，最后打动了皇帝，准许意辛与耶律奴一起流放乌古部。

二是圣宗第八女长寿。长寿是圣宗的第八个女儿，是圣宗与大氏的女儿，"封临海郡主，进封公主。下嫁大力秋"⑥。辽圣宗太平九年（1029年）八月己丑，驸马都尉大力秋因参与"东京舍利军详稳大延琳囚留守、驸马都尉萧孝先及南阳公主，杀户部使韩绍勋、副使王嘉、四捷军都指挥

① （元）脱脱. 辽史·公主表（卷六十五）[M]. 北京：中华书局，2016：1113.
② （元）脱脱. 辽史·公主表（卷六十五）[M]. 北京：中华书局，2016：1113-1114.
③ （元）脱脱. 辽史·圣宗本纪六（卷十五）[M]. 北京：中华书局，2016：196.
④ 史凤仪. 中国古代婚姻与家庭 [M]. 武汉：湖北人民出版社，1987：151.
⑤ （元）脱脱. 辽史·烈女传（卷一百零七）[M]. 北京：中华书局，2016：1621.
⑥ （元）脱脱. 辽史·公主表（卷六十五）[M]. 北京：中华书局，2016：1111.

使萧颇得，延琳遂僭位"① 之事而被杀。在史料中记载："驸马都尉大力秋坐大延琳事伏。"② 长寿公主与大力秋离婚，改嫁给在辽圣宗朝任东京统军使的萧恺古。

三是道宗之女特里。特里是道宗宣懿皇后所生的第三个女儿，"封越国公主。乾统初，进封秦晋国大长公主。徙封梁宋国大长公主。下嫁萧酬斡"③。萧酬斡，字讹里本，国舅少父房的后代。祖父阿剌，官终采访使。父亲别里剌，因为是皇后的父亲而被封赵王。"酬斡貌雄伟，性和易。年十四，尚越国公主，拜驸马都尉，为祗候郎君班详稳。年十八，封兰陵郡王。"④ 辽道宗想立皇孙耶律延禧为嗣，担心不能解除天下人的怀疑，于是，贬出酬斡为国舅详稳，降皇后为惠妃，迁居乾州（辽宁）。道宗大安二年（1086 年）"酬斡母入朝，擅取驿马，至是觉，夺其封号；复与妹鲁姐为巫蛊，伏诛。诏酬斡与公主离婚，籍兴圣宫，流乌古敌烈部"⑤。《辽史·公主表》记载：辽道宗大康八年（1082 年），"以驸马都尉萧酬斡得罪，离之。大安初，改适萧特末"⑥。这里《辽史》所记越国公主与萧酬斡离婚的时间上有出入，在《辽史·公主表》上记载的时间为大康八年（1082 年），同时，道宗皇孙耶律延禧是大康六年（1080 年）被封为梁王[《辽史·后妃传》则记载耶律延禧被封梁王的时间是大康八年（1082 年），耶律延禧被封梁王的时间也有出入，前后记载被封梁王的时间相差两年]。而《辽史·萧酬斡列传》中则记载是道宗大安二年（1086 年），惠妃的母亲燕国夫人削古诅咒梁王耶律延禧的事败露伏法后，下诏酬斡与公主离婚。同样一件事记载的时间不同，相差了四年之多。

四是被妻诬告而判离。《辽史》中还有一则史料是被女方诬告丈夫有罪，丈夫有罪依照法律应该离婚。辽兴宗时期的重臣枢密直学士耶律庶成受兴宗重用之际，被妻子胡笃所诬告，获罪夺官，被贬为"庶耶律"⑦。

---

① （元）脱脱．辽史·圣宗本纪八（卷十七）[M]．北京：中华书局，1974：203.
② （元）脱脱．辽史·公主表（卷六十五）[M]．北京：中华书局，2016：1111.
③ （元）脱脱．辽史·公主表（卷六十五）[M]．北京：中华书局，2016：1116.
④ （元）脱脱．辽史·萧酬斡列传（卷一百）[M]．北京：中华书局，2016：1574.
⑤ （元）脱脱．辽史·萧酬斡列传（卷一百）[M]．北京：中华书局，2016：1574.
⑥ （元）脱脱．辽史·公主表（卷六十五）[M]．北京：中华书局，2016：1116.
⑦ （元）脱脱．辽史·耶律庶成列传（卷八十九）[M]．北京：中华书局，2016：1486.

耶律庶成曾任林牙，梦见擅长占卜的胡吕古卜说："'官止林牙，因妻得罪。'及置于理，法当离婚。"① 可见，契丹人夫妻双方其中有一人获罪，在法律上是承认其离婚的。

3. 皇帝强纳人妻而被迫离婚

在中国古代，皇帝强纳大臣儿媳或妻子为妃的现象并不少见，但很少有因为子嗣的延续而强纳人妻的。辽代史料记载道宗皇帝为了子嗣的延续，要求已经嫁给耶律乙辛的儿子绥也的道宗惠妃萧坦思的妹妹斡特懒先离婚，纳入宫中。即"道宗惠妃萧氏，小字坦思，驸马都尉霞抹之妹。大康二年（1076 年），乙辛誉之，选入掖庭，立为皇后。居数岁，未见皇嗣。后妹斡特懒先嫁乙辛子绥也，后以宜子言于帝，离婚，纳宫中"②。这就是契丹人为了子嗣的延续而强制离婚的一个典型事例。

在契丹人的婚姻习俗中，有两种再娶的特殊婚俗，一是收继后母和寡嫂；二是姊亡妹续。收继后母和寡嫂对女性而言是再嫁，姊亡而妹续对于男子而言是再娶。

东胡部族在乌桓时代就非常流行收继婚，在契丹时期这种婚姻习俗仍然很流行。《全辽文·秦晋国王妃墓志铭》（卷八）记载，秦晋国妃先后出嫁三次。十六岁始嫁圣宗之弟、兵马大元帅燕京留守、尚书令兼政事令秦晋国王耶律隆庆。开泰五年（1016 年）被封为秦晋王妃。隆庆早逝，妃正当妙龄，于是圣宗下诏令耶律隆庆的儿子开府仪同三司守太傅兼中书令判武定军节度使魏国王耶律宗政收继秦晋国王妃为妻，宗政不奉诏，圣宗又诏令改适刘二玄，但在秦晋国王妃去世后，圣宗下诏开宗政之墓而与之合祔。虽然耶律宗政由于受中原农耕文明及文化的影响，生前拒绝收继秦晋国王妃，但王妃去世后仍要与其合葬。这个历史事件虽然很特殊，但也从侧面说明了契丹社会有妻后母的婚姻习俗。

姊亡妹续是上古媵婚制的残留。契丹社会早期也流行媵婚制，并在辽政权建立前后演化为姊亡妹续的婚姻习俗。早在辽太宗会同三年（940 年）

---

① （元）脱脱．辽史·耶律庶成列传（卷八十五）[M]．北京：中华书局，2016：1486.

② （元）脱脱．辽史·后妃列传（卷七十一）[M]．北京：中华书局，2016：11326-1327.

11月曾颁布诏书"诏有司教民播种、纺绩，除姊亡妹继之法"①。可见，这种婚俗在辽初较为盛行，大概这种婚俗给辽朝的统治秩序带来了不利的影响，因此，国家颁布诏书禁止。但这种禁令在辽代上层并没有认真执行，《全辽文·萧裕鲁墓志铭》就记有"见于故北宰相萧公……夫人耶律氏，横帐故前节度使曷鲁不之女，早亡。次娶耶律氏，北大王帐故静江军节度使陈家奴女，以为继室，亦早亡。继娶次夫人妹，以待巾栉"。② 另此卷《马直温妻张馆墓志铭》记载"女五人，曰枢哥，适殿中少监大理寺知正耶律筼……早卒，曰省哥，续适姊夫鸿胪少卿北面主事耶律筼"③。姊亡妹续也是契丹人再娶的一种婚姻习俗，并不受伦理规范的排斥。

二、女真人离婚与再嫁

《辽史》修撰的《公主表》为我们研究契丹公主的离婚与再嫁提供了重要史料。但《金史》有关公主的史料没有专门集中记述而是散记在《金史》的其他体例中。因此，有关女真人的离婚与再嫁我们主要依据金代的法律和诏令进行探讨。

（一）国家强制离婚

1. 同姓为婚者杖而离之

中国古代婚姻习俗一贯遵守的要件是同姓不婚，金代也不例外。金建立之初，女真人存在部落内婚制的旧俗。金太祖阿骨打天辅元年（1117）五月下诏："自收宁江州已后同姓为婚者，杖而离之。"④ 太宗天会五年（1127年）四月下诏："合苏馆诸部与新附人民，其在降附之后同姓为婚者，离之。"⑤ 这两则诏令表明，金朝上层为了适应部落外婚制这一新婚俗，打破部落内婚制的旧俗，用法律强制的手段破除旧俗，以确立新的婚俗。

① （元）脱脱．辽史·太宗本纪（下）（卷四）［M］．北京：中华书局，2016：53.
② 陈述辑校．全辽文·萧裕鲁墓志铭（卷九）［M］．北京：中华书局，1982：237-238.
③ 陈述辑校．全辽文·马直温妻张馆墓志铭（卷九）［M］．北京：中华书局，1982：265.
④ （元）脱脱．金史·太祖本纪（卷二）［M］．北京：中华书局，1975：30.
⑤ （元）脱脱．金史·太宗本纪（卷三）［M］．北京：中华书局，1975：57.

2. 为婚妄冒者离之

众所周知，金代的律法多参照唐律，虽然金代的《泰和律》已遗失，但通过唐律依稀可以窥见金代相关的律法。为婚妄冒之条在唐代的律法中有所记载："诸为婚而女家妄冒者，徒一年，男家妄冒加一等，未成者依本约，已成者，离之。"① 这里的妄冒是指隐瞒情状及进行包括调换结婚主体在内的违反婚书与约定的行为。制定此条文的目的是惩治违反预先的婚约而由别的男女冒充结婚的违法犯罪行为。金律沿袭唐律，也有此条款的规定，即"女家妄冒，科杖一百。男家妄冒者，加一等，各离之"②。制定纸上婚书的形式，并不是必需的要件，口头上的约定同样具有法律效力。男女双方在立定婚约时候所写的婚书，有关当事者的辈分、年龄、健康状态的记载，如果出现妄冒的行为，就会影响男女双方终身的幸福。

3. 居父母夫丧嫁娶者离之

为了维护封建丧服礼制，《唐律·户婚律》规定："诸居父母及夫丧而嫁娶者，徒三年；妾减三等。各离之。知而共为婚姻者，各减五等；不知者，不坐。若居期丧而嫁娶者杖一百，卑幼减二等；妾不坐。"③ 其主要罪名有：居父母及夫丧而嫁娶，居期亲丧而嫁娶。在法律上处置的主要特点：一是以服制及尊卑的等级作为刑罚轻重的根本依据。即居父母及夫之斩衰丧期嫁娶者处徒三年；居期亲之丧期只杖一百；居卑幼期亲丧期又减二等。二是丧期内娶妻之罪重于娶妾之罪。居父母及夫丧娶妻徒三年，娶妾减三等，居期亲丧娶妾不处罚。三是立法以知情为背景。家长知情而共举嫁娶之事者，减五等处罚；不知有服丧之情者，不处罚。四是，凡居丧期内违法嫁娶者，皆令离异。

金代法律中也有关于居父母丧嫁娶者离之的法律规定。《金史·章宗本纪》载：金章宗承安五年（1200）三月"戊辰，定妻亡服内婚娶听离制"④。同年七月癸亥，"定居祖父母丧婚娶听离法"。⑤ 同时，在《金律之

---

① 钱大群撰. 唐律疏义新注［M］. 南京：南京师范大学出版社，2007：434.
② 叶潜昭. 金律之研究［M］. 台北：台湾商务印书馆，1972：87.
③ 钱大群撰. 唐律疏义新注［M］. 南京：南京师范大学出版社，2007：438-439.
④ （元）脱脱. 金史·章宗本纪（三）（卷十一）［M］. 北京：中华书局，1975：253.
⑤ （元）脱脱. 金史·章宗本纪（三）（卷十一）［M］. 北京：中华书局，1975：254.

研究》中也载："居父母丧及夫丧而嫁娶者，徒三年。各离之。知而共为婚姻者各减三等。"① 这条法律规定其强制离婚的主要目的是惩治男人不孝、妇人不义的行为。唐律和金律对服父母或夫之丧期间的嫁娶都是处以徒三年，离之的处罚，而金律明确规定妻子去世服丧期间婚娶者离之。可以看出，金代的法律比唐代法律更重视和维护丧葬礼俗。

4. 嫁娶袒免以上亲者离之

唐代法律规定，即"诸尝为袒免亲②之妻，而嫁娶者，各杖一百；缌麻及舅、甥妻，徒一年；小功以上，以奸论。妾，各减二等。并离之"③。也就是曾是袒免亲之妻，而与嫁娶，都处杖打一百；与曾是缌麻亲及舅父、外甥之妻嫁娶的，处徒刑一年；与小功以上亲之妻嫁娶的，以实犯奸罪论处。属于以上人之妾嫁娶的，都分别减轻二等。以上所进行的嫁娶都要强制离婚。金代的法律也有同样的规定，但是针对汉人和渤海人而言的，即《金史·世宗本纪》（上）记载：大定九年正月"丙戌，制汉人、渤海兄弟之妻，服阕归宗以礼续婚者，听"④。这就是说在世宗大定九年之前，汉人、渤海人娶死后有服兄弟之妻，也就是通常所说的"逆缘婚"是不允许的，但对女真人没有这样的规定，这也是女真法律上的二重法律的体现。

（二）贞节观念淡薄的再嫁与再娶

如果女子的贞节观念比较淡薄，男女离婚再嫁之事就会看得比较容易。如《轩渠录》记载："宋将劫得女真人书信十余封，拆其一，是一首诗'垂杨传语山丹，你到江南艰难。你那里讨个南婆，我这里嫁个契丹。'"⑤ 把离婚再嫁看得比较随便。另外，海陵王昭妃阿里虎，姓蒲察

---

① 叶潜昭. 金律之研究 [M]. 台北：台湾商务印书馆，1972：89.

② 所谓的袒免亲就是高祖父的亲兄弟，曾祖父的堂兄弟，祖父隔两房的从兄弟，父亲隔三房的从兄弟，本人隔四房的从兄弟、隔三房的堂侄、隔两房的侄孙，都属缌麻以外出服之亲，就是"袒免"亲。

③ 钱大群撰. 唐律疏义新注 [M]. 南京：南京师范大学出版社，2007：446.

④ （元）脱脱. 金史·世宗本纪（上）（卷六）[M]. 北京：中华书局，1975：144.

⑤ 四川大学图书馆编. 中国野史集成续编（第六册）[M]. 成都：巴蜀书社，2000：583.

氏，驸马都尉没里野的女儿。"初嫁宗盘子阿虎迭。阿虎迭诛，再嫁宗室南家。南家死，是时南家父突葛速为元帅都监，在南京，海陵亦从梁王宗弼在南京，欲取阿里虎，突葛速不从，遂止。及篡位方三日，诏遣阿里虎归父母家。阅两月，以婚礼纳之。数月，特封贤妃，再封昭妃。阿里虎嗜酒，海陵责让之，不听，由是宠衰。"① 可见，女真帝王纳妃也不计较所纳之女是否离过婚。

总之，女真人的离婚与再嫁既有北方游牧民族的特色，也融入了中原农耕文明的文化色彩，具有广泛的兼容性。

三、蒙古人离婚与再嫁

加拿大历史学家、社会学家伊丽莎白·阿伯特认为"离婚和结婚一样是社会的晴雨表"②。可见，离婚的状况如何也是一个社会政治经济发展的真实写照。

元代蒙古人的离婚与再嫁既具有本民族的特色，同时也受元代法律制度的制约。元政权建立前期，蒙古人的离婚与再嫁主要依据的是习惯法。元代的离婚和改嫁制度，较宋金时期略有变化，有较强的自由之风，这也是元代婚姻制度中的一个特色。

（一）离婚

一是元代蒙古人对待离婚受蒙古族婚姻习俗的影响较大，主要表现是"和离"。在《元史·刑法志二》就有"诸夫妇不相睦，卖休买休者禁之，违者罪之，和离者不坐"③。也就是夫妻不和睦，禁止买卖休妻，违者治罪，和离者不治罪。从这里我们可以看出和离是在夫妻双方不和睦的情况下，允许男女双方自愿离婚。《大元通制条格》也记有和离的实例："至元八年四月，尚书省御史台呈：陕西道按察司申，体知的京兆府一等夫妇不相安谐者，买休卖休，若不禁断，败坏风俗，户部呈送发司照得旧例……

---

① （元）脱脱. 金史·后妃传（上）（卷六十三）[M]. 北京：中华书局，1975：1509
② [加拿大]阿伯特. 婚姻史 [M]. 孙璐译. 北京：中央编译出版社，2014：167.
③ （明）宋濂. 元史·刑法志二（卷一百零三）[M]. 北京：中华书局，1976：2644.

若夫妻不睦而和离者，不坐。若依台拟，其为允当。都省准拟。"① 通过这一则法律我们可以看出，元朝政府对夫妻不能和睦相处请求离婚的"和离"是积极保护的。这与中原农耕文明下的婚姻关系中的离婚有很大的不同。中原的农耕文明受传统礼制的束缚，在离婚中片面保护男性家族的利益，基本上不承认妇女有离婚请求权，无论是"七出""义绝"还是"协议离婚"，几乎都是男方权力的体现，而元代的和离在某种程度上有保护妇女的因素。可见，北方游牧文明的婚姻关系受封建礼教束缚较小，体现了蒙古人自由文明的婚姻习惯。

二是定婚再嫁判离。中国传统婚姻关系在缔结的过程中，媒妁和聘财一直发挥着非常重要的作用。在元代立法中也有所记载，但同时，元代对于缔结婚姻是否有婚书以及婚书订立的先后，对婚姻关系的是否合法产生不同的后果。《元典章》记载，至元十年（1273 年）四月，"中书户部：据大都路申：郭伯成告李仲和，将元定男妇丑哥转召驴儿为婿，取讫各各词因。府司公议得：李仲和，至元六年（1269 年）八月内，凭媒将女丑哥聘与郭伯成驴儿为妇，受讫财钱三十五两，红花等物，定婚。未娶过门，又于至元七年（1270 年），受讫石驴儿财钱一十五两，召入舍为婿。据所招罪犯，候本人病症瘥，可量情决断。石驴儿不知郭伯成定问李丑哥情由，理合离异，将李丑哥断付郭伯成男驴儿为妇，财钱十五两不须帖下。李仲和元受石驴儿财物一十五两，回付本人。缘系已久，为例之事，乞明降事。省部得此相度：仰更为引审无差，依准所拟施行。外据石驴儿元下财钱一十五两，如本人委不知情，依数回付施行。"② 从以上案例我们可以看出，元代的法律主要保护的是婚约。谁的婚约在先即保护谁的婚姻。也就是说这种保护是以时间关系为要件，"假如某甲女与某乙男定婚在先，然后，某甲女却与某丙男结婚，法律所给予保护的是某甲女与某乙男在先的婚约关系，而不是某甲女与某丙男在后的婚姻关系。因此，这种婚约关系是被称之为'定婚'而不是'订婚'"③。被告李仲和，最初有

①　郭成伟点校．通制条格（卷第四）［M］．北京：中华书局，2000：53.
②　陈高华等点校．元典章（第二册）［M］．天津：天津古籍出版社，2011：618-619.
③　吴海航．中国传统法制的嬗递：元代条画与断例［M］．北京：知识产权出版社，2009：144.

媒人说亲，将女儿李丑哥与郭丑驴定亲，并收三十五两及红花等聘财。但在双方没成婚之前，李仲和又收了石驴儿十五两的钱财，将其为上门女婿与李丑哥成婚。这一案件经过府司的审断，结果，李仲和自行破坏婚约的行为已经构成了犯罪；石驴儿与李丑哥的婚姻也不具有法律效力，应被判离婚；由于石驴儿并不知道李丑哥在先已与别人定亲，所以石驴儿不承担法律责任，而李仲和应退还收取石驴儿的一十五两的财钱；李丑哥应与原来的婚约对象郭驴儿成婚。可见，元代对民间订立的婚约有媒妁和聘财就具有法律强制的保护。

三是元代的法律还规定"逼妻妾为娼者离之"。在元代的法律中，此条款中并没有明确指出蒙古人不适用此例，因此，这项法律不仅适用于汉人也应该适用于蒙古人。在《元典章》中记载：监察御史追照得："上都留守司归问到民户王用招伏：'不合逼令妻阿孙、妾彭鸾哥为娼，接客觅钱。每日早晨用出离本家，至晚，若觅钱不敷盘缠，更行拷打，以致彭鸾哥告发到官罪犯。'将王用枷收间，六月二十三日钦奉圣旨：'上都在城诸衙门应有轻重罪囚，都赦了者。'钦此。将王用踈放了当。"呈奉中书省劄付："送刑部议得：'王用将妻阿孙、妾彭鸾哥打拷，勒令为娼，接客觅钱，已犯义绝。罪经释免，拟合将阿孙并彭鸾哥与夫王用离异，俱断归宗相应。'都省除已劄付刑部，就便行移上都留守司，更为审问已招是实，准拟离异。仰照验施行。"① 另外，在《元典章》中还记有在大德七年（1303 年）十一月，江西行省准中书省询问，郑铁柯陈述的一个事例，即因为纵妻为娼，各路城邑竞相效仿，有损民风，而且抑良为贱，等有人告发再去禁止是没有办法杜绝的，如果下令让有司去发现，或允许人自己公认所犯的罪行，如有这样的事，全部遣其从良。有夫纵其妻为娼，大概因为有奸需要丈夫抓捕，所以，丈夫这样做并不害怕。如果允许四邻举报，四邻看见而不举报，或因事败露，则罪均四邻同样受到责罚，自然知道畏惧，不敢轻易触犯。所以，他提出的解决方案是："人伦之始，夫妇为重。纵妻为娼，大伤风化，……令妻与人同奸，已是义绝。……如有违犯，许诸人首捉到官，取问明白，本夫、奸妇、奸夫同凡奸夫，决八十七下离

---

① 陈高华等点校．元典章（第三册）［M］．天津：天津古籍出版社，2011：1526.

异。若夫受钱，逼勒妻妾为娼，既非自愿，临事量情科断相应。"① 最后都省准拟，依上面的规定施行。这是官府断离的强制离婚的事例和处罚方案，从中可以看出，元代法律规定"逼妻妾为娼者离之"在一定程度上保护了女性的权利。

四是诬指奸事以达某种目的者离之。这主要有以下几种情况，其一，风闻女子奸事，威胁成亲。从《元史·刑法志》中我们可以看到对婚前女子是否犯有奸事有明确的规定，即"诸男女既定婚，其女犯奸事觉，夫家欲弃，则追还聘财，不弃则减半成婚"②。如果女子婚前犯有奸事，男方想要放弃婚姻，女方必须返还聘财，如果不放弃婚姻，则婚财减半成婚。但同时也规定，"若夫家辄诡以风闻奸事，恐胁成亲者，笞五十七，离之。"③ 这就在一定程度上限制了男方为达到某种目的而以风闻女方奸事为由威胁成婚。其二，捏合奸情而虚指他人强奸而娶之者。《元史·刑法志》记载："诸夫指奸而弃其妻，所指奸夫辄停妻而娶之者，两离之。"④ 也就是丈夫虚指妻子罪犯奸事，当所指奸夫亦休妻待娶时，法律同意解除婚姻关系。其三，诸婿诬妻父与女奸者。这里主要是指赘婿入妻家，或图谋出舍另居，或意欲归还本宗，诬指岳翁与妻奸，这里赘婿实际上已经犯了义绝，因此，元代法律规定："诸婿诬妻父与女奸者，杖九十七，妻离之。"⑤ 这在《元典章》有案例记载，至元三十年（1294 年）五月，潘成因无男儿，召淮道安作养老女婿，来承受财产，承继户名。其淮道安不想安分守己地做养老女婿，多次出逃，并精心策划丈人潘成与亲女潘屎蛙行奸。淮道安还令亲眷李壁等强将潘屎蛙拖夺还家，事发送官。刑部判"淮道安杖七十七下，与妻潘屎蛙离异归宗，似局相应。申乞照验"⑥。都省再次审核认为："淮道安所招执谋丈人潘成奸要亲女潘屎蛙罪犯，量决九十七下。外据淮道安既与丈人潘成面对奸事，已局义绝，似难同居。依准本路所拟，

---

①　陈高华等点校．元典章（第三册）［M］．天津：天津古籍出版社，2011：1526-1527.
②　（明）宋濂．元史·刑法志二（卷一百零三）［M］．北京：中华书局，1976：2643.
③　（明）宋濂．元史·刑法志二（卷一百零三）［M］．北京：中华书局，1976：2643.
④　（明）宋濂．元史·刑法志三（卷一百零四）［M］．北京：中华书局，1976：2655.
⑤　（明）宋濂．元史·刑法志三（卷一百零四）［M］．北京：中华书局，1976：2655.
⑥　陈高华等点校．元典章（第三册）［M］．天津：天津古籍出版社，2011：1529.

离异归宗。"① 其四，居父母丧及服内婚离之的规定。这是在礼制上对结婚进行规范和约束，如没有遵守礼制，即使结婚也要杖而离之。《元史·刑法志》就记有"诸遭父母丧，忘哀拜灵成婚者，杖八十七，离之，有官者罢之，仍没其聘财，妇人不坐"②。另外，对服内成婚以及居父母丧而奸收庶母的也有严格的规定，即"诸服内定婚，各减服内成亲罪二等，仍离之，聘财没官"③。"诸居父母丧，奸收庶母者，各杖一百七，离之，有官者除名。"④ 对于服内或居丧时成婚也做出明确的规定，这是元代婚姻受中原婚姻礼制影响的一个重要表现。其五，为官娶娼者离之。元代的官员要以身作则，严格审视自己的婚姻行为，如若违反规定纳娼为妻要强制离异并被罢官。如《元史·刑法志》记载："诸职官娶娼为妻者，笞五十七，解职，离之。"⑤ 其六，对有妻而复娶妻以及弃妻而再娶妻进行了相应的规定。即"诸有妻妾，复娶妻妾者，笞四十七，离之。在官者，解职记过，不追聘财"⑥。通过这项规定我们可以看出，早期蒙古人的多妻制到元建立之后有所限制，尤其是为官之人，还要受到解职记过的惩罚。另外，已经被弃而改嫁的妻子，即使后夫死亡也不得复纳为妻。如纳则强制离婚。即"诸弃妻改嫁，后夫亡，复纳以为妻者，离之"⑦。

五是有关离婚的其他相关规定。中国历代王朝对于丈夫失踪都规定了一定的年限，拟作死亡处理。据《续资治通鉴长编》卷八十二记载：宋真宗大中祥符七年（1014年）春正月壬辰下诏，"不逞之民娶妻给取其财而亡，妻不能自给者，自今即许改适。时京城民既娶，浃旬，持其赀产亡去。而律有夫亡六年改嫁之制，其妻迫于饥寒，诣登闻上诉，乃特降是诏"⑧。也就是在宋代丈夫失踪六年以上无音讯的，妻可改嫁。但是丈夫骗

---

① 陈高华等点校. 元典章（第三册）[M]. 天津：天津古籍出版社，2011：1529.

② （明）宋濂. 元史·刑法志二（卷一百零三）[M]. 北京：中华书局，1976：2643.

③ （明）宋濂. 元史·刑法志二（卷一百零三）[M]. 北京：中华书局，1976：2643.

④ （明）宋濂. 元史·刑法志二（卷一百零三）[M]. 北京：中华书局，1976：2643－2644.

⑤ （明）宋濂. 元史·刑法志二（卷一百零三）[M]. 北京：中华书局，1976：2643.

⑥ （明）宋濂. 元史·刑法志二（卷一百零三）[M]. 北京：中华书局，1976：2643.

⑦ （明）宋濂. 元史·刑法志二（卷一百零三）[M]. 北京：中华书局，1976：2643.

⑧ （宋）李焘. 续资治通鉴长编（卷八十二）[M]. 北京：中华书局，1976：1861.

取妻财逃亡的，可以提前宣告婚姻关系结束而没有六年的限制。而在元代的《通制条格》也规定了："夫逃亡五年不还，并听离，不还聘财。"① 另外，如果女婿不务正业，不听从妻子直系尊亲属的教诲时，被上诉到官府，也会被法定离婚。

（二）改嫁

元代蒙古人的改嫁和离婚一样，相对宽松。元政府不禁止正常改嫁，同时，还给予一定的保护。这与蒙古人的传统婚姻习俗有一定的关系。早期的蒙古人没有中原农耕文明的那样强烈的贞节观念，他们认为妇女的改嫁与男子娶再婚女子都是十分正常之事。

《史集》和《多桑蒙古史》都记有成吉思汗与那颜不儿古赤等大将的对话，讨论对男子汉来说什么是最大的快乐。那颜不儿古赤等大将认为是"打猎时放鹰，是人生的最大乐趣"②。成吉思汗认为他们说得不好，他认为人生最大的乐趣是"胜敌，逐敌，夺其所有，见其最亲之人以泪洗面，乘其马，纳其妻女"③。《蒙古秘史》也记有成吉思汗歼灭了塔塔尔人之后，娶塔塔儿人也客扯连的女儿也速干为妃（合敦，或哈敦），也速干合敦把自己的姊姊也遂推荐给成吉思汗，但也遂已经有了夫婿，但成吉思汗娶她为妃（合敦）④，成吉思汗的另一个妃子古儿别速哈敦，"最初是乃蛮王太阳汗的长后，太阳汗被杀后，被带到了成吉思汗处，成吉思汗按照蒙古习惯与规矩娶了她"⑤。另外，成吉思汗也曾因一个梦，把自己的哈敦即客列亦惕部王汗弟札阿-绀孛的女儿阿必合赐给了兀鲁惕部的怯台那颜。⑥ 在《蒙古秘史》中还记载了成吉思汗灭蔑儿乞惕部后，"在俘虏蔑儿乞惕部百姓时，俘获了脱黑脱阿别乞的长子忽都的妃子秃该、朵列格

① 郭成伟点校. 通制条格（卷第四）[M]. 北京：中华书局，2000：162.
② [波斯] 拉施特. 史集（第1卷第1分册）[M]. 余大钧，周建奇译. 北京：商务印书馆，1983：362.
③ [瑞典] 多桑. 多桑蒙古史（上册）[M]. 冯承钧译. 北京：商务印书馆，2015：181.
④ 余大均译注. 蒙古秘史 [M]. 石家庄：河北人民出版社，2007：213.
⑤ [波斯] 拉施特. 史集（第1卷第1分册）[M]. 余大钧，周建奇译. 北京：商务印书馆，1983：91.
⑥ [波斯] 拉施特. 史集（第1卷第1分册）[M]. 余大钧，周建奇译. 北京：商务印书馆，1983：90.

捏二人，成吉思汗把朵列格捏（脱列哥那）赐给了斡哥歹（窝阔台）合罕"①。朵列格捏就是曾在称制摄政的元定宗贵由的生母乃马真后。蒙古帝国时期，对妇女的贞节问题并不看重，入主中原后这种婚姻习俗仍有所保留。

把梳元代涉及婚姻方面的法律法规，极少强调妇女保守贞节，从一而终。徐适端在《元代婚姻法规中妇女问题初探》中提到，"不但夫亡可以改嫁，凡官府经断'义绝'离异者，多判以'别行改嫁''归宗，听其改嫁''听离改嫁'等字样；'和离'之后再嫁更是自然之理；就是被丈夫休弃之妇，法律也明文规定'分明写立休书，赴官告押执照，即听归宗，依理改嫁。'"② 但由于蒙古人中普遍存在着收继婚，所以蒙古妇女在其丈夫死后大多被家族的子侄所收继。

总之，蒙古人的离婚与再嫁问题在继承本民族传统习俗，给予女性在婚姻关系中一定的保护，但随着中原文明的逐渐渗透，对女性的束缚也逐渐加深。

第五节　家庭财产继承

邢铁在《家产继承史论》中提到，家产继承属于民间习俗经济，主要是在民间自然形成，有其自身的延续性和演变规律。③ 中国古代实行以诸子析产为主干的继承方式，主要着眼于家庭中的人际关系，以维系血缘亲情不疏远。从北方游牧民族婚姻习俗的角度来看，家庭财产的继承大体包括家产继承的原则、妇女家产的继承以及子嗣家产的继承等。

一、契丹人家庭财产继承

契丹作为北方游牧部族的一支，在家庭财产继承上与早期其他东胡系

---

① 余大均译注. 蒙古秘史 [M]. 石家庄：河北人民出版社，2007：313.
② 徐适端. 元代婚姻法规中妇女问题初探 [J]. 内蒙古社会科学（汉文版），1999（4）.
③ 邢铁. 家产继承史论·前言 [M]. 昆明：云南大学出版社，2000：1.

部族有极大的相似性和继承性。西汉时期乌桓人女性在社会中的地位比较高，有"怒则杀父兄，而终不害其母，以母有族类……"① 这虽是当时母系氏族社会遗留下来的重视母方势力的风气和思想，但到父系氏族社会时期依然存在服役婚制，以男子到妻家服役若干年来补偿女方氏族或家族的损失，这也是当时女权高于一切的反映。鲜卑人早期也有"嫁娶皆先私通，略（掠）将女去，或半岁百日，然后遣媒人送马牛羊以为聘娶之礼。婿随妻归，见妻家无尊卑，且起皆拜，而不自拜其父母。为妻家仆役三年，妻家乃厚遗女，居处财物，一出妻家。故其俗从妇人计。至战斗时，乃自决之"② 的习俗，甚至在北朝有文明太后冯氏两次临朝听政和宣武灵皇后胡氏"临朝听政，犹称殿下，下令行事。后改令称诏，群臣上书曰陛下，自称曰朕"③。出现俨然以皇帝自居把持朝政的女主。可见，北朝的鲜卑族女性拥有较高的社会和家庭地位。

契丹虽延续了北朝习俗，但在社会发展的进程中出现了一些变化。在辽政权建立之初，契丹经历了古八部、大贺氏联盟、遥辇氏联盟。在这漫长的历史时期，契丹的历史舞台几乎被男性所垄断，男子已成为社会生产中的主要力量，拥有了对财产更大的支配权。这样就"使丈夫在家庭中占据比妻子更重要的地位；同时也产生了利用这个增强了的地位来改变传统的继承制度使之有利于子女的意图"④。男子成为家庭的核心，有权支配财产，世系按父系计算，财产由其子女继承。同时，男子也就成为社会活动中特别是政治舞台上的活跃者。在中国古代宗法制大家庭里，家庭财产属于一家的家长。《礼记·曲礼》中记有："父母存，不许友以死，不有私财。"⑤ 也就是说在大家族制度下，丈夫如果不是一家中的家长，在家庭中处于附属地位，不能独立持有财产。另外，《礼记·内则》还规定："子妇

① （宋）范晔撰，（唐）李贤等注. 后汉书·乌桓传［M］. 北京：中华书局，1965：1979.
② （晋）陈寿撰，陈乃乾校点. 三国志·魏志·乌丸鲜卑传（卷三十）［M］. 北京：中华书局，1964：832.
③ （北齐）魏收撰. 魏书·皇后传（卷十三）［M］. 北京：中华书局，1974：337-338.
④ 中共中央马克思恩格斯列宁斯大林著作编译局编. 马克思恩格斯选集（第四卷）［M］. 北京：人民出版社，1995：51.
⑤ （汉）郑玄注；（唐）孔颖达正义；吕友仁整理. 十三经注疏·礼记正义（礼记·曲礼）［M］. 上海：上海古籍出版社，2008：36.

无私货，无私畜，无私器，不敢私假，不敢私与，妇或赐之饮食，衣服，布帛，佩帨，茝兰，则受而献诸舅姑，舅姑受之，则喜如新受赐，若反赐之，则辞，不得命，如更受赐，藏以待乏，妇若有私亲兄弟，将与之，则必复请其故赐，而后与之。"① 可见，子妇也不许有任何私有之物。中国古代夫妇为一体，妻附属于丈夫，在礼制和法律上都认为夫妻财产不能划分，甚至妻因婚嫁所得的财产也被认为属于夫家所有。但契丹作为北方游牧民族，其生产方式决定了其生产需要广阔的放牧空间，生产水平又决定了马、牛、羊、驼必须分区、分群、分类且规模不宜过大，牲畜不能拥挤。契丹的小家庭也就是核心家庭非常适合这种生产方式。因此，契丹人儿子成婚后的分离就成为必然。

我们知道，任何组织、集团都需要有领导者，家庭的主要领导者就是一家之长。正常情况下，契丹人是丈夫和父亲、夫父结合的一家之长，有权支配其他成员。家庭析离时，财产继承的具体实施还是由家长负责。契丹人的家庭财产继承大致分以下几种情况。

一是重视嫡子的继承权。在中国古代作为自己亲生子一般分为履行婚姻所生的和婚姻之外所生的，而履行婚姻所生的又有嫡出庶出之分。岛田正郎的《大契丹国：辽代社会史研究》中提出："在契丹人的原始婚姻形态中，习惯上是容许一夫多妻的，然而，在婚姻形态方面，由于渐渐过渡到能够容忍把妾作为次妻的单婚制，所以，对各个妻妾所生的子女就有了区别。"② 因此，在辽代契丹人中，亲生子、婚外子以及嫡庶子在待遇上是不同的。通过对辽史史料的耙梳，对于子嗣的财产继承并没有明确的记载，但其他史料可以从侧面有所反映。如辽圣宗在太平七年（1027年）冬十月丁卯朔，下诏"诸帐院庶孽，并从其母论贵贱"③。这里的庶孽就是非嫡生的婚外子或妾生子，他们地位的贵贱按其生母决定。同时，辽圣宗太平八年（1028年）十二月丁丑，又下诏"庶孽虽已为良，不得预世

① （汉）郑玄注；（唐）孔颖达正义；吕友仁整理. 十三经注疏·礼记正义（礼记·内则）[M]. 上海：上海古籍出版社，2008：1129.
② [日]岛田正郎. 大契丹国：辽代社会史研究[M]. 何天明译. 呼和浩特：内蒙古人民出版社，2007：143.
③ （元）脱脱. 辽史·圣宗本纪（八）（卷十七）[M]. 北京：中华书局，2016：227.

选"①。这在继承权上又给予严格的限制，从而保证嫡子继承权。嫡出女也享有优越的地位和丰厚的赏赐。如《辽史·地理志》记有："辽制，皇子嫡生者，其女与帝女同。户一千。"② 这就从侧面反映出嫡子在继承权方面有更优厚的优越权，庶子、非婚子是无法参与财产分配的。

二是功臣世选官的继承。赵翼在《廿二史劄记》提到："辽初功臣无世袭，而有世选之制。盖世袭则听其子孙自为承袭，世选则于其子孙内量才授之。……世选官是契丹的旧制，……功大者世选大官，功小者世选小官，褒功而兼量才也。"③ 在世选官的继承上要选子孙中有才能的人，但也并非不看出身高低贵贱的。辽代在圣宗朝就规定，庶子和非婚子虽然通过婚姻关系改变了自己的出身，但依然不能参与世选，所以世选官的选拔一般都是嫡出子孙。列宁曾经说过"政治是经济的集中表现"。继承了世选政治上的地位也就继承了世选官在经济上的权力和地位，这是不容置疑的。

三是头下军州的继承。头下军州是辽代特有的经济实体，"头下军州，皆诸王、外戚、大臣及诸部从征俘掠，或置生口，各团集建州县以居之。横帐诸王、国舅、公主许创立州城，自余不得建城郭。朝廷赐州县额。其节度使朝廷命之，刺史以下皆以本主部曲充焉。官位九品之下及井邑商贾之家，征税各归头下；唯酒税课纳上京盐铁司"④。头下军州是契丹贵族的领地，也是契丹贵族的私城，它同斡鲁朵一样，在契丹社会政治生活和经济生活中占有重要地位。辽代的头下军州是世袭的，即可以作为私有财产传给后嗣子孙。但由于大逆不道，造反弑君，头下军州则被国家没收，成为国家行政序列内的军州。另外，如果没有后嗣继承，像宋代户绝田产一样，为国家没收。如："遂州，刺史。本渤海美州地，采访使耶律颇德以部下汉民置。穆宗时，颇德嗣绝，没入焉。隶延昌宫。"⑤

---

① （元）脱脱. 辽史·圣宗本纪（八）（卷十七）[M]. 北京：中华书局，2016：229.

② （元）脱脱. 辽史·地理志（一）（卷三十七）[M]. 北京：中华书局，2016：507.

③ （清）赵翼著，王树民校正. 廿二史劄记校正（卷二十七）[M]. 北京：中华书局，2013：624.

④ （元）脱脱. 辽史·地理志（一）（卷三十七）[M]. 北京：中华书局，2016：506-507.

⑤ （元）脱脱. 辽史·地理志（二）（卷三十八）[M]. 北京：中华书局，2016：530.

可见，契丹贵族通过世选制和头下军州的继承，世世代代占有大量的牧场、牲畜和奴隶，在国家政治中具有统治地位。

二、女真人家庭财产继承

恩格斯在《家庭、私有制和国家的起源》中提出："随着财富的增加，一方面使丈夫在家庭中占据比妻子更重要的地位；另一方面，又产生了利用这个增强了的地位来改变传统的继承制度使之有利于子女的意图。"① 也就是说，私有财产是父系氏族社会和个体婚产生的原动力。丈夫在家庭中居于统治地位，是父系社会的显著特征；而生育只是他自己的并且应继承其财产的子女，则是个体婚的唯一目的。② 由于父系大家族的长期存在，女真人建国前后的财产继承贯彻父死子继的原则，以收继婚姻财产继承、诸子析产继承、绝户财产继承等习俗，除父死子继外，也辅以兄终弟及的形式。

女真人的财产继承，同样贯彻亲子继承原则。《金史·裴满忽睹传》记载："忽睹，天眷三年（1140年）权猛安，皇统元年（1141年）为行军猛安。历横海、崇义军节度使，以后戚怙势赃污不法。其在横海，拜富人为父，及死，为之行服而分其资。"③ 裴满忽睹是熙宗悼平皇后裴满氏的亲弟兄，他为了谋取富人的家财，竟强拜富人为父。其死后的财产被为之行服的人分配了他的遗产，这完全符合女真人财产继承的习惯法，贯彻了父死子继这一原则。《金史·世宗本纪》也记载，世宗大定十三年（1173年）四月，定出继子所继财产不及本家者，以所继与本家财产通数均分制的规定。这是"为了保证亲生的出继子，在财产继承权上，不致因出继而遭受损失，仍能与同胞兄弟享受机会均等的待遇"④。可见，女真人的财产是由诸子来继承，亲生之子对财产的继承，是财产继承的基本原则。

---

① ［德］恩格斯. 家庭、私有制和国家的起源［M］. 北京：人民出版社，1972：52.

② 王可宾. 女真国俗［M］. 长春：吉林大学出版社，1988：239.

③ （元）脱脱. 金史·世戚列传（卷一百二十）［M］. 北京：中华书局，1975：2615.

④ 王可宾. 女真国俗［M］. 长春：吉林大学出版社，1988：248.

（一）收继婚的财产继承

收继婚作为原始氏族时代群婚制的遗俗，在中国古代北方游牧族群中不仅广泛通行，而且作为传统的婚姻习俗流传下来。在《三朝北盟会编》中就记有女真人的习俗："父死则妻其母，兄死则妻其嫂，叔伯死则侄亦如之，无论贵贱，人有数妻。"① 宋人文惟简撰的《虏庭事实》也记有"虏人风俗，取妇于家，而其夫身死，不令妇归宗，则兄弟侄皆得以娉之。有妻其继母者，与犬豕无异"②。在宋代文人眼中女真人收继婚有悖人伦但非常盛行。如太祖的长公主兀鲁嫁给了徒单定哥，后其弟徒单恭收继了她，即《金史》所记的"恭之兄定哥初尚兀鲁，定哥死，恭强纳焉……"③；太祖的长子"宗干（斡）纳宗雄妻，海陵衔之"④；金熙宗在皇统九年（1149 年）十一月，"杀皇后裴满氏。召胙王妃撒卯入宫"⑤。熙宗纳了其弟胙王常胜之妃撒卯入宫；海陵王收继的嫔妃则多为宗亲；世宗的生母贞懿皇后因不能接受女真"妇女寡居，宗族接续之"⑥ 的旧俗而出家为尼。女真人出现了收继婚，其根本的原因，是为了使死者的财产仍得以全部保留在原有的大家族之内。

（二）诸子析产继承

金代财产继承大体上沿用中原传统的诸子析产制。在邢铁的《家产继承史论》中指出。"所谓诸子析产方式即所有儿子平均分配家产的方式，是我国传统家产继承方式的主体内容。……是基于直系血缘关系的男子单系继承制，凡是同一父亲的儿子不论长幼，甚至不分正妻所生还是妾婢所生，原则上都有相同的家产继承权。"⑦ 中国古代传统观念中，家产的所有

---

① （宋）徐梦莘. 三朝北盟会编［M］. 上海：上海古籍出版社，2008：17.
② 四川大学图书馆编. 中国野史集成续编（第十册）［M］. 成都：巴蜀书社，2000：363.
③ （元）脱脱. 金史·海陵本纪（卷五）［M］. 北京：中华书局，1975：99.
④ （元）脱脱. 金史·宗雄列传（卷七十三）［M］. 北京：中华书局，1975：1681.
⑤ （元）脱脱. 金史·熙宗本纪（卷四）［M］. 北京：中华书局，1975：86.
⑥ （元）脱脱. 金史·后妃列传（下）（卷六十四）［M］. 北京：中华书局，1975：1518.
⑦ 邢铁. 家产继承史论［M］. 昆明：云南大学出版社，2000：12.

权属于结婚后在家庭中相对独立的具有多种家庭角色的男子。在诸子析分财产的过程中包括析分和继承两种方式，这两种方式有时合并使用，有时单独使用继承方式。《金史·世纪》就载有："生女直之俗，生子年长即异居。"① 景祖乌古迺有九个儿子，只有最小的盈歌被留在乌古迺身边，承父母之业。分居之后，诸子都有自己的一份财产，这在《金史》中记载："腊醅、麻产侵掠野居女直，略来流水牧马。世祖击之，中四创，久之疾愈。腊醅等复略穆宗牧马，交结诸部。世祖复伐之，腊醅等给降，乃旋。"② 腊醅、麻产抢掠女真人及盈歌的牧马，就说明诸子分居后都有自己的一份财产。金世宗大定二十二年（1182 年），参政粘割斡特剌曾指出：女真"旧时兄弟虽析犹相聚种"③，也是女真诸子析产分居的一个很好的例证。

（三）家产继承嫡庶有别

财产继承制度的确立是与同婚姻制度密切相关的。在中国古代一妻多妾制之下，同父不同母的儿子也随生母的身份分成了嫡生子、妾生子、婢生子以及私（奸）生子，除嫡生子外，其余均庶生子。邢铁在《家产继承史》中就指出："嫡庶之间的等级差别很大，尤其在继承权方面，不仅宗祧继承一直系于嫡长子，身份地位的继承（如恩荫补官等）只限于嫡生子，庶生子皆无缘得预；而且在家产的继承方面，庶生子的继承权也经历了一个从无到有的发展变化过程。"④ 女真家长的财产由诸子继承，少子在财产继承中，因与父母同居，"承父母之业"，如《金史》记载，金世宗时期，太子左卫率赵贼和司徒张通古子孙"皆不肖淫荡，破赀产，卖田宅。世宗闻之，诏曰：'自今官民祖先亡没，子孙不得分割居第，止以嫡幼主之，毋致鬻卖。'仍著于令"⑤。在法律上规定：房产继承方面，子孙均不得分割居第，而由嫡幼子管理，并不准随意转卖。最小的儿子继承父

① （元）脱脱. 金史·世纪（卷一）[M]. 北京：中华书局，1975：6.
② （元）脱脱. 金史·世纪（卷一）[M]. 北京：中华书局，1975：9.
③ （元）脱脱. 金史·世纪（卷一）[M]. 北京：中华书局，1975：995-996.
④ 邢铁. 家产继承史论 [M]. 昆明：云南大学出版社，2000：28.
⑤ （元）脱脱. 金史·赵贼列传（卷八十一）[M]. 北京：中华书局，1975：1830.

母之业，反映到父家长阶段的政治生活中，就形成了兄终弟及制，并一直延续到金建国初期。女真人的嫡庶观念，在财产继承中的表现就是继承权只限于嫡亲兄弟，庶出兄弟则是被歧视无继承权利。如跋黑虽是石鲁的幼子，但因是其抢掠来的妻子所生，所以没有继承石鲁夫妇那份财产的权利。这种财产继承的原则也会因财产以及权利的再分配，在家庭内部产生尖锐的矛盾，女真建国初期的跋黑与其侄即乌古迺之子劾里钵相争，就是这类矛盾的具体表现。同时这种矛盾也体现在金熙宗、海陵王和金世宗对皇位继承的攘夺上。

（四）财产继承上的特殊规定

养子、继子也是家庭生活中的组成部分，人们收养孩子的目的无非就是延续宗族或老有所依，但出于血脉宗族的考虑，一般收养的孩子多是与自己有着亲缘或血缘关系的同宗子女。通过金代史料的耙梳，金代的养子一般为有血缘关系的同族子弟，如金太宗曾是穆宗完颜盈歌的养子；世宗昭仪梁氏是豫王允成的生母，因早卒，世宗命允成为元妃李氏的养子；婆卢火旧居按出虎水，族子撒刺（离）喝曾经为世祖完颜劾里钵的养子；世祖的儿子斡者之子充（神土懑）曾经被宗幹正室徒单氏收为养子。世宗元妃张氏生越王允功，越王允功之子福孙曾为世宗兴陵宠妃养子等。可见，以宗室为例，金代女真人的养子多为自家宗族收养，一般是幼年丧母而由其他别母收为养子如完颜允成；或是正室无子而收养侧室子如完颜充（神土懑）等。虽为养子因是自家骨肉，在财产继承上与亲生子是一样的。在金世宗大定十三年（1173年）四月己巳，定出"继子所继财产不及本家者，以所继与本家财产通数均分制"①，在法律上进一步明确养子的财产继承权。

（五）户绝的财产继承

在我国古代，户籍独立之家夫妻皆亡而无子孙（有女无子），称为户绝。户绝的家长可以有立嗣、招赘等多种弥补方式，使财产由女儿和嗣子

---

① （元）脱脱．金史·世宗本纪（中）（卷七）［M］．北京：中华书局，1975：159.

按一定份额继承。在未立继嗣子孙的情况下，在室女（未出嫁的女儿）可继承全部遗产。但出嫁女的财产继承权要受许多限制，在宋以后甚至被判剥夺继承权。唐代的《丧葬令》记有："身丧户绝者，所有部曲、客女、奴婢、店宅、资财，并令近亲转易货卖，将营葬事及量营功德之外，余财并与女。无女均入以次近亲。无亲戚者，官为检校。若亡人在日，自有遗嘱处分，证验分明者，不用此令。"① 这里可以看出在唐代女儿实际上成了法定的第一顺位继承人。南宋时对于女儿继承权又有具体的规定，将女儿分为出嫁女、在室女和归宗女三种情况，"将营葬事并量营功德外，余财并与女"，只是在室女；归宗女所得比在室女少一点，出嫁女则不行。《宋刑统》卷 12 在"户绝资产"条下记有一则朝廷批准的地方官的奏议："今后户绝者，所有店宅、畜产、资财，营葬功德之外，有出嫁女者，三分给与一分，其余并入官。"② 没有女儿的户绝之家的家产，按规定应当在发丧营葬外给本家近亲，但常常被官府没收入官。古代乡村家庭的所谓家产主要是田宅之类的不动产，浮财很少，"没官"之后一般由官府拍卖。由于出卖田宅有先让本家及近邻的传统习俗，外姓外乡人难以买到手，结果还是被本家近亲占（买）去了。③ 金代与宋有所不同，在金章宗泰和元年（1201 年）八月庚辰，下诏："初命户绝者田宅以三分之一付其女及女孙。"④ 这项法令没有注明是给予在室女或是出嫁女，与唐宋法律相比较，若是在室女，则其继承的份额较唐宋少，若是出嫁女，则与宋相同但比唐少。唐律强调出嫁女须尽孝道才可以继承全部遗产，宋代则规定出嫁女可继承三分之一的遗产，从这一方面来看，金代女性的地位较唐代女性低。

（六）兄弟及兄弟子继承财产

女真人除了由子女直接承继其财产外，在某种情况下，也可以以兄弟之子为后，其财产由其兄弟与兄弟之子来承继。《金史·斜卯阿里传》记载金朝收国以来的熊罴之士，不二心之臣，豳国公斜卯阿里，"阿里性忠

①　薛梅卿点校 . 宋刑统（卷十二）［M］. 北京：法律出版社，1999：222-223.
②　薛梅卿点校 . 宋刑统（卷十二）［M］. 北京：法律出版社，1999：223.
③　邢铁 . 家产继承史论［M］. 昆明：云南大学出版社，2000：163-164.
④　（元）脱脱 . 金史·章宗本纪（三）（卷十一）［M］. 北京：中华书局，1975：256.

直，多智略。兄弟相友爱，家故饶财，以己猛安及财物尽与弟爱拔里。爱拔里不肯受，逃避岁余，阿里终与之。"①《金史·宗望传》也记有：金太祖第二子完颜宗望有完颜齐、完颜京、完颜文三个儿子。完颜齐的弟弟完颜京、完颜文"皆以谋反诛。世宗尽以其家财产与齐之子咬住"②。后又进一步补充说："上以文家财产赐其故兄特进齐之子咬住，并以西京留守京没入家产赐之。"③ 章宗明昌四年（1193 年）十二月"定武军节度使郑王永蹈以谋反，伏诛。己亥，谕有司，以郑王财产分赐诸王，泽国公主财物分赐诸公主"。诸兄弟分得郑王的财产，诸姊妹分得泽国公主的财产。这也是女真财产继承比较有特色的地方。

三、蒙古人家庭财产继承

人类社会在新陈代谢、兴衰交替的运动过程中不断发展进步，人类文明也是在一代代积累和传递中延续，继承就是在这个过程中，前代人把已经积累起来的文化成果、经济利益、社会地位，通过一定的形式传递给后代人的行为过程。④ 家庭财产继承也是其中的一个组成部分。中国古代家庭财产是伴随着父系家长制而出现的，中原农耕文明比较重视宗族，家庭是宗族的延续，家庭财产的继承也就是维系宗族财产的一种手段。

蒙古作为北方强大的游牧部族，在成吉思汗、窝阔台、蒙哥汗以及以后的元帝国时期，蒙古人一直遵从《成吉思汗法典》，并主要在蒙古地区施行。在《成吉思汗法典》中关于蒙古人财产继承的规定主要包括：

一是对战死者财产的继承。《成吉思汗法典》的第 34 条，"保护战死者，奴隶将牺牲于战场的主人背出来，将主人的牲畜和财产送给奴隶，其他人背出来的将死者的妻子、奴隶和所有财产都送给该人。"⑤ 关于这一点，《黑鞑事略》也有记载，"见其死于军中者，若奴婢能自其主驼尸首以

① （元）脱脱 . 金史·斜卯阿里传（卷八十）[M] . 北京：中华书局，1975：1801.
② （元）脱脱 . 金史·宗望传（卷七十四）[M] . 北京：中华书局，1975：1707.
③ （元）脱脱 . 金史·宗望传（卷七十四）[M] . 北京：中华书局，1975：1712.
④ 程维荣 . 中国继承制史 [M] . 上海：东方出版中心，2006：1.
⑤ 内蒙古典章法学与社会学研究所 . 成吉思汗法典及原论 [M] . 北京：商务印书馆，2007：6-7.

归，则止给予畜产，他人致之，则全有其妻奴畜产。"① 可见，蒙古人的习俗是比较重视在战场上将自己的尸首带回来的人，尤其是和自己没有奴仆关系的人，是要将自己的妻子、奴隶和财产都由该人继承。及时取回战死者的遗体，既与蒙古人尚勇习俗有关，也与蒙古人的丧葬习俗密不可分，同时也对战死者的遗孀和遗孤进行了妥善的安排。

二是法律保护私有财产的继承。在《成吉思汗法典》第 59 条规定："遗产不得收归国有，任何人不得干涉遗产的分配，一般由死者继承人继承。如果死者没有继承人的，遗产送给其徒弟或奴隶。"② 在《世界征服者史》也记有："若一个官吏或一个农民死了，那他们对死者的遗产，无论多寡，概不置啄，其他任何人也不得插手这笔财物，如他没有子嗣，财产就传给他的徒弟或奴隶。死者的财产决不归入国库，因为他们认为这种做法是不吉利的。"③ 同时，在义都合西格主编的《蒙古民族通史》也载有："私人财产，不分臣僚和百姓，死后无论其财产多寡，不允许任何人横加干涉和侵犯，如死者无嗣，财产只能给其徒弟或佣人，不能收归国有等，以法律保护领户的私有财产……"④ 从这条史料中我们可以看到，蒙古人的遗产继承与中原农耕文明的遗产继承是不同的，中原农耕文明的遗产如果没有继承人继承是要收归国家的，这也是成吉思汗为适应新的生产关系，以新的模式来安邦治国。

三是所有子女均有继承权。《成吉思汗法典》第 60 条规定："妻妾所生子女均有继承权。"⑤ 关于这项规定，也出现在其他书籍中。《柏朗嘉宾蒙古行纪、鲁布鲁克东行纪》记载："在由妃妾和正妻所生的儿子之间没有任何区别，父亲送给他们各自所希望的东西。如果涉及的是一个王公家

---

① 许全胜校注. 黑鞑事略校注［M］. 兰州：兰州大学出版社，2014：227.

② 内蒙古典章法学与社会学研究所. 成吉思汗法典及原论［M］. 北京：商务印书馆，2007：10.

③ ［伊朗］志费尼. 翁独健校订. 世界征服者史［M］. 何高济译. 呼和浩特：内蒙古人民出版社，1980：35.

④ 义都合西格主编. 蒙古民族通史（第一卷）［M］. 呼和浩特：内蒙古人民出版社，2002：155.

⑤ 内蒙古典章法学与社会学研究所. 成吉思汗法典及原论［M］. 北京：商务印书馆，2007：10.

庭，妃妾的儿子也可以与正妻的儿子一样而成为王子。因为同一位鞑靼人可能有多房妻室，每一位妻子都有自己的幕帐和自己的一家人。丈夫每天轮流与一位妻子喝、吃和就寝，第二天再轮到另一位。然而，他却有一位正妻，丈夫与她同居的时间要比她人更为经常一些。虽然她们数目众多，但在她们之间却不会有任何争风吃醋的现象。"① 可见，妾所生的子女也享有继承权，分别按照父亲的意愿继承相应的份额。与中原农耕文明关于继承法律的精细程度相比，《成吉思汗法典》关于蒙古人继承的规定较为粗略，虽体现了对私有财产的保护，但没有规定怎样继承，如何分割等问题。同时，根据《成吉思汗法典》的记载，蒙古人的继承第一顺位人是子嗣，第二顺位人是徒弟或奴隶，而妻子没有丈夫财产的继承权。另外，丈夫的所有子女都具有继承权，这也是一种共同继承权，也就是主妻之外的其他妻子所生子女都有继承权，这一点比中原农耕文明要公平。

　　四是幼子守产继承制。奇格在《古代蒙古法制史》中提到："妾之子亦为合法，要按其父之规定享有相当的继承权。对财产的分配年长者要多于年少者。正妻之幼子要继承父亲的炉灶。"② 蒙古人的幼子继承制与当时蒙古社会家庭管理模式有关。蒙古社会男子一旦结婚，就会带着妻子迁出父母的毡帐，另立门户，只有幼子陪伴着双亲，担任扶养父母的义务，所以自然是由其继承父亲包括牲畜、车辆、草场在内的主要财产。③ 蒙古人的幼子继承制与中原农耕文明的长子继承制不同。幼子继承制不是政治因袭权或者香火祭祀权的继承，而是继承主要财产，强调家庭的兴旺。蒙古人一夫多妻制的存在，家庭的幼子有可能随时出生。但幼子一般是指正妻所生的幼子，而非所有妻子生子全部排序后的幼子。

　　总之，蒙古人的财产继承在《成吉思汗法典》的规范下，既有蒙古人的特色，又有与当时社会发展相适应的一面。

　　通过以上对北方游牧民族的婚姻制度、婚姻的缔结、婚姻礼俗、离婚与再嫁、家庭财产继承等五个方面探讨了辽金元时期北方游牧民族的传统

① 耿昇，何高济译．柏朗嘉宾蒙古行纪、鲁布鲁克东行纪［M］．北京：中华书局，1985：43．

② 奇格．古代蒙古族法制史［M］．沈阳：辽宁民族出版社，1999：111．

③ 龚恒超．接续传统与时代嬗变［D］．重庆：西南政法大学，2009：147．

婚姻习俗，从中得出传统婚姻习俗中既有北方游牧民族掠夺婚、收继婚、世婚制以及等级婚制，同时，这个时期不同游牧民族婚姻习俗又各具特色，在与中原农耕民族交往的过程，对中原文化尤其是婚姻习俗文化的吸收和融合的程度也是其封建化进程中的重要一环。

第二章

辽金元时期北方游牧民族婚姻习俗的变迁

在游牧文明和农耕文明的碰撞下，北方游牧民族婚姻习俗受中原文化的影响，收继婚俗渐趋弱化；女性贞节观念增强；传统的世婚制受到摒弃；北方游牧民族婚姻习俗中的汉化因素呈现出地域性、社会性和功能性的特点，这些都是民族文化继承与发展的重要体现。

自秦汉以后，各民族无论是通过文明交流还是暴力交往，其联系都在不断加强。北方游牧民族在与其他民族不断交往和融合的过程中，潜移默化地改变了社会生活习俗，尤其是婚姻习俗。正如马克思、恩格斯在《共产主义——交往形式本身的生产》一文中所说："民族大迁移后的时期中，到处都可见到……征服者很快就学会了被征服者的语言，接受了他们的教育和风俗。"① 婚姻不仅意味着繁衍后代，还肩负着延续人类生存和发展的重担，即所谓"合二姓之好，上以事宗庙，下以继后世也"②。北方游牧民族婚姻习俗中的汉化因素，恰恰是民族融合发展的集中体现。

在中国历史上出现过很多少数民族，建立较为强大政权的如匈奴、突厥、鲜卑、沙陀等，这些少数民族在历史上多次与中原民族进行过武力抗衡，或多或少地受到了中原文化的影响，特别是两汉时期的匈奴与隋唐时期的突厥，在与当时政权进行和亲时，接触了一些中原文化，其生活习俗也受到中原文化的影响，但与10—14世纪曾一度入主中原的北方游牧民族契丹、女真、蒙古等相比较，其婚姻习俗中的汉化因素远没有这些民族深刻。

---

① ［德］马克思、恩格斯．共产主义——交往形式本身的生产［M］．北京：人民出版社，1958：143.

② （西汉）戴圣．礼记·昏义［M］．北京：中国文史出版社，1999：48.

第一节 婚姻原则的变迁

婚姻的基本原则主要包括婚姻缔结的基本原则和婚姻解除的基本原则。在中国古代，婚姻的基本原则形成于西周，为体现封建宗法礼教对家庭的影响，维护男尊女卑的等级观念，形成了缔结婚姻的一夫一妻制原则①；父母之命，媒妁之言的原则；婚姻论财原则；近亲不婚原则；同姓不婚原则；仇雠不婚原则等。解除婚姻的基本原则是七出三不去原则；和离原则；义绝原则等。在西周形成的这些婚姻原则对后来的封建王朝的婚姻制度有很大的影响。北方游牧民族随着封建化进程的不断深入，也受到了中原农耕文明婚姻原则的影响，逐渐形成具有本民族特色的婚姻原则。

一、契丹人婚姻原则的变迁

契丹起源有青牛白马的传说，"相传有神人乘白马，自马盂山浮土河而东，有天女驾青牛车由平地松林泛潢河而下。至木叶山，二水合流，相遇为配偶，生八子。其后族属渐盛，分为八部。每行军及春秋时祭，必用白马青牛，示不忘本云"②。青牛和白马是两个具有不同血缘的部族的图腾，沿着潢河、土河向下游迁徙的过程中在二水合流的木叶山互相通婚，逐渐繁衍成契丹"古八部"。这两支部落是两个不同血缘的部族，二者在本部族外结合成了一个新的部族——契丹，这也是契丹的起源，而这也恰恰说明了契丹从最初始就实行着不同血缘间的异姓婚姻原则。

综观整个契丹社会，始终贯彻着异姓为婚的原则。③ 在契丹族内部，有着耶律与萧两大姓氏，二者之间奉行着严格的异姓为婚的原则，《辽史·部族志》记载："涅里相午阻可汗，分三耶律为七，二审密为五，……三

---

① 中国古代封建社会的一夫一妻制度区别于现代意义上的一夫一妻制度，妻子能够成为男方家庭一员，是男性唯一的法定配偶，除了妻之外男性还可以娶多个女人回家，这些女人被称之为妾，其地位在妻之下。

② （元）脱脱. 辽史·地理志（一）（卷三十七）［M］. 北京：中华书局，2016：504.

③ 对于这个观点，日本的泷川正次郎、岛田正郎在《辽律之研究》中提出的观点是：契丹存在着同姓为婚的习俗。

耶律：一曰大贺，二曰遥辇，三曰世里，即皇族也。二审密：一曰乙室已，二曰拔里，即国舅也。"① 可见，午阻可汗时期，势力十分庞大的三耶律（皇族）与另一股势力强大的二审密（后族）通过通婚进行结合，这既是族外婚血缘的必须要求，也是政治势力合作的要求。《辽史·后妃传》记载："太祖慕汉高皇帝，故耶律兼称刘氏，以乙室、拔里比萧相国，遂为萧氏。"② 可见，最晚在辽太祖时期，有了萧姓的产生，而其产生的根由则是那些除耶律之外的重要部族与耶律氏联合的必要情况。耶律氏为皇族，萧氏为后族，北府宰相一直由萧氏担任，在耶律阿保机的先世，"懿祖庄敬皇后萧氏，小字牙里辛。肃祖尝过其家曰：'同姓可结交，异姓可结婚。'知为萧氏，为懿祖聘焉"③。

　　在严格奉行异姓为婚的原则之外，其余的限制较少，据《契丹国志》记载："王族惟与后族通婚，更不限以尊卑；其王族、后族二部落之家，若不奉北主之命，皆不得与诸部族之人通婚；或诸部族彼此相婚嫁，不拘此限。"④ 可见，只是必须王族和后族之间通婚，而对于尊卑地位不做限制。王族与后族不奉命不能与其他部族通婚，而王族与后族之外的其他部族不受此限。此项规定几乎贯穿辽王朝始终，在王族与后族婚姻中只有辽世宗曾纳一汉族女子甄氏为后外，其余八帝均纳萧氏女子为皇后。公主下嫁的驸马都尉大多为萧姓后族男子。在辽朝历史所见的婚姻中，未见有同姓成婚的例子，可见，在整个辽朝一直恪守着异姓为婚的原则。

　　随着契丹国家的建立，原始的契丹部族社会逐步转变为封建社会，传统契丹婚姻制度逐步弱化，等级制婚姻原则得以深化。而在这一过程中，又随着契丹与五代及北宋政权的战争，大量的汉人也进入了契丹，甚至进入了契丹政权的上层，所以对契丹的原始婚姻制度产生了一定程度的影响，对政治统治和等级制度的婚姻形式的影响力逐步加深。"至阿保机稍并服诸小国而多用汉人。汉人教之以隶书之半增损之，作文字数千，以代

① （元）脱脱．辽史·部族志（上）（卷三十二）[M]．北京：中华书局，2016：431.

② （元）脱脱．辽史·后妃传（卷七十一）[M]．北京：中华书局，2016：1318.

③ （元）脱脱．辽史·后妃传（卷七十一）[M]．北京：中华书局，12016：1318.

④ （宋）叶隆礼．契丹国志·族姓原始 [M]．北京：中华书局，2014：247.

刻木之约。又制婚姻，置官号。"①可见，耶律阿保机在建立国家的过程中，受汉人的影响已经对婚姻制度进行了一定的改变。随着辽朝建立时间的增加，其婚姻形式也出现了一定的变化情况，出现了改变原有的耶律、萧相互通婚的提议，"我朝创业以来，法制修明；惟姓氏止分为二，耶律与萧而已。始太祖制契丹大字，取诸部乡里之名，续作一篇，著于卷末。臣请推广之，使诸部各立姓氏，庶男女婚媾有合典礼"②。这种希望以地理分布的诸部各为姓氏的建议被道宗"旧制不可遽厘，不听"③。由此可见，对当时的婚姻原则已经有一定程度上的改变意见出现，但是由于习俗长期稳定，而没有得到皇帝的认可。

随着契丹封建化的深入，打破原来的只有"王族惟与后族通婚"的等级婚姻也逐步出现，且主要集中于上层贵族之中。在辽朝许多公主在尚驸马的过程中并不是绝对嫁给萧氏，也有许多与其他姓氏通婚。"刘珂，平章事晞之次子也。尚世宗妹燕国公主。"④ 燕国公主身为辽世宗的妹妹，是辽朝耶律氏之中的贵族，而嫁给了非萧氏的刘珂。

综上所述，契丹人异姓为婚的原则贯穿始终，等级婚姻逐步发展。

二、女真人婚姻原则的变迁

同姓不婚的原则是出于人类繁衍的需要而产生的，早在《礼记》中就已经有了规定："取妻不取同姓，故买且不知其姓，则卜之。"⑤ 女真同中原农耕文明一样，也奉行这一婚姻原则，在金朝建立之后，随着征服地区的扩大，封建化礼仪的影响逐步加深，女真统治者对这一婚姻原则进一步强调并强化实行。金太祖天辅元年（1117 年），诏曰："自收宁江州以后，同姓为婚者杖而离之。"⑥ 金太宗天会五年（1127 年）四月，诏曰："合苏

---

① （宋）叶隆礼. 契丹国志·国土风俗 [M]. 北京：中华书局，2014：248.
② （元）脱脱. 辽史·耶律庶箴传（卷八十九）[M]. 北京：中华书局，2016：1486.
③ （元）脱脱. 辽史·耶律庶箴传（卷八十九）[M]. 北京：中华书局，2016：1486.
④ （宋）叶隆礼. 契丹国志·外戚传 [M]. 北京：中华书局，2014：178.
⑤ （汉）郑玄注；（唐）孔颖达正义；吕友仁整理. 十三经注疏·礼记正义（礼记·曲礼）[M]. 上海：上海古籍出版社，2008：64.
⑥ （元）脱脱. 金史·太祖本纪（卷二）[M]. 北京：中华书局，1975：30.

馆诸部与新附人民，其在降附之后，同姓为婚者，离之。"① 金太宗天会八年五月"禁私度僧尼及继父继母之男女无相嫁娶"②。可见，金廷对同姓为婚的态度是极其严厉的，严禁同姓为婚。

除禁止同姓为婚外，女真皇家贵族实行世婚制原则。这一原则在金昭祖时期正式确立。即"金昭祖娶徒单氏，后妃之族自此始见"③。从金昭祖开始正式确立了完颜氏与其他女真部族之间的世婚制，这些部族主要是"徒单、唐括、蒲察、拿懒、仆散、纥石烈、乌林答、乌古论诸部部长之家，世为婚姻，娶后尚主"④。"金之徒单、拿懒、唐括、蒲察、裴满、纥石烈、仆散皆贵族也，天子娶后必于是，公主下嫁必于是。"⑤可见，金代女真皇族是与这些固定的女真部族进行世婚制，皇后必定是出自这些部族，而皇室公主也在这些部族之中选择驸马。而金朝女真皇族与后族之间的关系就如周朝时期周王室与姜齐之间的相互通婚一样，故此才有了"金代，后不娶庶族，甥舅之家有周姬、齐姜之义"⑥ 的说法。这种世婚制虽然在金朝后期发生了一些变化，例如章宗"自钦怀皇后没世，中宫虚位久，章宗意属李氏。而国朝故事，皆徒单、唐括、蒲察、挐懒仆散、纥石烈、乌林荅、乌古论诸部部长之家，世为姻婚，娶后尚主，而李氏微甚。至是，章宗果欲立之，大臣固执不从，台谏以为言，帝不得已，进封为元妃"⑦，由此可见虽然想要突破世婚制，但因其为祖制，遭受了很大的反对而没能成功。终金代一朝，历代皇帝的婚姻都与世婚制密切相关。

虽然世婚制选定的皇后人选是固定的，但是在女真人中一夫多妻制广泛流行。"虏宫多内宠，……臣下亦娶数妻，多少视官品，以聘之先后为序，民为得一妻。"⑧ "父死则妻其母，兄死则妻其嫂，叔伯死则侄亦如

① （元）脱脱. 金史·太宗本纪（卷三）［M］. 北京：中华书局，1975：57.
② （元）脱脱. 金史·太宗本纪（卷三）［M］. 北京：中华书局，1975：61.
③ （元）脱脱. 金史·世戚传（卷一百二十）［M］. 北京：中华书局，1975：2613.
④ （元）脱脱. 金史·后妃传（下）（卷六十四）［M］. 北京：中华书局，1975：1528.
⑤ （元）脱脱. 金史·世戚传（卷一百二十）［M］. 北京：中华书局，1975：2629.
⑥ （元）脱脱. 金史·后妃传（上）（卷六十三）［M］. 北京：中华书局，1975：1498.
⑦ （元）脱脱. 金史·后妃传（下）（卷六十四）［M］. 北京：中华书局，1975：1528.
⑧ 赵永春辑注. 奉使辽金行程录（范成大. 揽辔录）［M］. 北京：商务印书馆，2017：401.

之。故无贵贱，人有数妻。"① 因此，金朝女真人的婚姻除固定的妻之外，允许多娶，且在海陵王天德二年"命庶官许求次室二人，百姓亦许置妾"②。可见，女真人在法律上允许一夫一妻多妾制存在。

三、蒙古人婚姻原则的变迁

中国古代的通婚集团主要是以地缘和亲缘关系而构筑的。通婚集团是政治集团主要的依靠力量，这也是契丹人、女真人、蒙古人世婚制盛行的主要原因。正如恩格斯在《家庭、私有制和国家的起源》中所提到的："结婚是一种政治行为，是一种借助新的联姻来扩大自己势力的机会，起决定作用的是家世的利益，而绝不是个人的意愿。"③ 因此，世族外婚与同姓不婚的原则贯穿了蒙古族婚姻的始终，对于同一个祖先起源的部落实行严格的不通婚，而在不同的部落之间往往会形成世代的相互联姻状态。成吉思汗所属的孛儿只斤氏一直与弘吉剌部进行联姻，成吉思汗的母亲诃额仑与成吉思汗的妻子孛儿帖都是来自弘吉剌部，"弘吉剌氏生女世以为后，生男世尚公主，每岁四时孟月，听读所赐旨，世世不绝"④，从而使弘吉剌部与蒙古皇族世代通婚成为定制。从蒙古帝国到元帝国，出自弘吉剌部的皇后有十六位，有据可查的弘吉剌部的驸马十四位，这样弘吉剌部与蒙古皇族形成了稳固的世婚制度，构成了稳定的政治权力核心集团。此外，蒙古皇族也与亦乞列思部⑤、伯岳五部、斡亦剌部、汪古部、畏吾儿部世代联姻，从而构成了多个稳定的通婚圈。这既有利于加强蒙古皇族的政治势力，又可以通过联姻消除彼此之间的隔阂。蒙古人早期虽然实行族外婚制，但是随着社会生产力的发展，一夫多妻制逐渐发展起来，在加宾尼的

---

① （宋）宇文懋昭．大金国志校证·附录一·女真传［M］．北京：中华书局，1986：585．

② （元）脱脱．金史·海陵本纪（卷五）［M］．北京：中华书局，1975：96．

③ 恩格斯．家庭、私有制和国家的起源［M］．中共中央马克思恩格斯列宁斯大林著作编译局译．北京：人民出版社，1999：80．

④ （明）宋濂．元史·特薛禅传（卷一百一十八）［M］．北京：中华书局，1976：2915．

⑤ 按照波斯史家拉施特的说法，亦乞列思部与弘吉剌部同出一源，是传说中的金器三子之一，这三子分别是：弘吉剌部的祖先鲁黑——蔑儿干；亦乞列思和斡勒忽讷的祖先忽拜——失列；合剌讷和弘里兀的祖先秃速不——答兀（《史集》第一卷第一分册，第262-263页）。

《蒙古史》中记载："每一个男人，能供养多少妻子，就可以娶多少妻子，一个人有一百个妻子，另有人有五十个，还有人有十个——一个人多些，另一个少些。"① 从这则史料中可以看出，在当时的情况下，婚姻缔结的原则逐步与经济实力产生了直接的联系，经济水平往往在很大程度上决定了娶妻的数量，上层的统治者们往往因为拥有强大的经济能力而多娶。如"成吉思汗有妻妾近五百人"②；"窝阔台有妻数人，妾六十人"③。随着蒙古人征服地区的扩大及元朝的建立，蒙古族的婚姻原则更加注重门第等级观念，这既是出于政治上相互联结的需要，也存在着保持血统高贵的观念。据《元史·牙忽都传》记载："拨绰娶察浑灭儿乞氏，生薛必烈杰儿。薛必烈杰儿娶弘吉剌氏，生牙忽都。""牙忽都妻帑辖重驻不思哈剌岭上，悉为药木忽儿、明理帖木儿所掠。牙忽都与其子脱列帖木儿相失，独与十三骑奔还。世祖抚慰嘉叹，赐爵镇远王，涂金银印，以弘吉剌氏女赐之，资装特厚。""武宗即位，以其父子劳效忠勤，益厚遇之，进封楚王，赐金印，置王傅，以驸马都尉都剌哈之女弟弘吉烈氏为楚王妃，又以叛王察八儿亲属赐之。"牙忽都死后，其子脱列帖木儿袭封镇远王，脱列帖木儿长孙燕帖木儿，"时年十有二，妃弘吉剌氏，哈只而驸马之女孙，速哥失里皇后之从妹也"④。可见，拨绰家族的通婚对象始终是弘吉剌氏，同登上汗位的帝族保持一样的等级世婚的重门第的择偶观。而在蒙古人对外的联姻中，则体现出了其维护血统纯正的婚姻原则。

元朝时期皇族对外联姻的主要是高丽王族，两族联姻大概起源于成吉思汗时期，成吉思汗的王妃中就有高丽女子。高丽王族与蒙古皇族建立这种舅甥关系，有依靠强大的元朝帝国势力，提高自己政治地位的目的。于是，就有"联婚帝室，遂为甥舅"⑤。但与其他通婚的蒙古大族世婚集团相比较，高丽王族在通婚集团中处于较低的地位。蒙古皇族与高丽王族通

① [英] 道森编. 出使蒙古记 [M]. 吕浦译，周良霄注. 北京：中国社会科学出版社，1983：8.
② [瑞典] 多桑. 多桑蒙古史（上册）[M]. 冯承钧译. 北京：商务印书馆，2015：185.
③ [瑞典] 多桑. 多桑蒙古史（上册）[M]. 冯承钧译. 北京：商务印书馆，2015：248.
④ （明）宋濂. 元史·牙忽都传（卷一百一十七）[M]. 北京：中华书局，1976：2910.
⑤ [朝鲜] 郑麟趾著，孙晓主编. 高丽史·世家二（卷二十六）（标点校勘本）[M]. 重庆：西南大学出版社；北京：人民出版社，2014：830.

婚主要是蒙古公主（非皇帝的女儿）下嫁于高丽国王，而高丽女子能进入后宫的则比较少，《庚申外史》就载有"初世祖家法，贱高丽女子，不以入宫"① 的规定。但有的学者认为此条史料是不符合事实的②，入元的高丽女子作为贡女还是以入宫为主，但在宫中的地位较低，立后的较少。但在元顺帝时这种状况发生了很大的改变，"元顺帝次皇后奇氏完者忽都，本高丽女，选入宫，有宠，遂进为后"③。将高丽人及其他民族的女性纳入元的后妃，这也是蒙古人之间世婚制婚姻缔结原则的一个发展。

四、北方游牧民族婚姻原则变迁下的贞节观

贞节观是人类社会发展到一定阶段的产物，是随着私有财产及父权制地位的逐渐确立而出现的，其本意是指人的守制不移、坚贞不屈的气节，后来才逐渐成为对女性实行性禁锢的一种社会观念。要求女子必须做到品行端正，未嫁能自守，已嫁则从一而终，夫死而不再改嫁。进而在人们的头脑中逐渐形成了"饿死事极小，失节事极大"的贞节观念。10—14 世纪，随着北方游牧民族的逐趋南移，与中原文化不断融合，这一观念也逐渐渗透到北方游牧民族的婚姻习俗中。

契丹作为北方一支古老的游牧民族，由于受本民族传统习俗的影响，女性的贞节观念比较淡薄。据《辽史·公主表》记载，辽景宗第四女淑哥，"乾亨二年（980 年），下嫁卢俊，与驸马都卢俊不谐，改适萧神奴"；圣宗第二女岩母堇，"下嫁萧畷不，改适萧海里，不谐，离之。又适萧胡睹，不谐，离之，乃适韩国王萧惠"④。依据《辽史·公主表》的记载，在辽朝共有 30 多名离婚的公主，其中，有 6 名公主离婚后又再嫁他人，占公主总数的五分之一，这种婚姻现象的出现，与中原农耕文明所固守的贞操观念是相悖离的。而辽朝公主离婚率之高，离婚后再嫁现象之多，从侧面也反映出契丹女性受贞节观念的束缚比较小，也体现出了契丹社会礼法

① 任崇岳. 庚申外史笺证［M］. 郑州：中州古籍出版社，1991：12.
② 喜蕾. 元朝宫廷中的高丽贡女［J］. 内蒙古大学学报（人文社会科学版），2001（5）.
③ （清）赵翼著，王树民校证. 廿二史札记校证·元时选秀女之制度（卷三十）［M］. 北京：中华书局，2013：739.
④ （元）脱脱. 辽史·公主表（卷六十五）［M］. 北京：中华书局，2016：1109-1110.

宽松、质朴开放的精神面貌。但是，随着中原文化的渗入，契丹婚姻习俗也发生了变化。辽圣宗以后，由于受中原礼法的影响，契丹社会逐渐文明化，尤其是汉文化的传播和渗透，契丹人逐渐接受了汉人的贞节观念。辽圣宗统和元年（983 年）四月，"诏赐物命妇寡居者"①。后又在开泰六年（1026 年）四月"禁命妇再醮"②。同时，在《辽史·列女传》中也记载了耶律氏常哥、耶律奴妻萧氏、耶律中妻萧氏等在丈夫死后，大多遵守妇道，矢志守节，是当时社会伦理道德的典范。这说明当时社会的伦理观已经受到中原文化的影响，存在着一定的贞节观念，辽代妇女的婚姻观也从离婚和再嫁自由趋向保守。

女真是中国北方另一支游牧民族，其女性的贞节观念也比较淡薄。女真习俗中的放偷日，描绘了宗室女子随家人出游，或住在僻静处，被男子劫持去，一个月以后，男子"方告其父母，以财礼聘之"③。这种劫持是男女自由结合，并早已私订终身的写照，也是女真女性贞节观比较淡薄的最好例证。而《三朝北盟会编》卷3引《女真传》又记载了年届婚龄的女真姑娘，"行歌于途，其歌也，乃自叙家世、妇工、容色，以伸求侣之意。听者有未娶欲纳之者，即携而归，其后方具礼，偕女来家，以告父母"④。同样也反映出禁锢中原女子的贞节观念，还没有渗透到女真人的生活中。

女真入主中原后，与汉族以及其他民族接触的日益频繁，尤其是受儒家文化的影响，中原女性的贞节观念也渐渐地渗透到她们的生活中，并逐渐发挥着约束性的作用。女真传统的接续婚俗开始遭到人们的反对。如，昭妃阿懒，原本是海陵叔叔曹国王完颜宗敏的妻子，海陵王为纳阿懒入宫而杀其叔宗敏，并于贞元元年封阿懒为昭妃。由于群臣上奏，"'宗敏属近尊行，不可'。乃令出宫"⑤；金世宗之父完颜宗辅病逝，按女真旧俗，"妇女寡居，宗族接续之"。但世宗母贞懿皇后，毅然拒绝这种宗族的收继

---

① （元）脱脱．辽史·圣宗本纪一（卷十）［M］．北京：中华书局，2016：118.
② （元）脱脱．辽史·圣宗本纪六（卷十）［M］．北京：中华书局，2016：196.
③ 朱瑞熙．宋辽西夏金社会生活史［M］．北京：中国社会科学出版社，2005：150.
④ （宋）徐梦莘．三朝北盟会编·政宣上帙（卷三）［M］．上海：上海古籍出版社，2008：18.
⑤ （元）脱脱．金史·后妃列传上（卷六十三）［M］．北京：中华书局，1975：1512.

婚，"乃祝发为比丘尼，号通慧圆明大师"①。世宗妻乌林答氏，在世宗潜居济南时，海陵王听说乌林答氏貌美，欲召至中都。乌林答氏为保全其夫自杀，守住了自己的贞节。同时，诸猛安谋克移居关内后，与汉族及其他民族杂处。在长期的杂居生活中，女真与中原农耕文明的生活习俗渐趋相同，中原女性贞节观念渐趋被女真女性所接受②。

收继婚俗在蒙古社会也同样流行。马可·波罗说："婚姻之法如下……父死可娶其父之妻，唯不娶生母耳。娶者为长子，他子则否。兄弟死，亦娶兄弟之妻。"③ 以上记载表明，收继婚在蒙古婚姻习俗中是存在的。加宾尼也说："甚至在他们的父亲去世以后，可以同父亲的妻子结婚；弟弟也可以在哥哥去世以后同他的妻子结婚，或者，另一个较年轻的亲戚也视为当然可以娶她。"④ 即便在蒙古军队中也有收继婚俗，"霆见其死于军中者，若奴婢能自驼其主尸首以归，则止给以畜产，他人致之，则全有其妻奴畜产"⑤。但蒙古人在中原建立政权以后，其收继婚也逐渐汉化。在元代，作为蒙古人婚姻习俗之一的收继婚一直延续。元文宗时，敕令"诸人非其本俗，敢有弟收其嫂，子收庶母者，坐罪"⑥。这说明蒙古人"弟收其嫂，子收庶母"的收继婚是被维护的。

在蒙古与汉人逐渐融合的情况下，蒙古人的婚姻习俗不断汉化，尤其是收继婚发生了大转变。鲁国大长公主祥哥剌吉，在汉文化的熏陶下，"不从诸叔继尚"，这是对蒙古传统的收继婚的公开抵制，而文宗却"议封号以闻"⑦，这是蒙古族最高统治者对汉人传统贞节观的接受。在社会地位普通的蒙古族妇女中，也有类似的拒绝收继婚俗的典型事例。据《元史·烈女传》记载，"脱脱尼，……夫哈剌不花卒。前妻有二子皆壮，无妇，欲以本俗制收继之。脱脱尼以死自誓。二子复百计求逐，脱脱尼恚且骂

① （元）脱脱. 金史·后妃列传下（卷六十四）［M］. 北京：中华书局，1975：1519.
② 王昕. 金代女真贞节观变异［J］. 文史知识，2007（2）.
③ 陈开俊等译. 马可·波罗游记［M］. 福州：福建科学出版社，1982：31.
④ ［意］普兰诺·加宾尼. 蒙古史（第二章）［M］. 北京：中国社会科学出版社，89.
⑤ 许全胜校注. 黑鞑事略校注［M］. 兰州：兰州大学出版社，2014：227.
⑥ （明）宋濂. 元史·文宗本纪四（卷三十五）［M］. 北京：中华书局，1976：786.
⑦ （明）宋濂. 元史·文宗本纪二（卷三十三）［M］. 北京：中华书局，1976：746.

曰：汝禽兽行，欲妻母耶，若死何面目见汝父地下？……三十年以贞操闻"①。脱脱尼的这种以死抗拒收继婚的行为，同样也是受汉人贞节观的影响才出现的。这说明在蒙古人进入中原与汉人杂居融合后，其落后的传统的收继婚已经逐渐被摒弃。

第二节　通婚范围的变迁

以地缘、亲缘而构筑的通婚集团，是政治集团形成的基础②。婚姻政治属性强化，必然会导致统治权力在一个狭窄而封闭的婚姻圈里重新分配。通过扩大和巩固新的政治联盟，构筑统治阶级稳固的政治基础，维系上层的统治地位。正如恩格斯所说："结婚是一种政治行为，是一种借新的联姻来扩大自己势力的机会，起决定作用的是家世的利益，而绝不是个人的愿望。"③北方游牧民族在阶级分化现象比较明显后，其婚姻形态出现了狭窄封闭的婚姻圈内的联姻现象。但随着北方游牧民族进入中原，各民族间融合渐趋增强，在中原农耕文明先进文化的影响下，其婚姻形态冲破了狭隘的婚姻圈，呈现较为活跃的族际间的通婚现象。

一、契丹人通婚范围的变迁

契丹的王族只能与后族联姻是辽朝的基本国策。"王族后族二部落之家，若不奉北主之命，皆不得与诸部族之人通婚"④，圣宗朝的"横帐三房不得与卑小帐族为婚"⑤ 等规定，实质上是通过国家政权的力量来制造和发展高门豪族的内婚。而这种婚姻直接影响到辽代的政治统治，使辽代政权一直是几个家族长期把持，从而出现这些世家大族成员即使不积极进

① （明）宋濂. 元史·列女传（一）（卷二百）［M］. 北京：中华书局，1976：4495.
② 王晓清. 元代社会婚姻形态［M］. 武汉：武汉出版社，2005：69.
③ 中共中央马克思恩格斯列宁斯大林著作编译局编. 马克思恩格斯选集（第四卷）［M］. 北京：人民出版社，1995：74.
④ （宋）叶隆礼. 契丹国志［M］. 北京：中华书局，2014：247.
⑤ （元）脱脱. 辽史·圣宗本纪七（卷十六）［M］. 北京：中华书局，2016：209.

取，也可坐享公卿之位的现象，使辽朝统治集团逐渐走向僵化和腐败。随着契丹的不断扩张，与其他民族的交往融合也不断加深，而通婚则是民族交往与融合的重要内容。在契丹早期与唐朝的交往过程中，契丹首领就与唐朝进行和亲，开元四年（716 年），"帝以东平王外孙杨元嗣女为永乐公主，妻失活"①。唐开元"十四年春正月癸亥，改封契丹松漠郡王李召固为广化王，奚饶乐郡王李鲁苏为奉诚王，封宗室外甥女二人为公主，各以妻之。……以国甥东华公主降于契丹李召固"②。五代和北宋的战争中，有大量的汉人进入了契丹，"世宗妃甄氏，后唐宫人，有姿色。帝从太宗南征得之，宠遇甚厚，生宁王只没。及即位，立为皇后"③。辽世宗皇帝甚至立了非萧氏的甄氏为皇后。在契丹政权建立之后，受中原农耕文化的影响及为了笼络中原有识之士，在会同三年（940 年），辽太宗"诏契丹人授汉官者从汉仪，听与汉人婚"④。通过这则史料可以看出，契丹与汉人的通婚逐渐被认可。自此，契丹人与汉人之间开始大量的通婚，契丹人娶汉人女子，汉人娶契丹女子的现象日渐增多。辽世宗、辽圣宗纳汉人女子为妃、汉人韩橁"凡三娶，先夫人生三女，长早亡，次适左□军将军萧乞得，继室萧氏生三女，一适护卫将军萧朱"⑤，汉人汉官刘珂尚世宗妹燕国公主⑥，汉官刘六符的兄弟刘三嘏、刘四端都娶圣宗女儿为妻等。⑦此后，契丹王族、后族与其他氏族人结成姻亲也逐渐成为常态。除这些上层贵族外，在辽亡后，契丹下层民众与汉人的通婚因广泛杂居也十分的频繁。

除汉人之外，契丹人也与奚人、渤海人等其他民族广泛通婚。"契丹之先，与库莫奚异种而同类。"⑧ 可见，契丹与奚人之间没有太大的隔阂与

① （宋）欧阳修. 新唐书·北狄·契丹传（卷二百一十九）［M］. 北京：中华书局，1975：6170.

② （晋）刘昫. 旧唐书·玄宗本纪（上）（卷八）［M］. 北京：中华书局，1975：189.

③ （元）脱脱. 辽史·后妃传（卷七十一）［M］. 北京：中华书局，2016：1201.

④ （元）脱脱. 辽史·太宗本纪（下）（卷四）［M］. 北京：中华书局，2016：53.

⑤ 向南. 辽代石刻文编·韩橁墓志［M］. 石家庄：河北教育出版社，1995：206.

⑥ （宋）叶隆礼. 契丹国志·外戚传［M］. 北京：中华书局，2014：178.

⑦ （元）脱脱. 辽史·刘六符传（卷八十六）［M］. 北京：中华书局，2016：1457.

⑧ （唐）魏征. 隋书·北狄·契丹传（卷八十四）［M］. 北京：中华书局，1973：1881.

差别，而二族之间的通婚也就一直有此传统，即"奚有五王族，世与辽人为婚"①。辽太祖灭渤海国，强迫部分渤海人进行迁徙，与契丹人杂居，这种情况下，相互通婚是不可避免的。人皇王耶律倍的儿子"平王隆先，字团隐，母大氏"。② 大氏是渤海的姓氏。《新唐书》也记有"渤海，本粟末靺鞨附高丽者，姓大氏"③。

由于以上的种种原因，辽朝契丹人的通婚范围也逐步地扩大了，至兴宗时期"胡人东有渤海，西有奚，南有燕，北据其窟穴四姓杂居，旧不通婚。谋臣韩绍芳献议，乃许通婚"④。这也是辽朝通过法律确立可以进行普遍婚姻佐证史料。因此，随着辽朝社会的发展，民族融合的不断加强，契丹人通婚的范围也不断扩大。

二、女真人通婚范围的变迁

女真在氏族部落时期，其婚姻一直延续氏族外婚制和部落内婚制的准则。在阿骨打建国前，一直按着这一原则缔结婚姻。辽灭渤海后，其主要势力被契丹人西迁南移，女真人趁机也大规模地南徙，并在此过程中加速了其氏族部落组织的分化。在新的居住地交错居住着氏族或氏族的分支。"原有的氏族、胞族、部落这样的三级有机结构，再也不能完整地聚居在一起了。"⑤ 在逐渐分散定居后，女真无法保持原来的部族内婚制，而与相邻地区的不同部落不同氏族成员间通婚的事例日益增多了，从而在献祖绥可时期形成了一种部落外婚制的新风尚。这种新的部落外婚制与旧的氏族外婚制并不是对立的，二者都是氏族外婚制，只不过部落外婚制的地域范围要广一些，但其进步意义是巨大的，它不仅打破了原有部落的封闭、保守的状态，而且使人们的思想、感情和行动获得了新的解放，增强了人们的体质。金建国初，由于女真保守势力依然坚持氏族外婚制和部落内婚

① （元）脱脱. 金史·奚王回保离传（卷六十七）[M]. 北京：中华书局，1975：1587.
② （元）脱脱. 辽史·宗室传（卷七十二）[M]. 北京：中华书局，2016：1335-1336.
③ （宋）欧阳修. 新唐书·北狄·渤海传（卷二百一十九）[M]. 北京：中华书局，1975：6179.
④ （宋）余靖. 广东丛书·武溪集（卷十八）·契丹官仪 [M]. 北京：商务印书馆，1946：219.
⑤ 王可宾. 女真国俗 [M]. 长春：吉林大学出版社，1988：4.

制，女真政权采取强制的手段，颁布"同姓为婚者，杖而离之"①的诏书，以法律的形式将部落外婚制固定为国俗。

女真入主中原后逐渐接受中原文化，其婚姻习俗也不可避免地发生变化。其主要表现为：其一，女真人开始与其他族人通婚，扩大了女真人的婚姻范围。在辽代，完颜部和徒单、挐懒、唐括、蒲察、裴满、纥石烈、仆散等部通婚②。这就是"婚姻有恒族"③，"后不娶庶族"④，"天子娶后必于是，公主下嫁必于是"⑤。这种情况一直维持到金初，金中期后，这些限制开始被打破。女真皇族也多娶异民族女子为妃，而在娶异民族女子为妃的数量的多少，在一定程度上也反映出女真人的汉化过程与当时的政治情况。渤海人的大氏、李氏、张氏，契丹人的耶律氏，汉人的刘氏、李氏、王氏都被收纳为妃。金世宗公开允许契丹人与女真人杂居，"男婚女聘，渐以成俗"⑥。金后期时，"女真人嫁给汉人，汉人嫁给女真人的也不少"⑦。

除世婚之族之外的后妃，在金代历史上还有好多其他民族的后妃，如下表所示。

表（三）金代非女真人后妃⑧

民族后妃 / 帝王	契丹	渤海	汉
金太祖	太祖崇妃萧氏		
金熙宗		渤海人张氏	汉人安氏

① （元）脱脱．金史·太宗本纪（卷三）［M］．北京：中华书局，1975：57.
② （元）脱脱．金史·后妃列传上（卷六十三）［M］．北京：中华书局，1975：1500.
③ （元）脱脱．金史·世戚列传（卷一百二十）［M］．北京：中华书局，1975：2613.
④ （元）脱脱．金史·后妃列传上（卷六十三）［M］．北京：中华书局，1975：1498.
⑤ （元）脱脱．金史·世戚传（卷一百二十）［M］．北京：中华书局，1975：2629.
⑥ （元）脱脱．金史·唐括安礼传（卷八十八）［M］．北京：中华书局，1975：1964.
⑦ 罗贤佑．金元时期女真人的内迁及演变［J］．民族研究，1984（2）.
⑧ （元）脱脱．金史·后妃列传（卷六十三、六十四）［M］．北京：中华书局，1975：1499-1535.

民族后妃\帝王	契丹	渤海	汉
海陵王	第三娘子萧氏封昭容，耶律氏封修容。柔妃弥勒，姓耶律氏。昭媛察八，姓耶律氏	第二娘子大氏封贵妃海陵王的生母大氏	
金睿宗		生世宗的渤海人李氏	
金世宗	契丹人石抹氏	元妃张氏，元妃李氏，大氏、	汉人梁氏
金显宗			四位汉人后妃
金章宗	契丹人石抹氏	昭圣皇后，刘氏，辽阳人	元妃李氏师儿，林氏，贾氏，范氏
卫绍王			汉人郑氏
金宣宗			有汉人王氏姐妹，庞氏，史氏

正如表（三）所示，金太祖时期，有一位契丹人萧氏；金熙宗时期，有两位非女真后妃；海陵王时期有五位，而其母大氏也是渤海人；睿宗则有生世宗的渤海人李氏；世宗有五位非女真人后妃；从章宗到宣宗非女真的后妃人数增加的速度更快。

在女真族的下层民众之中，由于女真与渤海同源，二者之间的通婚应是很正常的现象。在金灭北宋的过程中大量的汉人被掳掠，而金朝政权建立之后，大规模的猛安谋克内迁也极大地促进了各民族的杂居现象，"猛安谋克杂厕汉地，听与契丹、汉人昏因以相固结"①。金章宗明昌二年"齐民与屯田户往往不睦，若令递相婚姻，实国家长久安宁之计"②。这在客观上大大促进了北方各民族间在血缘上的接近，与汉族及其他民族间的差异日益缩小，而随着民族杂居，相互通婚，相互融合也就自然而然地发

---

①　（元）脱脱．金史·兵志（卷四十四）［M］．北京：中华书局，1975：991.
②　（元）脱脱．金史·章宗本纪（一）（卷九）［M］．北京：中华书局，1975：218.

生了。契丹的叛乱在一定程度上也促进了下层民众之间的婚姻交往,金世宗在契丹部族叛乱之后"遣使徙之,俾与女直人杂居,男婚女聘,渐化成俗,长久之策也"①。由此可见,女真人的通婚范围是随着其统治基础的变化而逐步变化的,在女真早期为后妃的多是契丹、渤海人,而随着世宗时期的契丹叛乱的出现以及女真人汉化程度的不断加深,与汉人通婚的人数也逐渐增加。

三、蒙古人通婚范围的变迁

蒙古弘吉剌部与蒙古皇族世代通婚,即弘吉剌部"生女世以为后,生男世尚公主",形成了黄金家族与少数蒙古部落世婚制度,构成了蒙古皇族婚姻形态的基本结构,是蒙古部落习惯法在婚姻行为中的具体化,也是元代婚姻模式和政治体制的基础。但随着蒙古政治、军事实力的扩张,在中原汉化因素的渗透下,其婚姻网络也向非蒙古族的民族扩散。

元政权建立后,开始实行四等人制,但并没有发现元政府发布禁止族际通婚的法令。相反,对族际通婚现象却以法律条文予以规范。如至元八年(1271年)二月,元政府颁布"民间嫁娶聘财体例",规定:"诸色人同类自相婚姻者,各从本俗法;递相婚姻者,以男为主"②。这里的"递相婚姻"指的就是族际间婚姻。对元代汉人与非汉人的通婚现象做了比较深入研究的台湾地区学者洪金富,采取计量的手段,统计出有史料记载的元代汉人娶蒙古人30例,汉人嫁蒙古人52例③。随着蒙古人的不断扩张,其统治下的各民族交往日益密切,交流融合现象不断,在婚姻范围上,各民族间相互通婚的现象逐渐增多。在蒙古人之中,不论是上层贵族还是下层与汉人的通婚都广泛存在。上层蒙古人贵族的通婚往往是出于拉拢利用的目的,成吉思汗的弟弟铁木哥斡赤斤一家的封地是益都路,而此地又是汉人世侯李璮的势力范围。于是,铁木歌斡赤斤之孙塔察儿前后把两个妹妹嫁给了李璮。成吉思汗的三弟哈赤温以济南路为其封地。而济南是汉人

---

① (元)脱脱.金史·唐括安礼(卷八十八)[M].北京:中华书局,1975:1964.
② 大元圣政国朝典章·嫁娶聘财体例(卷18)[M].北京:中国广播电视出版社,1998:660.
③ 洪金富.元代汉人与非汉人通婚问题初探[J].食货(第6卷),1976(12).

世侯张荣的势力范围。张荣的长子张邦杰作为人质在辽东兀鲁回河地方的哈赤温王廷里服侍时，娶阿可亦真氏生了张宏。张邦杰、张宏都继承了济南的张荣一家，而张宏的长女也速贵嫁给了哈赤温一族的诸王忽剌忽儿；三女嫁给了诸王金刚奴。① 由于蒙古军队在整个国家范围内的驻扎，因此，下层民众之中的通婚现象应更加频繁，"凡虏有姓者皆中原遗民，今鞑目曰汉人。鞑靼则无姓，或娶汉女为妇，生子愿有姓者竟随母姓。"②

除了汉人之外，还存在着大量的色目人、契丹人、女真人等其他民族，这些民族相互交融杂居，通婚的范围也相对广泛。据《元故资德大夫御史中丞赠摅忠宣宪协正功臣魏郡马文贞公墓志铭》记载，身为色目人的汪古马氏家族中历代联姻对象就具有多民族特色，其"母梁郡夫人杨氏……祖母梁郡夫人张氏……公娶索氏，常州录事判官某之女，次怯烈氏，河南镇守千户和尚之女，索氏封梁郡夫人"③。因此，马氏家族与蒙古人、色目人、汉人等有着广泛的婚姻关系。

可见，10—14 世纪，北方游牧民族在中原文化的影响下，逐渐冲破了狭窄封闭的婚姻圈，实行族际间的通婚，加速了民族融合的进程。

第三节　婚姻礼俗的变迁

北方游牧民族婚姻习俗中的汉化因素具有明显的地域性。如匈奴、突厥等民族婚姻习俗的汉化程度与曾在中原建立过政权的鲜卑、沙陀、契丹、女真、蒙古等民族婚姻习俗的汉化因素相比较来说程度较浅。一旦进入中原，和汉人杂居，民族融合是不可避免的，且其汉化程度也会更深。这有别于匈奴、突厥等游牧民族通过战争或贸易等暴力交往或是非暴力交往的方式。入主中原后的北方游牧民族的汉化因素明显增多，有些婚俗如

① （日）池内功. 元代蒙汉通婚及其背景［J］. 郑信哲译. 民族译丛，1992（3）：19-56.

② （宋）郑思肖著，陈福康点校. 郑思肖集·大义略叙［M］. 上海：上海古籍出版社，1991：177.

③ （元）苏天爵著，陈高华，孟繁清点校. 滋溪文稿·元故资德大夫御史中丞赠摅忠宣宪协正功臣魏郡马文贞公墓志铭（卷九）［M］. 北京：中华书局，1997：138、141、143.

收继婚和世婚制等也无法再继续沿袭下去，或是有的婚俗如群婚制到后来也只是徒有虚名。

一、契丹人婚姻礼俗的变迁

契丹作为北方的游牧民族，一直流行着同姓不婚、异姓结婚的原则。契丹建立辽政权后，其婚姻礼俗的变迁主要表现为从原始的群婚制向封建礼法制转变，辽政权也通过颁布一系列国家法令的形式，对原有的婚姻旧俗进行规范，使之适应国家统治的需要。但在辽二百年间，传统缔结婚姻的礼俗并没有完全消亡，仍有着重要的影响。

在辽早期有着许多跨越辈分的婚姻，其目的是确保高门豪族内婚制延续。辽太祖阿保机的女儿质古，"下嫁淳钦皇后弟萧室鲁"①，这是侄女嫁给舅舅。辽太祖的淳钦皇后述律氏生人皇王耶律倍，人皇王之子耶律阮继任为辽世宗，"世宗怀节皇后萧氏，小字撒葛只，淳钦皇后弟阿古只之女"②，此为姑侄相配。除了辈分的不同之外，契丹婚俗中女性的贞节观念淡薄，还有着许多北方游牧民族共有的"妻后母，报寡嫂"的习俗。关于贞节观念，我们从前面分析的辽朝公主离婚与再嫁中可以看出其不受中原农耕文明礼俗的制约，贞节观念淡薄，还存在着原始的群婚制度的残留。

随着契丹政权的封建化程度不断加深，受汉文化的影响也日益深入，婚俗也日渐受中原的礼法影响，发生了一系列的变化。辽太宗会同三年（940年），"除姊亡妹续之法"③ 在一定程度上否决了家族间的相互通婚。辽圣宗下诏"禁命妇再醮"④。可见，封建礼法的贞节观念在辽朝已经产生了一定的影响。但是这种影响不是绝对的，即使在皇帝发布政令之后，仍有许多人依照原有的婚俗进行婚姻。

二、女真人婚姻礼俗的变迁

女真社会存在着许多的原始社会群婚遗风，"妻后母，抱寡嫂"的收

① （元）脱脱．辽史·公主表（卷六十五）[M]．北京：中华书局，2016：1105.
② （元）脱脱．辽史·后妃传（卷七十一）[M]．北京：中华书局，2016：1321.
③ （元）脱脱．辽史·太宗本纪（下）（卷四）[M]．北京：中华书局，2016：53.
④ （元）脱脱．辽史·圣宗本纪（六）（卷十五）[M]．北京：中华书局，2016：196.

继婚仍然存在。"旧俗，妇女寡居，宗族接续之。"① 以及"虏人风俗，取妇于家，而其夫身死，不令妇归宗，则兄弟侄皆得以聘之。有妻其继母者，与犬豕无异。汉儿则不然，知其非法也"②。这些婚姻习俗随着女真国家的建立以及儒学思想影响下，女真人的婚姻观念也发生了很大的变化，收继婚在封建礼俗的影响下受到了挑战。如"昭妃阿懒，海陵叔曹国王宗敏妻也。海陵杀其宗敏而纳阿懒宫中，贞元元年（1153 年）封为昭妃。大臣奏'宗敏属近尊行，不可'，乃令出宫"③。完颜宗辅病逝，按旧俗，"妇女寡居，宗族接续之"④。而其妻贞懿皇后拒绝宗族接续，"乃祝发为比丘尼，号通慧圆明大师，赐紫衣。归辽阳，营建清安禅寺，别为尼院，居之"⑤。除收继婚之外，抢婚习俗也在女真部族中存在，"初，乌萨扎部有美女名罢敌悔，青岭东混同江蜀束水人掠而去，生二女，长曰达回，幼曰滓赛。昭祖与石鲁谋取之，……昭祖及石鲁以众至，攻取其赀产，虏二女子以归。昭祖纳其一，贤石鲁纳其一，皆以为妾"⑥。由此可见，抢婚在当时的东北各民族中普遍存在，金昭祖与石鲁率众人前去抢婚，同时还进行财货的掠夺。但是随着女真民族在建立国家政权后，受儒家文化的影响日渐加深，这种抢婚习俗也逐渐被废止了，世宗在大定十七年（1177 年）颁布了对于抢婚的禁令"以渤海旧俗男女婚娶多不以礼，必先攘窃以奔，诏禁绝之，犯者以奸论"⑦。这也是婚姻习俗变迁的一个突出表现。

金建国后，女真传统的婚姻习俗在吸收中原汉族婚姻制度和习俗的基础上逐渐发生了演变。

一些比较质朴而奇特的婚俗，如指腹婚、聘娶婚及贫苦之家的女子到了成婚年龄自己行歌于途，自求婚配；等等，随着金入主中原的进程不断加快，受到大规模的民族通婚的冲击而逐渐淡化，出现了族际通婚。金朝

① （元）脱脱．金史·后妃传（下）（卷六十四）［M］．北京：中华书局，1975：1518.
② 四川大学图书馆编．中国野史集成续编（第十册）［M］．成都：巴蜀书社，2000：363.
③ （元）脱脱．金史·后妃传（上）（卷六十三）［M］．北京：中华书局，1975：1512.
④ （元）脱脱．金史·后妃传（下）（卷六十四）［M］．北京：中华书局，1975：1518.
⑤ （元）脱脱．金史·后妃传（下）（卷六十四）［M］．北京：中华书局，1975：1518.
⑥ （元）脱脱．金史·欢都传（卷六十八）［M］．北京：中华书局，1975：1591.
⑦ （元）脱脱．金史·世宗本纪（中）（卷七）［M］．北京：中华书局，1975：169.

之所以如此迅速地实施族际间通婚，无非要达到以下几个目的：其一，法律上予以认可，以达到安抚和监视所占的汉地。因此，《金史·兵制》记载："及其得志中国，自顾其宗族国人尚少，乃割土地、崇位号以假汉人，使为之效力而守之。猛安谋克杂厕汉地，听与契丹、汉人昏因以相固结。"① 其二，将族际间通婚作为其巩固统治的手段。世宗在大定二十一年（1181 年）就曾提出，各民族杂居，并下令派遣大兴尹完颜迪古，速迁河北东路两猛安，并明确指出迁移此处的目的是："欲令与女直户相错，安置久则自相姻亲，不生异意，此长久之利也。"② 在契丹人移剌窝斡起义后，金廷直接给契丹人下诏，"与女直人相为婚姻，亦汝等久安之计也"③。在民族矛盾比较尖锐的地区，金统治者更是把民族间通婚的方式作为缓和民族冲突的长久之计。其三，希冀以此缓解所辖汉人反金情绪。由于南宋时期权臣韩侂胄发动了开禧北伐，宋军的进攻激发了金境内汉人的抗金高潮。金章宗下诏"屯田军户与所居民为婚姻者听"④。以期达到缓解汉人反金情绪的目的。金代各民族间的通婚不仅在民众之间，而且在各族的贵族中也时有发生，甚至影响到皇帝的婚姻。金代皇帝的婚姻实行"一后多妃"制，皇后的册封非常严格，皇后只能从唐括氏、徒单氏、裴满氏、蒲察氏等世家大族中挑选，而嫔妃却没有严格的民族限制。

大规模的民族通婚既促进了民族大融合，也推动了婚姻习俗的变革，加快了金代女真婚姻习俗变迁的速度。为了适应民族间通婚的需要，参照汉族的婚姻制度和儒家礼制，将对婚俗的制约上升到法律层面加以约束。其主要表现：一是禁止同姓为婚。同姓不婚是一个非常古老的婚姻禁忌，其执行的理由无非就是从宗族、生理、伦常、利害这四个观念而提出来的，据赵翼《陔余丛考》考证，从周代开始的同姓不婚的限制，到春秋战国时期已经不执行了，汉代时同姓为婚的也比较少，而魏晋南北朝却破除了同姓不婚之禁，到了唐代又重申了同姓不婚的限制。同时，从唐代一直到明清，开始将同姓不婚写进了法律条文。金代女真人旧俗中没有同姓不

① （元）脱脱. 金史·兵志（卷四十四）[M]. 北京：中华书局，1975：991.
② （元）脱脱. 金史·兵志（卷四十四）[M]. 北京：中华书局，1975：995.
③ （元）脱脱. 金史·兵志（卷四十四）[M]. 北京：中华书局，1975：995.
④ （元）脱脱. 金史·章宗本纪（卷十）[M]. 北京：中华书局，1975：278.

婚的禁例，天辅元年（1117 年），在宁江州取得反辽胜利后，太祖下诏："自收宁江州已后同姓为婚者，杖而离之。"① 可见，这条法令的颁布是为了适应新占领区的民俗而发布的，并不适用于女真人。而金太宗在天会五年（1127 年）下诏颁布的"合苏馆诸部与新附人民，其在降附之后同姓为婚者，离之"②。表明"同姓不婚"这一法令开始推行到金王朝所有的统治区域，当然也适用于女真人，这也是女真人宗族观念和人伦观发展支配的结果，是维护本民族统治的一项有力措施。二是丧期禁嫁娶。中国古代礼制和法律禁止在祖父母、父母、夫或妻等近亲属去世后，服丧期间的嫁娶行为。金代也有类似的规定，金世宗大定十九年（1179 年）曾下诏："知情服内成亲者，虽自首仍依律坐之。"③ 但此项规定还不完善，到章宗时期制定了较详备的法律条文，即"定妻亡服内婚娶听离制"④、"定居祖父母丧婚娶听离法"⑤。这些按照儒家礼制所作的法律上的新规定，说明女真人正加速走向封建礼制的进程。三是律法明确革除抢婚的习俗，制定适合本朝的婚制。世宗大定十七年（1177 年）下诏禁止抢婚，"犯者以奸论"⑥。章宗则在明昌元年、承安五年、泰和五年，以法律的形式规定了本朝的婚聘礼制，无论皇室、贵族和平民的婚姻均遵循本朝新的婚制、婚礼。

可见，随着女真在政治、经济、文化的汉化和民族融合的进一步发展，金代婚姻制度逐渐淘汰了一些女真旧俗，基本上与中原传统的婚姻制度合流，但金朝毕竟是少数民族占统治地位的王朝，其婚姻制度中收继婚制的长期流行，一夫多妻制盛行，听任中表婚，以及女性在婚姻中地位低贱等问题的存在，又不可避免地带有深刻的民族习俗的烙印。

总之，婚姻作为人类社会发展的产物，是随着人类社会的产生而出现的一种重要的社会组织。伴随着婚姻的产生而出现的婚姻习俗的变迁，展示了民族群体的社会面貌、价值观等心理的发展态势，是人类的精神文化

---

① （元）脱脱．金史·太祖本纪（卷二）[M]．北京：中华书局，1975：30.
② （元）脱脱．金史·太宗本纪（卷三）[M]．北京：中华书局，1975：57.
③ （元）脱脱．金史·世宗本纪（卷七）[M]．北京：中华书局，1975：174.
④ （元）脱脱．金史·章宗本纪（卷十一）[M]．北京：中华书局，1975：253.
⑤ （元）脱脱．金史·章宗本纪（卷十一）[M]．北京：中华书局，1975：254.
⑥ （元）脱脱．金史·世宗本纪（卷七）[M]．北京：中华书局，1975：169.

财富。一定社会背景下形成的婚姻习俗文化受政治、伦理、宗教、社会心理等因素的影响而发生变化，因此，通过金代婚姻习俗的变迁轨迹，不仅可以看到女真的社会风俗文化，也能看到女真社会文化的变迁及文明发展程度。女真人独特的婚姻习俗，伴随着整个民族进入文明时代，其形式和内容都发生了根本性变化。由于受到高度发达的儒家文化的影响，女真人传统的婚姻制度也逐渐嬗变，使各民族在北方顺利地实现了大融合，为中华民族的发展融入了新鲜的血液。可以说，女真人及其他北方少数民族婚姻习俗的变迁演进过程，也正是中华民族不断发展壮大的过程。

三、蒙古人婚姻礼俗的变迁

与北方的游牧民族一样，蒙古族受族外群婚的影响，也盛行和保持着收继婚的婚姻礼俗，《元史·乌古孙良桢传》中提到，蒙古人的国俗就是"父死则妻其从母，兄弟死则收其妻"[1]；《史集》中也有蒙古人收继婚俗的记载，"成吉思汗死后，其妃木哥被窝阔台所娶"[2]；《元史·文宗本纪》也记有："浙东廉访使脱脱赤颜阿附权奸倒剌沙，其生母何氏本父之妾，而兄妻之。"[3] 而在《南村辍耕录》中有："中书平章阔阔歹之侧室高丽氏，有贤行，平章死，誓不贰适。正室子拜马朵儿赤说（悦）其色，欲妻之而不可得，乃以其父所有大答纳子献于太师伯颜。此物盖伯颜所属意者。伯颜喜，问所欲，遂白前事。伯颜特为奏闻，奉旨命拜马朵儿赤收继小母高丽氏。高丽氏夜与亲母逾垣而出，削发为尼。伯颜怒，以为故违圣旨，拜奏命省台洎侍正府官鞫问。"[4] 由此可见，元代蒙古人的收继婚十分频繁，几乎成了惯例，并受到统治阶级的支持。但是随着元朝的封建化程度逐步加深，部分蒙古人受儒学影响也对原始的收继婚礼俗产生了反对。对于各族人民的婚俗，元世祖至元八年（1271 年）规定："诸色人同类自

---

① （明）宋濂. 元史·乌古孙良桢传（卷一百八十七）［M］. 北京：中华书局，1976：4288.

② ［波斯］拉施特. 史集（第1卷第1分册）［M］. 余大钧，周建奇译. 北京：商务印书馆，1983：245.

③ （明）宋濂. 元史·文宗本纪（四）（卷三十五）［M］. 北京：中华书局，1976：786.

④ （元）陶宗仪. 南村辍耕录·高丽氏守节（卷十五）［M］. 北京：中华书局，1959：185.

相婚姻者，各从本俗法；递相婚姻者，以男为主，蒙古人不在此限。"① 表示尊重各族人民的自身婚俗，如果不同民族之间通婚，以男性的民族习俗为主，但是蒙古人不受此限制。而在元文宗时，对于收继婚做了进一步的规定："诸人非其本俗，敢有弟收其嫂，子收庶母者，坐罪。"② 严格了对于收继婚的民族限制，不是本民族旧有收继婚风俗的，禁止进行收继婚，但是此规定大都是针对汉人的，而蒙古人有此传统，故仍可收继。但是随着蒙古人受儒学影响的加深，也出现了拒绝收继的现象，"脱脱尼，雍吉刺氏，有色，善女工。年二十六，夫哈刺不花卒。前妻有二子皆壮，无妇，欲以本俗制收继之，脱脱尼以死自誓。二子复百计求遂，脱脱尼恚且骂曰：'汝禽兽行，欲妻母耶，若死何面目见汝父地下？'二子惭惧谢罪，乃析业而居。三十年以贞操闻。"③

北方游牧民族婚姻习俗的变迁是民族融合的一个突出表现，它反映出北方游牧民族社会生活逐渐汉化的内容。这些游牧民族通过吸收中原文化并有所发展，使其婚姻习俗的汉化因素具有一定的社会性和普遍性，其婚姻习俗中，不论是收继婚、同姓婚、抢掠婚还是世婚制都不同程度地受到中原文化的影响，而且逐渐形成整个社会约定俗成共同遵守的习惯法则。虽然社会性是民俗文化的基本特性，但婚姻是人际关系的基本形式，决定着社会组织形式，所以更凸显了它的社会性。

北方游牧民族婚姻习俗的汉化因素有着不可忽视的功用。一是具有"习惯法"功能。北方游牧民族婚姻习俗本身就带着约束本民族人的行为的性质，但随着其受汉化的影响，原有的婚姻习俗的价值取向也会发生变化。如典型的收继婚，进入中原后社会上的人慢慢接受汉人的伦理道德，开始抵抗这一婚俗。还有贞节观的强化，在北方少数民族还未进入中原时，其贞操节烈观念较轻，但随着北方游牧民族入主中原，受到中原文化贞节观念的影响，尤其是到一个朝代的中后期时，人们就会把这一观念作为评判道德规范的标准，成为社会行为的标尺。因此，北方游牧民族婚姻习俗中的中原文明因素具有"习惯法"的功能。二是"礼法"的功能。

---

① 陈高华等点校. 元典章（第二册）[M]. 天津：天津古籍出版社，2011：614-615.

② （明）宋濂. 元史·文宗本纪（三）（卷三十四）[M]. 北京：中华书局，1976：798.

③ （明）宋濂. 元史·烈女传（卷二百）[M]. 北京：中华书局，1976：4495-4496.

北方游牧民族的婚姻习俗中原农耕化过程也可以说是一个走向文明的过程。抢掠婚和偷婚逐渐被淡化乃至消失，可以说是从野蛮向文明的过渡，在游牧民族的意识里开始用伦理道德观念，来约束、规范人们的行为，游牧民族文明化的进程也由此而加快。所以从"礼"的方面来说，这些农耕文明的因素也同样起到了"礼法"的功能。

在探讨北方游牧民族走向农耕文明的过程中我们不难发现，这些民族都是吸收了中原先进文化，经过中原农耕文明影响后其原有的落后因素逐渐消失，从而走向文明。同时，步入文明门槛的这些游牧民族也逐渐丧失了其特性，在新文化面前无所适从，在彷徨中失掉了政权、断送了江山。可见，一个民族文化的继承与发展，其实最重要的是传承，只有革故鼎新，才能赋予本民族生机勃勃的生命力。

第四节　家庭财产继承的变迁

从婚姻的角度来看家庭财产的变迁，大致有两种情况，一是就女性而言，有妻从母家带来的财产、妻从母家承受的财产、寡妻享有的财产权。二是子女对家庭财产的继承。

一、契丹人家庭财产继承的变迁

契丹与其他游牧部族一样，除牲畜和其他家庭财产私有外，山林、牧场为部族共有。所以，契丹人早期的财产继承仅限于家庭私有的财产方面，但随着私有土地的出现，继承财产的范围也逐渐扩大。在契丹早期的社会中，女性在生产和生活中享有较高的地位，因此，女子与男子一样有继承父母财产的权利。张志勇先生在《契丹习惯法研究》一文中指出："从家庭的财产继承看，契丹早期家庭中女子和男子一样，都能分得同样份额的财产，辽政权建立后仍保留着这一习俗。"① 但因辽代史料缺乏，没有具体详细的记载，只能从皇族公主得到赐封的头下军州能够窥知辽代女

① 张志勇.契丹习惯法研究［J］.徐州师范大学学报（哲学社会科学版），2001（1）.

子享有的继承权。《辽史·地理志》记载："头下军州，皆诸王、外戚、大臣及诸部从征俘掠，或置生口，各团集建州县以居之。横帐诸王、国舅、公主许创立州城，自余不得建城郭。朝廷赐州县额。"① 在辽代头下军州中，"徽州，宣德军，节度。景宗女秦晋大长公主所建。媵臣万户，……节度使以下，皆公主府署。户一万。成州，长庆军，节度。圣宗女晋国长公主以上赐媵臣户置。……户四千。懿州，广顺军，节度。圣宗女燕国长公主以上赐媵臣户置"②。辽代在徽州、成州、懿州等地设立公主的头下军州，其中成州古城和懿州古城是圣宗女儿晋国长公主和燕国长公主的私城，这两座古城均位于今天的辽宁省，公主出嫁也有比较丰厚的嫁妆，如辽景宗时睿智皇后生的观音女，"下嫁北府宰相萧继先，皇后尤加爱，赐奴婢万口"③。但在辽代上门女婿则无权继承妻家的财产。从上述史料中我们可以看到，辽代的女性是有一定的财产继承权的。但随着社会的发展，尤其是受中原农耕文明礼教文化的影响，女子财产继承受到了限制。杨毓骧在《云南契丹后裔的宗族组织》一文中提道："云南契丹人的宗族财产，凡属个体家庭私有土地、屋宅、竹篷、牲畜、家禽、家具等，由诸子继承，平均分配，女儿无继承权。"④ 从这里我们可以看出，在身份、土地和其他财产方面，妇女都没有继承权，这虽然与契丹传统不符。但从侧面反映出契丹家庭财产继承在发展变迁的过程中受中原文化影响比较大。

二、女真人家庭财产继承的变迁

关于女真人家庭财产的继承，王可宾先生在《女真国俗》中提到，女真人建国前后的继承习俗，表现在婚姻、财产、世官和军事首长与皇位继承等各个方面。由于父系大家族的长期存在，其继承习俗，除父死子继这一基本形式外，也辅以兄终弟及的形式，这在军事首长和皇位的继承上，表现得最为明显。⑤

---

① （元）脱脱. 辽史·地理志（下）（卷三十七）[M]. 北京：中华书局，2016：506.
② （元）脱脱. 辽史·地理志（下）（卷三十七）[M]. 北京：中华书局，2016：507.
③ （元）脱脱. 辽史·公主表（下）（卷六十五）[M]. 北京：中华书局，2016：1107.
④ 杨毓骧. 云南契丹后裔的宗族组织 [J]. 北方文物，1998（4）.
⑤ 王可宾. 女真国俗 [M]. 长春：吉林大学出版社，1988：239.

通过前面对女真家庭财产继承的论述，我们可以知道，女真人家庭财产的继承主要表现在收继婚中的财产继承上，女真人收继婚出现的根本原因是为了使死者的财产不外流而全部保留在原有的大家族之内。但随着金朝社会的发展，中原农耕文明的思想文化尤其是礼制文化对女真人产生了很大的冲击，收继婚俗逐渐发生了变化。瞿同祖在《瞿同祖法学论著集》中指出："中国是一极端注重伦常的社会，亲属的妻妾与其夫家亲属之间的性关系是绝对不允许的。在她的丈夫生时而又犯奸的行为固需加重治罪，便是她的丈夫已死，也只能改嫁外姓而不能与夫家亲属结婚，否则是要按其夫与后娶者的亲属关系治罪的，即已成婚亦强制离异。"① 女真进入中原后，尤其是将辽和北宋灭亡后，俨然以中原"正统王朝"自居，并逐步接受了中原农耕文明对于家庭内部伦理纲常的观念，从而使收继婚的形式发生了变化，金世宗在大定九年（1169）就发布诏令："汉人、渤海人兄弟之妻，服阕归宗，以礼续婚者，听。"② 这就在形式上对收继婚加以限制，须等寡嫂和弟媳服丧期满归宗后，才能依礼续聘。另外，随着女真人贞节观念的不断加深，女性也会坚守贞节拒绝被收继。不能收继的女性其夫的财产只能由自己的子嗣继承，而不能由夫族的兄弟或兄弟之子继承。

三、蒙古人家庭财产继承的变迁

通过前面的论述，我们知道蒙古人早期的习俗是儿子成家后要离开父母分家单过，女儿到了成婚的年龄（一般是十五岁以上）就要出嫁。对于成家另过的儿子，父亲有义务分给他们财产。蒙古习惯中就有："幼子要继承父亲的家业，即继承炉灶，但也要给其他的儿子们分家财。"③ 这在《北方民族史与蒙古史译文集》中也有记述，即"拉德洛夫所指出的狩猎民的习惯——长子们分出去，幼子留在父亲身边直到父亲死去继承他的基本财产"④。这是蒙古人在游牧生活时代的主要家庭生活写照，但具体是如

① 瞿同祖. 瞿同祖法学论著集 [M]. 北京：中国政法大学出版社，1998：105.
② （元）脱脱. 金史·世宗本纪（上）（卷六）[M]. 北京：中华书局，1975：144.
③ 奇格. 古代蒙古法制史 [M]. 沈阳：辽宁人民出版社，1999：304.
④ [日]内田吟风等. 北方民族史与蒙古史译文集 [M]. 余大钧译. 昆明：云南人民出版社，2003：466.

何进行分配的在成文的蒙古法中并没有明确记载。而萧大亨在其《夷俗记》著作中载有如下内容:"夷人分析家产,大都厚于长子和幼子。如人有四子,伯与季各得其二,仲与叔各得其一。如女子已聘人而未嫁者,遇父母殁,亦得分其家产以归。若已嫁之女,不过微有所得耳。"① 这虽是记载明代蒙古人的家庭财产继承情况,但习俗的形成是由一定的时间积淀的,因此从这里我们可以看到,蒙古人家庭财产的继承在分配上倾向于长子和幼子,女子虽也有财产的继承份额,但相对较少。尤其是出嫁女获得更少,这也体现了在家产继承上男女地位是不同的。在奇格著的《古代蒙古法制史》中还提到如下几种情况:一是父母单独生活,他们死后由长子分其甲胄,幼子分其锅灶,这也是幼子继承其炉灶习俗的一种体现;二是子嗣较多之家,父母如和幼子一起生活,死后由幼子继承家产;三是诸子均分出去单独生活,父母的家产可由自己中意的孙子继承,并书写由孙子继承的文字证明材料,儿子们则无权继承。可见,蒙古人的家产继承方式与中原农耕文明有很大的不同。

另外,子孙们在取得父辈家庭财产的同时,在父母穷困弟妹尚未成家时应给予资助,并将其写入蒙古人的法典中。如《卫拉特法典》第三十四条明确规定:"父亲按照惯例分给儿子以家产,父亲贫困时,可从家畜中五头取一头。"② 已成家的儿子分家另过,父亲不再过问儿子的经济生活情况,儿子自主处理家庭的一切事宜。但在孩子们分家另过以后,如果父亲穷困无法过活时,孩子们如果有五头牲畜,父亲可以要其中之一头来资助自己的生活,这是蒙古人生活习俗中儿子应尽的义务。此外,1808年《豁里十一氏协约》对成家儿子的义务作了更具体的规定:"有众多儿子的父母,只给长子娶妻成了家,在还没有给其他儿子娶妻分给牲畜媵者(陪嫁物)时,其父母到了穷困境地,早先分给媵者的儿子(长子)要养父母兄弟,无论其父母健在还是死亡,不许以养父母为借口向兄弟们要财物,同

---

① (明)萧大亨著,崔春华校注.夷俗记校注·分家[M].沈阳:辽宁大学出版社,1987:5.

② 罗志平编.1640蒙古卫拉特法典[M].北京:中国社会科学院民族研究所历史室西北组(内部资料).1977:7.

时要给未成家的兄弟娶妻成家并分给牲畜。"① 这就说明，父亲给长子娶妻成家后，还没有来得及给其他孩子们娶妻成家就变得穷困，那么长子不仅有义务赡养父母兄弟，而且还要帮助其弟弟、妹妹成家，并给予牲畜等陪嫁物，这也是对家庭财产的一种变相的分配和继承方式。

关于成家的女性在财产继承方面也出现了变化。在早期的蒙古法中，后妻与正妻一样享有丈夫财产的权利。丈夫死后可以占有丈夫的财产来生活。② 关于这方面，《豁里十一氏 1223 年协约》大致记述了如下几种情况：一是，是否愿意与儿子共同占有丈夫的财产。夫妻二人共同生活，在丈夫死去，妻子可以和儿子共同占有其财产，也可以在经赛特③［赛特［sayid］蒙古语意为善人、正人。明代蒙古对非成吉思汗黄金家族出身的封建主的通称。往往具有太师、太保、知院、丞相、宰桑（宰相）等显要称号，掌握万户、鄂托克、爱马实权。答言罕（1474—1517）时剥夺了他们的领地，将其降为黄金家族之下的臣僚。在西蒙古瓦剌，赛特仍保持封建主的身份地位］同意，把财产留给儿子，自己回娘家，而丢下的儿子要由他的兄弟和赛特关照。二是，只有女儿没有儿子的妻子。只有女儿的妻子如果同意与丈夫的兄弟一起占有财产而居可以留下来，如果不同意，就得把财产留给丈夫的兄弟自己回娘家。三是，没有子女的妻子。如果愿意在丈夫的兄弟们的关照、帮助下占有财产而居的可以留下来，愿意返回娘家的也可以返回娘家。但同时规定，寡妇占有财产而居时，丈夫的兄弟和前妻的儿子不能反对和阻止，前妻的长子也不能收继她，在不损耗家庭财产的情况下准许与别人相好，如果损耗家庭财产，正妻之子和兄弟们有权把她赶回娘家。如与他人同居生子，此子无权继承财产。④ 这与以前蒙古人的收继婚俗相比发生很大的变化，女子在再婚和家庭财产继承方面有了很大的自主权。

在蒙古人的家庭观念中，无论正妻还是后妻都不被看作丈夫氏族之中的人，如果她们的丈夫死后，在不改嫁的条件下可以占有丈夫留下的遗

① 奇格. 古代蒙古法制史［M］. 沈阳：辽宁人民出版社，1999：305.
② 奇格. 古代蒙古法制史［M］. 沈阳：辽宁人民出版社，1999：307.
③ 薄音胡. 蒙古史词典（古代卷）［M］. 呼和浩特：内蒙古大学出版社，2010：517.
④ 奇格. 古代蒙古法制史［M］. 沈阳：辽宁人民出版社，1999：307.

产，如果改嫁必须把遗产留给丈夫的兄弟，这是蒙古法的根本原则。蒙古人的财产是属于本氏族的，不能带到其他氏族，这也是蒙古人一直流行收继婚的主要原因。即便是后妻的遗产也是由丈夫的兄弟继承，他人没有继承的权利。这主要是因为如果后妻改嫁，其亲生儿子和已经有女婿的姑娘要由丈夫的兄弟来抚养。但是，如果丈夫的兄弟或正妻之子强迫与后妻结婚，如两人不合适而必须离婚时，后妻就有权分取一半财产。"关于这种情况，1788 年的《布里亚特阿勒巴图平民事宜协商习惯法》规定：'把死了丈夫的妻子，丈夫的兄弟强迫给正妻之子，即使女人不愿意也要强迫结婚。事后赛特从男方确知其女方不愿意，已经回娘家，要征求他们两人的意见，如不合适，［准予离婚］财产各分一半'，这种男女双方各分财产一半，是有先决条件的，不管后妻是否同意，由鄂托克的诺颜强迫把她嫁给丈夫的兄弟或其正妻之子，结婚后两人不合，都愿意离婚，对此鄂托克的诺颜审查，如果是真的，才准予离婚，家庭财产各分一半。"①

　　蒙古法特别重视在氏族内的财产继承，妻子不是本氏族的人，因此无权继承丈夫的财产。丈夫的财产要由儿子继承，如无儿子其兄弟继承，如无兄弟由其族内亲属继承。其他外氏族的人包括寡居的妻子无权继承。萧大亨在《夷俗记·分家》中就记述了 17 世纪初明代蒙古社会仍然遗存的这种习俗。在家庭财产继承和寡妻再嫁方面，诺颜有很大的操控权。在古代蒙古人的习俗中，如果无子女的人死亡，他的财产要由亲属分取，他的妻要嫁给其他人。而诺颜参与进来，情况就会发生很大的变化，一是如果诺颜做主把寡妇嫁给了别人，寡妇和她的儿子一样平分一份牲畜。这在1709 年颁行的《喀尔喀法典》中有记载："把死了丈夫的妻子由诺颜［做主嫁］给了别人，女人有几个儿子，与后嫁的男人［一起］，每人平分牲畜后，儿子们出去另过［日子］。"二是如果没有诺颜准许［自己做主另嫁，不许平分牲畜］，拿着鞭子走人。这主要是因为寡妻的娘家及子女没有关照、抚养她的义务。因此，1808 年《豁里十一氏协约》规定："谁娶走兄弟的寡妇妻子后［后来又］离婚，生儿子归父亲，生女儿归母亲。"与丈夫的兄弟结婚的寡妇妻子生子，归父亲。这是因为，寡妇妻子和后嫁

---

① 奇格. 古代蒙古法制史 ［M］. 沈阳：辽宁人民出版社，1999：308.

男人所生之子，是孩子的伯父或叔父，他们之间有血缘关系。如果到了离婚的时候，其后嫁男人不分牲畜，只要儿子，如生女儿给其母亲。这也是保存本族血脉不外流的一种方式。

第三章

北方游牧民族婚姻习俗与女性

婚姻由男女关系构成，婚姻问题与女性问题有密切的关系。女性作为"半边天"，在古代社会生活中是非常重要的。中国古代农耕民族的女性在传统"重男轻女"观念和各种规范的限制下，她们的地位相对低下，在婚姻中对父兄及丈夫的依赖性比较强，自主独立改变自己婚姻状况的可能性较小，有时往往成为政治利益和家族利益的牺牲品。北方游牧民族女性在婚姻中所受束缚相对较小，在中原传统文化的影响下，伦理及贞节观念增强，在婚姻中依然是处于劣势的行为主体。

第一节　契丹和亲外交中的公主

契丹是鲜卑族的一部，自北魏时始有此称号。从北朝到隋代，契丹分为八部，曾因为受到柔然和突厥的侵逼而几度"内附"于中国。但契丹人的活动区域一直在潢水（今西拉木伦河）和土河（今老哈河）流域一带。在唐帝国统治前期（617—735），契丹族众逐渐壮大，由以前的八部而改分为十部，其部族最大者为大贺氏且部族的酋长一直由大贺氏担任。此时期的契丹面对唐与突厥两大帝国政权，经常依违于两者之间，忽此忽彼叛服无常，其制定的与唐政权的和亲外交政策也依自己实力消长而变化。当其实力弱小时，其外交和亲政策基本是处于主动请求和亲而被动接受和亲的境遇。

一、被动接纳他族和亲公主

隋末唐初的契丹与同时代的中原王朝相比较，其早期活动区域的自然生态环境比较恶劣，风沙漫天，天寒地冻。即使到了辽穆宗时期，其居住环境依然如此。在《胡峤陷虏记》中就有相关的记载，胡峤自幽州西北经居庸关进入契丹控扼之地时，沿途所见是"黄云白草，不可穷极，……时七月，寒如深冬"①。不仅如此，隋末唐初的契丹社会发展水平也比较低，处于较落后的部落氏族阶段，其经济发展速度、文化水平与中原农业民族相比较都存在很大的差距，使得边疆许多少数民族政权畏惧中原强大王朝的威势，特别是在唐帝国时期表现得更为突出。对于一个处于唐和突厥两大强权下的契丹小部族而言，为了能够生存下去，不得不采取灵活的"叛降"策略，而中原王朝为了制服契丹等小部族，也通过战争讨伐、下嫁和亲公主等方式，达到既拉拢了这些小的部族又孤立强大的突厥政权的目的。

唐帝国通过下嫁和亲公主，将中原王朝的结婚礼仪如纳采、问名、纳吉等传播出去，被少数民族接受并内化为本民族的特色婚仪。唐帝国也通过和亲公主的下嫁把中原皇帝的恩宠施与周边诸政权，这种和亲外交使中原文化融入诸多少数民族文化之中。早在唐高祖李渊及唐太宗时期，契丹为了摆脱突厥的威逼而依附于唐朝。唐政权没有把契丹当作与突厥进行政治交换的棋子，这种大局意识使契丹首领窟哥做出率领部众悉归附于唐的决定。唐太宗时设立了松漠都督府，安置和管理契丹大小官员，并赐酋长李姓，使双方在这个时期存续了长达 30 年的友好关系。但窟哥死后，由于契丹内部出现了政治上的纷争，契丹与唐王朝在外交上也因战争而出现了决裂，实力衰弱而不能自立的契丹，"遂依附突厥"②。契丹依附突厥后并没有得到自己想要的好处，相反得到的是"常受其役使"③ 的对待，上

---

① 赵永春辑注. 奉使辽金行程录 [（宋）佚名. 胡峤陷虏记] [M]. 北京：商务印书馆，2017：8.
② （宋）欧阳修、宋祁撰. 新唐书（卷二百一十九） [M]. 北京：中华书局，1975：6170.
③ （宋）欧阳修、宋祁撰. 新唐书（卷一百九十四） [M]. 北京：中华书局，1975：5172.

上下下备受突厥的虐待。唐玄宗开元二年（714年），契丹首领李失活不堪突厥的统治再次归附唐朝，被玄宗封为松漠郡王。正是因为契丹的外交政策反复无常，对突厥及唐政权都是若即若离，决定了其与唐朝的和亲具有很大的复杂性和不确定性。

契丹对于唐和亲公主下嫁礼遇如何，往往是结合自己的实力发展情况而定，大概分两个立场。其一，契丹可汗接受唐的和亲公主的下嫁是为了保障自己的地位，也就是接受唐朝施与契丹的恩宠。这主要体现在唐永乐公主下嫁契丹首领李失活及其从父弟李娑固，这是契丹第一次接受唐帝国的和亲，契丹首领对此也非常重视，使双方的友好关系达到了高峰，并为后继的契丹首领所效仿，出现了唐玄宗时期燕郡公主、东华公主、静乐公主三位公主下嫁契丹首领的盛况。而盛况之下却隐藏着危机，使契丹对唐朝和亲政策出现转折，特别是安史之乱的爆发，契丹对唐朝和亲公主的态度已不再认为是唐朝给予自己的恩惠，而是将和亲公主看作放在契丹掣肘自己发展的累赘。唐王朝因"安史之乱"渐趋衰弱，虽在燕郡公主时契丹与唐朝还处于表面比较友好的状态，但从东华公主开始唐与契丹的关系由于"可突事件"[1]，而陷入长达五年之久的战争，双方关系降到冰点。"安禄山欲以边功市宠，数侵掠奚、契丹；奚、契丹各杀公主以叛"[2]，进而出现了中国和亲史上罕见的诛杀和亲公主而叛唐事件。

二、主动接受和亲外交公主

公元906年契丹建立政权后，其和亲外交政策逐渐发生了变化，五代十国时期，与朱温的"和亲外交"是其和亲外交由被动转为主动的分水岭；随着契丹实力的不断壮大，与西夏的和亲是其居于主导地位的和亲外交；而其与高丽、大食的和亲则是其外交政策的进一步延伸。辽政权建立恰逢五代十国时期，五代中居于北方的两个宿敌朱温和李克用均想称霸北方，积极寻找能助力自己的外界力量，而此时契丹的崛起，特别是阿保机进攻女真，攻略蓟北"俘获以还"[3]；巧妙地击败室韦；出兵刘仁恭"尽徙

---

① （宋）王钦若. 册府元龟［M］. 北京：中华书局，1960：11585.
② （宋）司马光. 资治通鉴（卷二百一十五）［M］. 北京：中华书局，1956：6868.
③ （元）脱脱. 辽史·太祖本纪（上）（卷一）［M］. 北京：中华书局，2016：2.

其民以归"①，所表现的政治、军事、外交才能被朱温、李克用所折服，成为二者竞相争夺结交的对象。

李克用为遏制朱温称帝，于905年向阿保机"乞盟"结为兄弟，并约定共同对朱温用兵。朱温也不失时机地"遣人浮海奉书币、衣带、珍玩来聘",② 希冀通过和亲、册封等方式拉拢阿保机与其联合灭晋。而阿保机却游走于两者之间，既与李克用结盟又与朱温结为"舅甥之国"③。在中国古代史料中有这样的记载："回鹘，其先匈奴之种也……唐天宝中，安禄山犯阙，有助国讨贼之功，累朝尚主……其后时通中国，世以中国为舅。朝廷每赐书诏，亦常以甥呼之"④;"回鹘，为唐患尤甚，其国地、君世、物俗，见于唐著矣。唐尝以女妻之，故其世以中国为舅"⑤;"回鹘本匈奴之别裔，历梁、后唐、晋、汉、周、皆遣使朝贡……先是，唐朝继以公主下嫁，故回鹘世称中朝为舅，中朝每赐答诏亦曰外甥。五代之后皆因之。"⑥以上史料中均有舅甥之国称谓的，双方均有比较明确的婚姻关系。虽然没有具体史料记载契丹与后梁的和亲之约，也没有记载哪个后梁公主下嫁到契丹，但双方"舅甥之国"的称谓就说明双方和亲意愿还是比较明显的。后梁为了能在军事上占有更主动的地位，约契丹"共举兵灭晋，然后册封为舅甥之国"。契丹的主要意图通过自己的外交策略来左右朱温和李克用，借此引起双方的敌对和仇杀，以期消耗两方力量达到自我发展壮大的目的。由于阿保机没有履行诺言，直到朱温去世，双方的和亲也没有成功，但阿保机以和亲为外交手段，牵制了后梁，壮大了自己的军事实力，这是契丹和亲外交由唐代的被动外交逐渐走向主动和亲外交的分水岭。

三、政治结盟与和亲公主

利用温情脉脉的婚姻为冷峻的现实利益服务，这在任何时代、任何社

---

① （元）脱脱.辽史·太祖本纪（上）（卷一）[M].北京：中华书局，2016：2.
② （元）脱脱.辽史·太祖本纪（上）（卷一）[M].北京：中华书局，2016：2.
③ （宋）欧阳修.新五代史（卷七十二）[M].北京：中华书局，1974：887.
④ （宋）薛居正.旧五代史卷（卷一百三十八）[M].北京：中华书局，1976：1841.
⑤ （宋）欧阳修.新五代史（卷七十四）[M].北京：中华书局，1974：916.
⑥ （元）脱脱.宋史（卷四百九十）[M].北京：中华书局，1977：14114.

会都是司空见惯的。① 的确，中国古代的统治者，早在先秦时期就开始用"和亲"策略以达到取人之国、依大国图存、结交军事同盟的目的。特别是汉代，和亲成为中原政权与少数民族政权重要的外交手段，是汉族和少数民族以及少数民族之间相互利用的一种政治外交工具，其实质正如翦伯赞先生所说："把女人当作历史的弹簧，但是哪里需要装上这种弹簧，以及在怎样的情况下才使用这根弹簧，都不是任意的，而是决定于当时具体的历史情况"②，这就是和亲政策的实质。契丹王朝积极寻求盟友牵制劲敌的和亲策略，在与西夏的和亲上体现得更为突出。学界也有这方面一些相关论文，如《略论辽夏"和亲"与辽夏关系的变化》③《略论西夏与周边民族的联姻》④《西夏的和亲政策》⑤《西夏与辽和亲的原因及影响》⑥ 等，辽在历史上真正意义上的和亲共有 8 次。⑦ 其中，与西夏和亲 3 次。这对辽夏关系的发展以及当时的政治格局都产生了很大的影响。

960 年北宋建立后，制定了"先南后北，先易后难"的统一策略，结束了五代十国的分裂割据局面，灭掉北汉完成了内地的统一，但随之也出现了新的政治格局。北汉介于辽与北宋政权之间，且依附于辽，是辽阻御北宋的挡箭牌。北汉的灭亡使辽政权开始直接与北宋对峙。为了分散和牵制北宋的军事力量，辽急需寻求新的盟友，恰逢李继迁不愿受制于北宋而出逃，为辽提供了有利的契机。李继迁率部分族人的出逃招致了北宋的攻击，"继迁见诸部溃散，谋于众曰：'吾不能克复旧业，致兹丧败，兵单力弱，势不得安，北方耶律氏方强，吾将假其援助以为后图。'"⑧ 契丹不失时机地抓住了李继迁送来的这个好机会，给予"假其援助"，达到了以对方力量牵制宋军的目的，双方结成军事同盟。

---

① 李晓. 西夏的和亲政策 [J]. 文史哲，1996 (3).
② 翦伯赞. 历史论文选集 [M]. 北京：人民出版社，1982：462.
③ 张国庆. 略论辽夏"和亲"与辽夏关系的变化 [J]. 史学月刊，1988 (5).
④ 孟楠. 略论西夏与周边民族的联姻 [J]. 民族研究，1998 (6).
⑤ 李晓. 西夏的和亲政策 [J]. 文史哲，1996 (3).
⑥ 蒋之敏. 西夏与辽和亲的原因及影响 [J]. 天府新论，2008 (12).
⑦ 崔明德. 中国古代和亲史 [M]. 北京：人民出版社，2005：360.
⑧ （清）吴广成撰，龚世俊、胡玉冰、陈广恩、许怀然校证. 西夏书事校证 [M]. 兰州：甘肃文化出版社，1995：47.

辽夏结盟后不久，李继迁为得到契丹政权更大的支持，以巩固自己在部族中的地位和威望，向契丹提出"愿婚大国，永为藩辅"①的要求，完成了辽夏历史上的第一次和亲。我们知道，和亲是双方的事情，辽与西夏的和亲都有自己各自的意图，就辽而言，北汉灭亡后，辽不可避免地与北宋形成了直接的对峙局面，辽急需扶植新的军事力量来牵制北宋，特别是辽与宋在泰州交战失利后，通过和亲使西夏"牵制宋兵"显得更为重要和迫切。统和七年（989年）辽以"王子帐耶律襄之女封义成公主，下嫁李继迁"②。辽夏的首次和亲，促进了双方同盟关系的巩固和发展，李继迁借助契丹的实力在西夏各部族的政治威望与号召力得到迅速提升，加之辽加封李继迁夏国王的封号，进一步提升了夏政权的政治声望，使辽政权达到其外交战略的目的，辽、夏、北宋三足鼎立的局面迅速形成。

辽统和二十二年（1004年）李继迁去世，其子李德明继承西夏王位。李德明继位之初尚能继承其父李继迁的对辽方针，维护辽夏之间的同盟友好关系。对于辽的册封、赏赐、特谕都是恪遵谨守，未敢有违。为了更好地维护辽夏同盟，辽政权再次同意李元昊的"和亲"请求，辽兴宗"册封一宗族女子为'兴平公主'……下嫁夏国王李德昭（明）子元昊。以元昊为夏国公、驸马都尉"③。实现了辽夏之间的第二次和亲。辽再次远嫁公主与西夏和亲，依然想借联姻维护盟好，继续推行以夏制宋的目的。李元昊时期是西夏最为强盛的时期，元昊虽在继位初期依然延续祖父辈的依附辽政权的政策，但狂妄不羁的李元昊也逐渐不能容忍辽朝君臣居高临下的心态。元昊假借迎亲之名，在辽境兴州之北屯兵数万；搅动并支持辽西部边境的岱尔族、党项族反叛；特别是兴平公主嫁到西夏又遭到元昊的冷遇，仅七年就去世。尽管辽朝很难调查清楚兴平公主的死因，但这一事件成了北宋挑拨辽与西夏关系极好的口实。④ 元昊策动的这一系列事件让兴宗大怒，兴兵伐夏，辽夏的第二次和亲使双方的盟好关系降到了冰点，双

① （清）李有棠．辽史纪事本末（卷二十五）[M]．北京：中华书局，1983：476.
② （元）脱脱．辽史·二国外记·西夏（卷一百一十五）[M]．北京：中华书局，2016：1677.
③ （元）脱脱．辽史·兴宗本纪（一）（卷十八）[M]．北京：中华书局，2016：241.
④ （宋）李焘．续资治通鉴长编（卷一百七十七）[M]．北京：中华书局，1985：4282.

方关系彻底破裂。

辽夏的第三次和亲，即辽成安公主出嫁，是西夏多次向辽求婚的结果。乾统五年（1105 年）三月，天祚帝"以族女南仙封成安公主，下嫁夏国王李乾顺"①，完成了辽夏第三次"和亲"。辽夏第三次"和亲"，使辽夏的盟好关系在尽释前嫌的前提下，再度恢复到了"热恋"状态。以至后期出现了在宋夏战争中，辽尽力偏祖西夏，并因西夏派使节出使北宋，"辽复枢密副使萧良入朝（北宋），言朝廷出兵侵夏，今大辽以帝妹嫁夏国主，请早退兵，还所侵地"②，并得到宋徽宗"先帝已画封疆，今不复议若自崇宁以来侵地，可与之"③的答复。而西夏在双方第三次和亲后，不但多次遣使出使辽朝以示盟好，而且在金辽对决的过程中多次出兵助辽，虽未能挽救辽王朝灭亡的命运，但也昭示了辽夏第三次和亲后的盟好关系，也是辽朝对外和亲策略的成功范例。

四、对外策略中的和亲公主

辽、西夏、北宋对峙时期，辽在当时世界的影响力远超北宋和西夏。辽朝的和亲政策不仅体现在与周边少数民族的和亲，而且开启了中国王朝与外国和亲的先河。

辽与高丽相为终始二百余年，辽太祖、太宗时期高丽不断向辽朝进贡，双方的关系比较友好稳定。辽灭渤海后，高丽与辽为邻，使高丽深感契丹的威胁，曾试图联合后晋对抗契丹，提出"渤海，我婚姻也，其王为契丹所虏，请与朝廷共击取之"④ 的建议，但很快遭到后晋石敬瑭的拒绝。高丽在国危兵弱之时，备感契丹威胁的严重，特别是大批渤海遗民逃入高丽境内，高丽统治者对其采取优待措施，无形中是对辽朝境内渤海遗民不断爆发反抗斗争的鼓励和支持，进而激怒了辽朝统治者，加剧了辽与高丽关系的不睦。辽圣宗即位后，双方关系开始恶化，辽统和三年（985 年），

① （元）脱脱．辽史·天祚帝本纪（一）（卷二十七）[M]．北京：中华书局，2016：360.

② （宋）叶隆礼．契丹国志 [M]．上海：上海古籍出版社，1985：99.

③ （宋）叶隆礼．契丹国志 [M]．上海：上海古籍出版社，1985：100.

④ （宋）司马光．资治通鉴（卷二百八十五）[M]．北京：中华书局，1956：9298.

辽圣宗下诏"诸道各完戎器，以备东征高丽"①，但由于遇到辽东的沼泽之地，罢兵回师。辽统和十年（992年），辽圣宗再次"以东京留守萧恒德伐高丽"②，并取得了辉煌的战果，高丽国王王治"奉表请罪""乞为婚姻"③，辽政权出于对高丽的笼络、安抚以稳定朝鲜半岛，对付女真、党项的反叛，特别是达到以高丽牵制女真的目的，同意和亲。并将在高丽战争中战功显赫的萧恒德之女嫁给了高丽王，其对高丽强大的震慑力是可想而知的。辽的和亲外交政策，使双方关系非常友好，高丽彻底屈服于辽，并遣使向辽进献了本国地理图。辽政权的政治影响力延伸到了朝鲜半岛。

　　强大的辽王朝的政治影响力不仅波及东亚，而且影响到了中东。大食早在唐代就与中国有比较频繁的贸易往来，在当时中国的许多重要的商业城市如长安、洛阳、扬州、泉州、广州等地都有大量的阿拉伯商人，大食都城作为当时比较重要的世界贸易中心，非常看重辽政权这个东亚地区的强国，辽政权也希冀通过与大食的友好关系加强与西亚各国的经济文化交流。《辽史·圣宗纪七》记载了辽与大食的往来，"开泰九年（1020年），大食遣使进象及方物，为子册割请婚"，"太平元年（1021年），大食国王复遣使请婚"。大食频繁地请婚和亲，足以说明辽政权在当时的影响。辽政权很快就"封王子班郎君胡思里女可老为公主，嫁之"④。可见，辽还是非常重视这次和亲的，双方都希望通过和亲建立友好的经贸关系。

　　总之，契丹政权依据自己的发展实力，通过与中原王朝的和亲，与少数民族政权的和亲，与藩国、外国的和亲，构建出一条为寻求庇佑被动接受和亲，到利用有利时机走向主动的和亲，并利用和亲建立巩固的军事同盟牵制劲敌，最后到通过和亲建立与外国的经贸关系的独具特色的灵活的和亲外交，这一和亲策略中，契丹公主发挥了重要作用，做出了巨大的牺牲，和亲外交的构建对于巩固契丹政权、扩大契丹政权的影响力起到的作

① （元）脱脱. 辽史·二国外记·高丽（卷一百一十五）［M］. 北京：中华书局，2016：1671.

② （元）脱脱. 辽史·二国外记·高丽（卷一百一十五）［M］. 北京：中华书局，2016：1671.

③ （元）脱脱. 辽史·二国外记·高丽（卷一百一十五）［M］. 北京：中华书局，2016：1672.

④ （元）脱脱. 辽史·圣宗本纪（七）（卷十六）［M］. 北京：中华书局，2016：211.

用不可小觑。

第二节 女真人贞节观下的女性

贞操节烈观念并非伴随人类的出现而产生，而是人类社会发展到一定阶段的产物，是随着一夫一妻制的产生及父权制地位的逐渐确立而出现的。贞操节烈观念的本意是指人的坚贞不屈、守节不移的气节，后来才逐渐发展成为对女子实行单方面性禁锢的一种社会观念。这种束缚中国女性的封建思想观念，在中原农耕地区人们的头脑中已经根深蒂固。并随着封建专制统治的加强而不断加深，对女性的摧残和束缚也更为残忍，中国女性被其约束了几千年。在此观念的支配下，对女子贞操节烈做出了如下规定："女子品行端正，未嫁而能自守，谓之贞；已嫁从一而终，夫死而不再醮，谓之节；以死抗拒性强暴或夫死殉身，谓之烈。"① 可见，在中国封建社会两性关系中的贞节观念，向来都是对女性实施单方面的要求，这是男权主义的集中体现。圣人们也曾指出："唯女子与小人难养也。"所以，在人们的头脑中就逐渐形成了"饿死事极小，失节事极大"的贞节观念。这样，在中国数千年的历史演变发展中，烈女、节妇层出不穷，人数蔚为壮观。

这种贞节观念对一个 12 世纪才建立金政权并活跃在历史舞台的女真人而言原本是非常陌生的，但在女真南下占领中原以后，特别是随着与中原农耕民族以及其他民族接触日益频繁，受中原儒家文化的影响，农耕传统文化中依靠贞操节烈观念对女性的行为进行约束的思想，也渐渐地渗透到女真人的日常婚姻生活中，并逐渐发挥其约束性的作用。

一、中原农耕民族贞节观念的演变

从中原农耕民族贞节观念的发展来看，大体上经历了如下几个发展阶段。一是贞节观萌芽的先秦时期。这一时期虽在史料文献中已有"贞女"

---

① 唐玉萍. 辽代妇女贞节观淡化微议［J］. 昭乌达蒙族师专学报，1996（4）.

的记载，但对女性的束缚相对较小。统治阶级为了增强国力和增加国家财政收入，需要庞大的人口基数，因此，国家对社会成员婚姻缔结的年龄及寡妇再嫁都非常重视。女性婚前享受一定程度的性自由。① 这对女性的婚姻生活而言可以说是一个"春光明媚"的黄金时期。二是贞节观发展的秦汉时期。随着封建统治的加强，统治者为了维护君权、父权、夫权，积极倡导女性的贞节观，并将其纳入君主的诏令和褒奖的范围之内。如秦始皇在会稽山刻石倡帜贞操；汉宣帝下诏首次褒奖贞顺；东汉安帝时有旌表贞节表彰节妇之举；再加上此时文人刘向的《列女传》和班昭的《女戒》等著述的出现，从上到下逐渐规范了女性贞操的基本原则，并逐步渗透到人们的思想中，女性渐渐被束缚在"夫有再娶之义，妇无二适之文""终不更一"之中。在秦汉时期既有统治阶级倡导，又有文人著述和言论的相佐，贞操节烈观念应该是深入人心了。但习俗是逐步形成的，而非一蹴而就的。通过分析两汉的社会习俗我们可以看到，两汉已婚离异或守寡，既有人愿娶，也无人制止。像朱买臣之妻离婚再嫁，仍带有一定的普遍性。可见，统治阶级所倡导的贞操节烈的观念对当时并没造成决定性的影响。三是贞节观念松弛的魏晋南北朝时期和隋唐时期。由于政治上的分裂，在门阀氏族阶层内部，力求破除贞节观的约束。这虽是上流社会的呼声，但从侧面反衬出社会对贞节观的淡漠。隋唐时期，由于经济发达、政治开明，在社会各阶层则普遍出现贞节观淡漠的趋势。上至公主下到普通百姓，离婚再嫁或三嫁、四嫁的比比皆是。魏晋南北朝和隋唐这两个时期可以说是中国古代女性贞节观比较松弛的阶段。四是贞节观高涨的宋元明清时期，占统治地位的哲学思想是理学，他们提出了"存天理，灭人欲"的理欲观，把封建等级制度说成是天经地义，"三纲五常"是"天理"。自宋代理学兴起至鸦片战争前后，理学使中国妇女进一步沦入了地狱深层。② 宋以后，中原地区贞节观的思想对女性的束缚越来越大，并逐渐渗透到渐趋强大起来的女真人。

---

① 刘士圣. 中国古代妇女史［M］. 青岛：青岛出版社，1991：376.
② 刘士圣. 中国古代妇女史［M］. 青岛：青岛出版社，1991：379.

二、女真人淡漠的贞节观

金代的女真人开始活跃在历史舞台上，特别是女真人南下占领中原以后，与中原农耕民族以及其他民族接触日益频繁，受儒家文化的影响越来越深，其中原农耕女性的贞节观念也渐渐地渗透到女真人的生活中，并逐渐发挥着约束女性婚姻的作用。

女真作为通古斯族系①的一个组成部分，与通古斯族系其他成员一样，长期以游牧渔猎为生，无论男女都参与劳动，因此男女之间的地位相对而言是平等的，有时女性的地位还要略高于男子，这与以农耕为主的中原地区男性占主导地位，妇女依附于男子是不同的。这在女真族比较流行的隶役婚婚俗中就有所体现。从这一习俗来看，对女性婚姻上的束缚比较小，《松漠纪闻》就有"既成昏，留妇氏执仆隶役，虽行酒进食，皆躬亲之，三年，然后以妇归"②这样的记载。夫婿要留在妇家执仆隶役三年，以补偿女方家女儿出嫁的损失。③可见，隶役婚的婚姻主动权在女性手中，自然就没有贞节的束缚。

另外，在女真传统放偷日的节日习俗中，也有对女性的束缚较少的史料记载。《虏廷事实·放偷》载，女真把每年的正月十六日定为放偷日，"俗以为常，官亦不能禁"。那天夜里，既偷财物："人家若不畏谨，则衣裳、器用、鞍马、车乘之属，为人窃去。"两三天后，"主人知其所在，则以酒食钱物赎之，方得原物"。又劫闺女："室女随其家出游，或家在僻静处，为男子劫持去。"一月后，男子"方告其父母，以财礼聘之"。这往往并不是劫，而是自由结合，并早已私定终身。④这些节日习俗的记载就是当时女性的贞节观比较淡薄的最好例证。至于女真的中下层百姓，在选择

---

① 高凯军. 通古斯族系的兴起［M］. 北京：中华书局，2006：13. 他认为通古斯是一个相沿发展的民族系统。包括先秦时期的肃慎，汉晋时期的挹娄，南北朝时期的勿吉，隋唐时期的靺鞨，辽宋时期的女真，明末及其以后的满、鄂温克、鄂伦春、赫哲等不同时期的部落集团或民族。

② 洪皓. 松漠纪闻［M］（《长白丛书》吉林师范学院古籍研究所，李澍田主编）. 长春：吉林文史出版社，1986：29.

③ 王可宾. 女真国俗［M］. 长春：吉林大学出版社，1988：19.

④ 朱瑞熙. 宋辽西夏金社会生活史［M］. 北京：中国社会科学出版社，2005：150.

配偶乃至婚恋形式时也较为自由。《三朝北盟会编》卷 3 引《女真传》载，年届婚龄的女真女子"行歌于途。其歌也，乃自叙家世、妇工容色，以仲求侣之意。听者有求娶欲纳之者，即携而归，其后方具礼，借女来家，以告父母"。① 这也是中原农耕民族女性的贞节观念还没有渗透到女真人的生活中的真实写照。

而在女真的固俗中，还存在一些特殊的婚姻现象，诸如子继庶母婚、弟继寡嫂婚等。这也就是我们常说的"接续婚"。收继婚或转房婚的基本形式是，一个家族娶来的女人，在其丈夫死了以后，她要在家族内转房，由另一男性族人接续收继。即在《三朝北盟会编·政宣上帙》中所记载的"父死则妻其母，兄死则妻其嫂，叔伯死则侄亦如之，故无论贵贱，人有数妻"②。《金史》卷六十四《睿宗贞懿皇后传》也记有："旧俗，妇女寡居，宗族接续之。"③《金史》卷六十五《辈鲁传》有："韩国公前死，所谓肃宗纳劾者之妻加古氏者是也。肃宗颇刺淑，劾者同母弟，韩国公劾者死，颇刺淑纳其嫂加古氏。"④《金史》卷七十三《宗雄传》有："宗干纳宗雄妻"。⑤ 在这里宗干纳宗雄妻，应该是天辅六年（1122 年）宗雄死后的事。宗干为太祖阿骨打庶长子，宗雄为康宗乌雅束嫡子，他们是从兄弟的关系。《金史》卷四《熙宗纪》记有："皇统九年（1149 年）十月乙丑，杀北京留守阼王元及弟安武军节度使查刺，左卫将军特思。""十一月癸未，杀皇后裴满氏，召阼王元妃撒卯入宫。"⑥ 阼王元，本名常胜，与熙宗同为宗峻子，这是兄纳其弟妻。《金史》卷一百二十《徒单恭传》记有："徒单恭本名斜也，斜也兄定哥尚太祖长女兀鲁。定哥死，斜也强纳兀鲁为室。"⑦ 这是弟强纳其嫂，大约亦发生在海陵初年。《大金国志》卷三《婚姻》条也有相同的接续婚的记载。《建炎以来系年要录》卷九十，绍

① （宋）徐梦莘．三朝北盟会编（卷三）·政宣上帙［M］．上海：上海古籍出版社，2008. 18. 17.
② （宋）徐梦莘．三朝北盟会编（卷三）·政宣上帙［M］．上海：上海古籍出版社，2008. 18. 17.
③ （元）脱脱．金史·后妃列传（下）（卷六十四）［M］．北京：中华书局，1975：1518.
④ （元）脱脱．金史·辈鲁传（卷六十五）［M］．北京：中华书局，1975：1538.
⑤ （元）脱脱．金史·宗雄传（卷七十三）［M］．北京：中华书局，1975：1681.
⑥ （元）脱脱．金史·熙宗本纪（卷四）［M］．北京：中华书局，1975：86.
⑦ （元）脱脱．金史·徒单恭传（卷一百二十）［M］．北京：中华书局，1975：2616.

兴五年（天会十三年，1135 年）夏，"宗辅寻入见金主卒于路。宗弼自成
所赴其丧，取宗辅之妻张氏以归"。① 宗弼与宗辅皆太祖之子，为同父异母
兄弟。从以上史料的记载可以看出，接续婚在女真婚俗中占有相当重要的
地位，而这种婚俗的普遍存在恰恰表明在女真人的生活中，贞操节烈的观
念比较淡薄。虽然接续婚有继承家族财产防止家族财产外流的本意，但也
说明这种婚俗的盛行与女真人贞节观的淡薄是有关系的。而这种婚俗对中
原农耕民族的妇女"夫死从子（而非嫁子）""夫死不再醮""终身守节"
的封建妇礼来说是大逆不道的。依儒家伦理，子收继庶母的婚俗是不可理
解的，是乱伦。可见，女真人当时的贞节观是很淡薄的，可以说几乎没有
贞节的观念。

三、女真渐趋形成的贞节观

随着女真社会的发展，女真"生子年长即异居"② 的生活习俗使女真
大家族逐渐分裂成小家庭，在婚姻关系上出现了建立在丈夫统治之上的一
夫一妻制婚姻。这样，社会就从母权制转向了父权制。女性的社会地位开
始屈从于男性。随着女真势力的不断发展壮大，女真建立了金政权，开始注
重学习中原农耕民族的传统文化。金建立之初的太祖时期，与辽作战中攻克
辽中京，太祖时就曾下诏令"所得礼乐图书文籍，并先次津发赴阙"。③ 同
时，积极接纳辽国士人为己所用。太祖、太宗两朝在政权治理方面还有意
识地借鉴辽、宋礼法制度，改造女真社会。太祖的三个孙子，即后来的熙
宗、海陵王和世宗，都受过系统的儒学教育，称帝后都不遗余力地推行汉
化政策。特别是金世宗，创立女真策论进士科，令猛安谋克子弟赴试；设
立译经所，用女真文字系统地翻译汉文经典文献，并说："朕所以令译
《五经》者，正欲女真人知仁义道德所在耳！"（《金史·世宗本纪下》)④
正是由于这些汉化政策推行，以及各个民族的融合，对中原农耕民族女性

① （宋）李心传. 建炎以来系年要录（卷九十）[M]. 上海：上海古籍出版社，1992：
326-283.

② （元）脱脱. 金史·世纪（卷一）[M]. 北京：中华书局，1975：6.

③ （元）脱脱. 金史·完颜杲传（卷七十六）[M]. 北京：中华书局，1975：1737.

④ 王昕. 金代女真贞节观变异 [J]. 文史知识，2007 (2).

束缚较深的贞节观也逐渐渗透到了女真人的思想中去。

女真统治者欲借儒教巩固政权，而儒家文化也对女真人产生了多方面影响。当儒家伦理观与女真旧俗发生碰撞后，最终的结果是女真接受了中原农耕文化，使其传统的接续婚俗遭到女性的反对。如《金史·后妃列传上》记载："昭妃阿懒，海陵叔曹国王宗敏妻也。海陵杀其宗敏而纳阿懒宫中，贞元元年封为昭妃。大臣奏'宗敏属近尊行，不可'。乃令出宫。"① 世宗之父完颜宗辅病逝，按旧俗，"妇女寡居，宗族接续之"。而世宗之母贞懿皇后毅然拒绝宗族接续，"乃祝发为比丘尼，号通慧圆明大师"。② 世宗之妻乌林答氏，《金史》称"事舅姑孝谨，治家有叙，甚得妇道"。时世宗潜居济南，海陵王听说乌林答氏貌美，欲召至中都。乌林答氏为保全其夫的名节，被迫去中都，但走至良乡时自杀，保全了丈夫和自己的贞节。与此同时，诸猛安谋克内迁到关内后，与农耕民族及其他民族杂居相处。③ 由于在长期的共同生活中，女真人与农耕民族的心理趋于一致，生活习俗渐次相同，中原农耕女性的贞节观念也逐渐被女真女性所接受。

到了金朝中期以后，统治阶级也开始提倡贞烈观念，并大肆褒奖所谓节烈妇女。这样，金朝就同中原王朝一样，出现了一批节妇、烈女。如在章宗明昌元年（1190 年）十月，"诏赐贵德州孝子翟巽、遂州节妇张氏各绢十匹、粟二十石"④。另外，《金史·列女传》记载："李宝信妻王氏，宝信为义丰县令，张觉以平州叛，王氏陷贼中。贼欲逼室之，王氏骂贼，贼怒遂支解之。大定十三年（1190 年），赐'贞节县君'。"⑤李文妻史氏，同洲白水人，夫亡，服阕，誓死弗嫁，父强取之归，许良人姚乙为妻，史氏不听，姚诉之官，被逮，遂自缢死。诏有司致祭其墓。⑥ 韩庆民妻，"不知何许人，亦不知其姓氏。庆民事辽为宜州节度使。天会中，攻破宜州，庆民不屈而死，以其妻配将士，其妻誓死不从，遂自杀"。世宗曾感叹说：

① （元）脱脱. 金史·后妃列传（上）（卷六十三）［M］. 北京：中华书局，1975：1512.
② （元）脱脱. 金史·后妃列传（下）（卷六十四）［M］. 北京：中华书局，1975：1519.
③ 王昕. 金代女真贞节观变异［J］. 文史知识，2007（2）.
④ （元）脱脱. 金史·章宗本纪（一）（卷九）［M］. 北京：中华书局，1975：261.
⑤ （元）脱脱. 金史·列女传（卷一百三十）［M］. 北京：中华书局，1975：2798.
⑥ （元）脱脱. 金史·列女传（卷一百三十）［M］. 北京：中华书局，1975：2799.

"如此节操，可谓难矣。"可见，在中原封建文化思想的影响下，女真女性贞节观已经与中原汉人趋于相同了。

从以上的分析可以看出，金代女真人的贞节观念经历了一个从无到有并逐渐加深的过程。而这一观念的发展变化与女真与中原农耕民族以及其他民族杂居、通婚并逐渐中原化是分不开的。在金代中后期以后，中原地区的贞操节烈的观念逐渐渗透到女真人的思想文化领域，并对金代的女性生活起到了很大的束缚作用，使金代女性的社会地位进一步降低。

第三节　元代蒙古人择偶观中的女性

12 世纪末 13 世纪初，崛起于漠北的游牧民族——蒙古族，以其特有的善骑射、剽悍尚武的品格和能征善战的作风，纵横世界舞台。蒙古集团凭借军事实力建立了不同于唐宋辽金的大元王朝，其统治形成了以蒙古集团政治核心为主体的，汉式封建王朝传统的典章制度为主导性的，元代二元政治体制。在这种体制下，元代婚姻习俗中所反映出来的择偶标准与元代政治制度的双轨并用有着密切的关系。

一、论财重貌的择偶观

婚姻中的择偶标准是影响婚姻制度的一个极其重要的因素。择偶的标准如何，也从一个侧面反映出时代的政治、经济和人们的思想文化水平的状况。女性在选择配偶时要看男子的家道，也就是从婚姻论财的角度而言的，即通过婚姻追求资财的数量，把对方经济上是否富裕当作考虑婚姻的前提条件，这在中国古代社会是普遍存在的。早在汉代就已经形成了婚姻论财的现象；魏晋南北朝时期，婚姻择偶标准的基本原则是论门第，资财似乎在婚配中的作用不如门第重要，但往往形成高门看中卑姓的钱财，卑姓通过钱财寻求与高门平衡的联姻形式；唐初，新官之辈、丰财之家往往与大姓旧族婚配，多纳财货，有如贩鬻，以至于到了唐中后期形成了以资财的多寡决定婚姻成败的现象；宋代由于"婚姻不问阀阅"，延续了从中唐开始的婚姻论财现象；到元代依然普遍存在婚姻论财的择偶原则。

　　在元建立之前，蒙古人过着"无城壁栋宇，迁就水草无常"①"牧且猎、衣以韦毳，食以肉酪"②的游牧生产生活模式，它是蒙古婚姻习俗赖以存在的经济基础。入主中原以后，蒙古人崇尚的"老稚闲弓猎，不复知耕桑；射雕阴山北，饮马长城旁；驼羊足甘旨，貂鼠充衣裳"③游牧的生活方式并没有根本性改变，立足于此的婚姻习俗一如其旧。从《元朝秘史》所记载的"大凡结亲呵，儿孩儿便看他家道，女孩儿便看她颜色"④就是蒙古人传统的择偶观。这种择偶观到元政权建立后，逐渐发展为依礼聘嫁，即嫁娶以金钱论价，元代在嫁娶方面贪财逐利的风气丝毫不逊色于宋代。以至于元代蒙古族上层的世婚制的婚姻圈被打破，出现了富豪者虽为土豪却可以娶王公女为妻，而贫者虽出身高贵，但年五十犹无力娶亲。⑤在元代计较聘财的多寡、资财厚薄而涉讼官府的屡见不鲜。可见，在择偶观中男重家道所涉及的就是彩礼的多寡。

　　在古代社会，婚配尽管以家族为主，但毕竟未来的家庭是由当事人在一起生活，因此，男子的家道如何，是维持未来家庭生活所需物质的一个保证。对男子而言，女性身体魅力对他的吸引在家庭生活中绝不比品德和家世差。⑥在择偶观中，一般要求女性要有较高的身材、白皙的皮肤、端正的五官以及清秀的容颜。女性有着丽容秀貌，即便出身低微，也是男子争相聘娶的对象。在蒙古人的择偶观中，择妇重貌，在民间逐渐演化为"相媳妇"的习俗。在元代，"弘吉刺部自古出美女"⑦，也是左右弘吉刺部和孛儿只斤蒙古世婚择偶的重要原因。

---

① 许全胜校注.黑鞑事略校注［M］.兰州：兰州大学出版社，2014：14.
② （元）李志常.党宝海译注.长春真人西游记（卷上）［M］.石家庄：河北人民出版社，2001：32.
③ （元）迺贤.金台集·京城杂言六首（第一卷）［M］.北京：中国国际广播出版社，2016：40.
④ ［波斯］拉施特著，余大钧，周建奇译.史集（第1卷第1分册）［M］.上海：商务印书馆，1983：246.
⑤ 常建华.婚姻内外的古代女性［M］.北京：中华书局，2006：37.
⑥ 顾鸣塘，顾鉴塘.中国历代婚姻与家庭［M］.北京：中国国际广播出版社，2011：105.
⑦ ［波斯］拉施特.史集（第1卷第1分册）［M］.余大钧，周建奇译.上海：商务印书馆，1983：246.

二、政治色彩浓郁的择偶观

结婚是一种借联姻来扩大自己势力的机会,起决定性作用的是家世的利益,而绝不是个人的愿望。①在这种情况下,女性往往成为政治利益的牺牲品。蒙古各部落形成的以地缘、亲缘构筑的通婚集团,是其政治集团形成的基础,并通过扩大和巩固新的政治联盟,构筑统治阶级稳固的政治基础,维系上层的统治地位。元代蒙古皇族的婚姻宫廷结构,就是成吉思汗黄金家族与少数蒙古部落之间的世婚制,即"因其国俗,不娶庶姓,非此族也,不居嫡选"。②这种世婚制联姻的集团婚姻政治是元朝政治的主要特色,使元代蒙古族上层的择偶观具有浓郁的政治属性倾向。

在择偶观受政治属性左右的元王朝,蒙古皇族世代通婚的对象,主要有弘吉剌部、亦乞列思部、伯岳吾部、斡亦剌部。1237 年,窝阔台合罕赐称按陈那颜"国舅",并诏令"弘吉剌氏生女世为后,生男世尚公主,每岁四时孟月,听读所赐旨,世世不绝"。③这一世婚制的择偶观带有极浓的政治色彩,终元一世,弘吉剌部女为皇后,男尚公主的人数是其他蒙古部族无法比拟的,从而奠定了元代的婚姻模式与政治体制的基础,使元代宫廷政治结构具有蒙古世婚两部的形态特征。也正是这种世婚制较为狭窄的择偶观,使其血缘关系出现固定化和封闭性,成为蒙古族不易接受中原文化的一个因素。亦乞列思部是成吉思汗征伐漠北诸部的过程中主要仰赖的力量,亦乞列思部的孛秃就与孛儿只斤家族构成了特殊的亲缘关系,形成了"奕世封王,一门尚主"的世婚择偶制度,构成了元代皇族的又一个择偶圈。加之伯岳吾部的"以习惯法聘娶"以及斡亦剌部的"缔姻托雷系"④,从而形成了蒙古皇族较为稳定的世婚制的择偶观。这种择偶观随着成吉思汗家族的征服战争,其世婚制的范围不断扩大,使蒙古的军事势力在联姻的过程中不断扩大,而这种较封闭的世婚制的择偶观,使与皇族联

---

① 马克思恩格斯选集(第 4 卷)[M].北京:人民出版社,1972:4.

② (明)宋濂撰.元史·后妃表(卷一百零七)[M].中华书局,1976:2693.

③ [波斯]拉施特.史集(第 1 卷第 2 分册)[M].余大钧,周建奇译.上海:商务印书馆,1983:273.

④ 王晓清.元代社会婚姻形态[M].武汉:武汉出版社,2005:77-79.

姻部族的女性成为政治联盟的主要媒介，也是元代皇族政治生命力旺盛的最可靠的保障。

三、重门第的择偶观

中国古代社会关系是以家庭为基础组成的，婚姻不是个人行为而是家庭行为。这在择偶标准上不得不注重男女双方的家庭情况，要求双方家庭在政治、经济、文化、社会地位等方面的一致性，尤其是政治地位应处于相同的等级，也就是我们所说的门第观念。这一观念比较盛行的是魏晋南北朝时期，在当时人们婚姻缔结方面产生了很大的影响，唐末五代以后，门阀士族渐渐退出了政治舞台，宋代开始了"婚姻不问阀阅"的择偶时代，婚姻中的择偶观逐渐倾向于注重资财，不择门第。元政权建立了以蒙古人为主体的政治权力集团，实行蒙古本位下的四等人制，在现实生活中四等人并不是那么严格，但在语言不通、肤色差异、风俗习惯不同等诸多因素的影响下，元代蒙古人婚姻习俗的择偶观更看重的是门第观念。

蒙古上层贵族是元代权力政治的基础，他们凭借军功，在四等人制权力阶梯上层占有很大的比重。成吉思汗以及其后世子孙凭借政治上的统治权力，确立了家族式血缘婚姻的世婚制，这种世婚制门第择偶的观念是相当浓烈的。那些没有登上汗位的宗亲在其婚姻择偶上除具有明显的政治倾向外，也始终保持着同门第的等级互婚形式。在蒙古人这种门第观念浓厚的择偶观中，世婚家族中的女性往往成为政治联姻或赐婚的牺牲品，女性没有太多自主选择的权利。如元睿宗托雷的庶子拔绰家族的择偶观就是如此。据《元史·牙忽都传》记载："牙忽都，祖父拔绰，睿宗庶子也。……拔绰娶察浑灭儿乞氏，生薛必烈杰儿。薛必烈杰儿娶弘吉剌氏，生牙忽都。至元二十七年（1290 年），海都入寇。……牙忽都与其子脱列帖木儿相失，独与十三骑奔还。世祖抚慰嘉叹，赐爵镇远王，涂金银印，以弘吉剌氏女赐之，……武宗即位，牙忽都进封楚王，赐金印，置王傅，以驸马都尉都剌哈之女弟弘吉烈氏为楚王妃……牙忽都薨，仁宗命脱列帖木儿嗣楚王。脱列帖木儿薨……燕帖木儿嗣，……时年十有二，妃弘吉剌氏，哈只儿驸马之女孙，速哥失里皇后之从妹也。"① 可见，拔绰家族的通婚对象始终是弘吉刺氏，具有同登上汗位的帝族保持一样的等级世婚的重门第的择偶观。

元代除了皇族世婚在择偶上重门第外，凭借着军功而在统治集团占据重要地位的军功勋贵集团，为了保持自己等级的优越性，也非常重视门第观念。其通婚对象几乎是在本部族内或是与皇族联姻，以便能在权力斗争中占据绝对优势，这样就形成了一个与蒙古皇族相类似的重门第的婚姻圈。许慎部的博尔忽是元初四杰之一，其部在通婚上则是"男婚帝族，女媲王家"②；元代开国元勋之一博尔术，其子嗣的婚姻关系也基本是在蒙古族部族内完成的。前面的许慎部由于同蒙古皇族的联姻，使博尔忽家族在元代内廷的政治地位日益显赫，这是元代蒙古贵族重门第的阀阅婚的一种体现。

可见，元代蒙古族贵族的婚姻通婚范围一般局限于蒙古本部，绝少旁外婚娶，其主要目的是为了确保蒙古诸部的政治特权和婚姻优先权。蒙古贵族的这种"同类声气相求"的"自相婚姻"③的择偶观，是蒙古民族认同在民族本位的集中反映，也是择偶重门第的一种表现形式。

四、收继婚俗与择偶观

蒙古与匈奴、突厥、契丹、女真等北方游牧民族一样，也保持和盛行着收继婚俗。其国俗就是"父死则妻其从母，兄弟死则收其妻"④。成吉思汗死后，其妃木哥被窝阔台所娶⑤，旭烈兀收其父拖雷之妃脱忽思哈敦

---

① （明）宋濂撰. 元史·牙忽都传（卷一百一十七）[M]. 北京：中华书局，1976：2908－2910.

② 任继愈. 中华传世文选（《元文类》卷23《太师淇阳忠武王碑》）[M]. 长春：吉林人民出版社，1998：529.

③ 陈高华点校. 元典章·嫁娶聘财体例（卷十八）[M] 天津：天津古籍出版社，2011：614.

④ （明）宋濂. 元史·乌古孙良桢传（卷一百八十七）[M]. 北京：中华书局，1976：4288.

⑤ [波斯] 拉施特. 史集（第1卷第1分册）[M]. 余大钧，周建奇译. 上海：商务印书馆，1983：245.

为妻,并尊立为长后①,泰亦赤兀惕的察剌孩在其兄伯升豁儿死后,"收嫂为妻"②,弘吉剌惕部的弘里兀惕收继其父之妾,并生下迷薛儿玉鲁,迷薛儿玉鲁也收继其后母,生子豁罗剌思③。关于蒙古的收继婚俗在《马可·波罗行纪》中也有所记载:"婚姻之法如下……父死可娶其父之妻,唯不娶生母耳。娶者为长子,他子则否。兄弟死,亦娶兄弟之妻。"④可见,收继婚在蒙古婚姻习俗中是长期盛行并一直保留着。在加宾尼的《蒙古史》的记述中也提到收继婚俗,即"他们的父亲去世以后,可以同父亲的妻子结婚;弟弟也可以在哥哥去世以后同他的妻子结婚,或者另一个较年轻的亲戚也视为当然可以娶她"⑤。元建立政权以后,作为其婚姻习俗之一的收继婚也一直延续,比如,元世祖忽必烈时期的鲁国大长公主囊家真公主就先后嫁纳陈二子⑥,这是蒙古族上层弟收继寡嫂的典型事例。在《元史·文宗纪》中也记有,文宗图帖睦儿至顺二年(1331年)六月,浙东廉访史脱脱赤颜,"其生母何氏,本父之妾,而兄妻之"⑦。这是元代子收继继母的典型例子。

在收继婚俗如此盛行的元代蒙古人中,其收继婚存在的原因从以往学者的研究来看,一是上古群婚制的残余;二是为了保留劳动力;三是繁殖人口的重要途径;四是财富和地位的象征;五是因生活水平低下而保存家庭财产;六是将妇女视为活财产;等等。但就元代的收继婚而言,主要是从经济方面考虑。在元代没有人收继的寡妇要改嫁,公婆之家要拿出聘礼,也就是《元典章》所记载的"没有小叔儿续亲,别要改嫁呵,从他翁

① [波斯]拉施特.史集(第1卷第1分册)[M].余大钧,周建奇译.上海:商务印书馆,1983:215.

② [波斯]拉施特.史集(第1卷第1分册)[M].余大钧,周建奇译.上海:商务印书馆,1983:295.

③ [波斯]拉施特.史集(第1卷第1分册)[M].余大钧,周建奇译.上海:商务印书馆,1983:268.

④ 陈开俊等译.马可波罗游记[M].福州:福建科学出版社,1982:31.

⑤ [意]德兰诺·加宾尼.蒙古史[M].北京:中国社会科学出版社,1983:89.

⑥ (明)宋濂撰.元史·诸公主表(卷一百零九)[M].北京:中华书局,1976:2758.

⑦ (明)宋濂撰.元史·文宗纪(四)(卷三十五)[M].北京:中华书局,1976:786.

婆受财改嫁去呵"①。蒙古族的寡妇改嫁时，还要将属于自己名下的一批家产带到新夫家中。② 因此，收继婚俗对蒙古族的择偶观产生了很大的影响，在收继婚俗的影响下，一般意义上的择偶观已经没有参考的价值，所以不能以传统思维的择偶标准看待收继婚俗下的择偶观。但元代蒙古族的收继婚俗无论是出于传宗接代的需要，还是出于情感的需要，都无法比拟男女双方对经济考虑的重要性，为了使男女双方都避免遭到财产损失，收继婚俗下的择偶观更看重的是经济利益。

总之，无论是男看家道、女重颜色的择偶观，还是政治属性浓郁的族内婚以及门第观念较强的择偶观，再加上受收继婚俗影响下的择偶观，都是政治和以经济利益为驱动的择偶标准，择偶观作为蒙古族历史文化发展变迁的一个缩影，是女性社会地位的真实写照，也是当时文化发展变化的晴雨表。

第四节　北方游牧民族女性与收继婚

随着各民族间不断发展与融合，北方游牧民族与中原农耕民族接触日渐频繁，儒家文化倡导下的贞操节烈思想逐渐为北方游牧民族所接受。由于女性贞节观念增强，北方游牧民族一直习以为常的收继婚俗开始受到女性的抵触，作为被收继的主体，因自身无法摆脱习俗的束缚，女性内心充满无法挣脱的挣扎与无奈，不能掌握自己的命运，只能被动地顺从。北方游牧民族生产结构转变后，农耕经济以及中原礼制文化的渗入等诸多因素，强力冲击着10—14世纪辽金元时期北方游牧民族收继婚俗中的女性。

"收继婚"习俗，因出现的地域不同称谓也不同，大体上有"续婚""挽亲""转房"等称谓。是指男子死后，寡居的妻妾可以由其亡夫的亲属，即其兄、弟、侄、子和孙（必须与其妻妾无血缘关系）中的任何人收娶为妻。这种婚姻习俗一直被学界所关注。早在20世纪50年代，董家遵

---

① 陈高华点校. 元典章（卷十八《户部四·婚姻·舅姑得嫁男妇》）［M］. 天津：天津古籍出版社，2011：637.

② 秦新林. 元代收继婚俗及其演变与影响，［J］. 殷都学刊，2004（02）.

先生就出版了《中国收继婚之史研究》①，此书对中国历史上收继婚这一婚姻习俗进行了系统论述，首先分析了收继婚与社会经济制度之间的关系，对中国古代社会出现的兄弟妇婚和姐妹夫婚并存的原因及二者之间的关系做出了解释，纠正了将收继婚视为乱婚的误解，并对契丹、女真及蒙古等北方游牧民族的收继婚进行了研究和探讨。对于我国历史上北方游牧民族大都存在的与中原农耕民族地区不一样的收继婚俗，相关的著述论文不断涌现，并提出北方游牧民族的收继婚俗与游牧经济及传统习惯是密不可分的，而这种习俗中对女性的社会地位、人格以及身心的影响非常大。

一、世俗对女性的束缚

辽金元时期北方游牧民族与同期中原宋王朝相比较，中原王朝对于收继婚，不但法律上予以禁止，而且舆论上也会受到强烈的谴责，社会舆论与政府法令互相结合，在社会上形成了禁止收继婚的巨大约束力量。而在契丹、女真、蒙古等游牧民族婚俗中，收继婚却比较盛行，如契丹一直留存着东胡"妻后母，报寡嫂"②的遗风，代表性的史料是辽朝贵族耶律滑哥"烝其父妾"③；女真也是"父死则妻其母，兄死则妻其嫂，叔伯死则侄亦如之，无论贵贱，人有数妻"④，其婚姻习俗有"取妇于家，而其夫身死，不令归宗，则兄、弟、侄皆得以聘之，有妻其继母者"⑤；同样，蒙古的国俗就是"父死则妻其从母，兄弟死则收其妻"⑥。如成吉思汗死后，其妃木哥被窝阔台所娶⑦，旭烈兀收其父拖雷之妃脱忽思哈敦为妻，并尊

① 董家遵. 中国收继婚之史研究 [M]. 广州：岭南大学西南社会经济研究所，1950.
② （宋）范晔. 后汉书·乌桓传（卷九十）[M]. 北京：中华书局，1973：2979.
③ （元）脱脱. 辽史·逆臣传·耶律滑哥（卷一百二十）[M]. 北京：中华书局，2016：1653.
④ （宋）宇文懋昭. 大金国志校证·附录三（金志·婚制）[M]. 北京：中华书局，1986：615.
⑤ 陶宗仪. 说郛·虏庭事实（卷八）[M]. 北京：中国书店出版社，1986：48.
⑥ （明）宋濂. 元史·乌古孙良桢传（卷一百八十七）[M]. 北京：中华书局，1976：4288.
⑦ [波斯]拉施特. 史集（第1卷第1分册）[M]. 余大钧，周建奇译. 北京：商务印书馆，1983：245.

为长后①，弘吉剌惕部的弘里兀惕娶其父之妾，生子迷薛儿玉鲁，而迷薛儿玉鲁也娶其后母，生子豁罗剌思②。蒙古族的这一婚俗在《马可波罗游记》中也有所记述："婚姻之法如下……父死可娶其父之妻，唯不娶生母耳。娶者为长子，他子则否。兄弟死，亦娶兄弟之妻。"③ 以上记载表明，收继婚在蒙古婚姻习俗中是长期保存和盛行的。加宾尼也说："甚至在他们的父亲去世以后，可以同父亲的妻子结婚；弟弟也可以在哥哥去世以后同他的妻子结婚，或者另一个较年轻的亲戚也视为当然可以娶她。"④ 即便在蒙古军队中也有收继婚俗，"霆见其死于军中者，若奴婢能自驮其主尸首以归，则止给以畜产，他人致之，则全有其妻奴畜产"⑤。即使蒙古人在中原建立政权以后，作为其婚姻习俗的收继婚也一直延续。

北方游牧民族收继婚中的女性，是被动接受收继婚的主体，因自身无法摆脱世俗中约定俗成的束缚，内心充满了无奈与挣扎，却又无力抗争，只好被动地顺从这一习俗。但随着社会经济的发展，中原农耕民族文化的融入，北方游牧民族女性的贞节观念的逐渐增强，收继婚俗渐趋被人们抵触，并对女性的心理产生了巨大的冲击。

正如《出使蒙古记》所记载的那样，蒙古人有一种婚姻习俗，他们遵守一亲等、二亲等以内的血亲之间不得缔结婚姻的风俗，但不遵守姻亲之间不可以结婚的习俗。也就是说，只要男女双方没有血缘关系，不分辈分都可以结婚，这就为收继婚的存在提供了可能。虽然一个人可以同时或先后娶两个姊妹为妻，但如果她们的丈夫去世，没有一个寡妇重新结婚，因为她们相信，今生服侍丈夫的人，来生也将服侍他们，所以对于一个寡妇来说，他们相信自己在死后仍将回到她第一个丈夫那里去，这就使收继婚俗理所当然地流行起来。而且儿子可以把除生母外父亲所有的妻子都收继为自己的妻子，同时，也不认为这是自己对父亲的一种不法的行为，因为

---

① ［波斯］拉施特.史集（第1卷第1分册）［M］.余大钧，周建奇译.北京：商务印书馆，1983：215.

② ［波斯］拉施特.史集（第1卷第1分册）［M］.余大钧，周建奇译.北京：商务印书馆，1983：268.

③ 陈开俊等译.马可波罗游记［M］.福州：福建科学出版社，1982：31.

④ ［意］德兰诺·加宾尼.蒙古史［M］.北京：中国社会科学出版社，1983：89.

⑤ 徐霆注.王国维笺.黑鞑事略笺记［M］.北平：文殿阁书庄，1935：18.

在她们死后仍会回到父亲那里。① 正是这些约定俗成的共识，使女性无法挣脱，只能按着传统的习惯，成为收继婚俗一个又一个的陪葬品。

此外，在高压的政治和权力面前，女性的一切反抗都显得苍白无力。如斡罗思切尔涅格伦（Cherneglone）公爵安德鲁（Andrew）被控告盗取鞑靼马匹出境，并在别处卖掉。虽然这个控告没有得到证实，安德鲁还是被处死了。听到这种情况，他的弟弟偕同安德鲁的寡妇来到拔都那里，请求他不要夺去他们的土地。拔都吩咐这个男孩娶他的寡嫂为妻，并且嘱咐这个妇人按照鞑靼风俗以她丈夫的弟弟为丈夫。安德鲁的妻子宁愿死去，也不愿被收继。但是，虽然如此，拔都还是强迫安德鲁的妻子嫁给安德鲁的弟弟为妻，虽然他们两人极力拒绝，流泪号哭，但依然被一起放到床上，强迫他们成婚②。在元世祖至元八年（1271年），政府则公开颁行收继婚令，并规定女方没有悔婚的权利。这种世俗与政治的结合是女性无法挣脱的无形枷锁，牢牢地将其束缚在收继婚俗中，成为这一婚姻习俗的牺牲品。

二、社会经济地位的丧失

一夫一妻制实行以后，世系的传承由女性转为男性，女性的权利和地位遭受了很大损失。一是女性的子女从自己的氏族转移到丈夫的氏族，使母党的势力逐渐减弱；二是女性在家庭的核心地位丧失；三是女性在丈夫的家室中也渐趋被孤立。

女性在家庭地位的降低，阻碍了她在社会地位方面的提高。在上层社会中，女人遭遇的是被迫与世隔离的境遇，使女性成为在合法的婚姻下生儿育女的工具，女性身份下降是收继婚俗产生的社会基础。

恩格斯曾经说过，劳动是创造财富的源泉。一个人的社会财富与其社会地位是相辅相成的。就北方游牧民族的女性而言，其社会地位与其游牧生活是密不可分的，她们每天要做挤牛奶、酿造奶油、赶车、卸车、鞣制

---

① ［英］道森编．出使蒙古记［M］．吕浦译，周良霄注．北京：中国社会科学出版社，1983：120-121.

② ［英］道森编．出使蒙古记［M］．吕浦译，周良霄注．北京：中国社会科学出版社，1983：11.

缝制毛皮等一系列的家务劳动。在游牧草原中，每个家庭就是最基本的生产和消费单位。而主要从事这一活动的女性应该是实际意义上的一家之主，她们组织生产、进行人员的分工，进而确保家庭生活的正常运转，凸显了女性在社会生活中的主导地位。相对而言，游牧民族女性的社会地位较中原农耕民族女性高，但是这并不能改变女子在婚姻中被收继的命运。特别是在辽金元时期，随着北方游牧民族南下占领中原汉地，其财富的主要来源转为依靠中原的农耕经济，女子在游牧生产的重要地位下降。同时，男子为保证家族内的财富不外流，承担家族内部抚养孤儿寡母的义务和责任，需要将丧偶女性连同她的财产一起被继承者继承。在元代，收继婚不仅在少数民族中盛行，在农耕区也流行，并与传统的男权至上相结合，成为男方家长剥夺寡妇随意改嫁外人的借口，男子也认为收继是理所当然的权利，即便有妻室也要收继，其目的是不需聘财，不需要结婚花销就能获得一个劳动力和生养工具。而政府却以"难同有妻更娶妻体例"变相给予支持①，使收继婚中妇女的人格彻底沦陷，对妇女的身心造成极大的伤害。

因此，收继婚在很大程度上是与民间继替制度和游牧民族的财产观念密不可分的。妻子是作为家庭或家族的财产而存在的，当她的直接拥有者——其丈夫去世后，家族就有权对其进行处置，将她转让给家族中其他的男性成员。在家族中的这种转嫁可以避免因改嫁带走嫁妆而给家族的财产带来损失，同时也有利于给死者接续血缘后代带来方便。可见，收继婚从根本上剥夺了妇女作为"人"的本质内容，而是将她归入物的行列，否认女性的独立人格和自主选择生活伴侣的权利。虽然有时候收继得到了妇女本人的认可，但那只不过是她对本民族习俗的一种无奈的选择。

三、传统文化的桎梏

收继婚是北方游牧民族为保证家族财产，不致因寡妇再嫁而使财产外流的手段，将寡居妇女由亡夫亲属收继为妻，是一种完全无视妇女人格的野蛮落后的婚姻习俗。这一婚俗随着中原儒家文化的融入而出现了变化，

---

① 陈高华等点校．元典章（第二册）［M］．天津：天津古籍出版社，2011：655.

女子不再被动地接受收继的命运，产生了从一而终，为丈夫守节的贞节观念。关于"贞节"一词，《妇女词典》解释为："旧时多指女子不改嫁或不失身，是片面要求妇女保护贞洁的封建道德规范。封建礼教宣扬'夫有再娶之义，妇无二适之文'，要求妇女对丈夫从一而终，寡妇不能再嫁，未婚女子也要为死去的未婚夫守节。能为男人守节的女子被称为'贞妇''贞女'，死后可以树立贞节碑。"①

正是在这一观念的熏染下，蒙古出现了很多公开抵制传统收继婚的事例。如鲁国大长公主祥哥剌吉"不从诸叔继尚"，而元文宗在与汉族学士赵世延、虞集等商议后，以"议封号以闻"②，对鲁国大长公主以朝廷的名义予以旌表。这是蒙古族最高统治者对儒家传统贞节观的接受。在下层社会的蒙古族女性中，也有拒绝收继婚俗的典型事例。如《元史·列女传》中记载的脱脱尼，自己丈夫哈剌不花死后，其前妻的两个儿子欲以本俗制收继她，脱脱尼誓死不从。并且怒骂二子，"汝禽兽行，欲妻母耶，若死何面目见汝父地下？……三十年以贞操闻"③。脱脱尼的这种以死抗拒收继婚的行为，是对蒙古本俗的一种强烈反抗，蒙古族女性贞节观念的确立与受汉族封建伦理道德观念影响有一定的因果关系，这也是北方游牧民族的收继婚进入中原农业区后，受中原的生产方式及经济文化的影响，必然要在婚姻结构上发生变化，传统的婚姻习俗被部分重塑。同样，当儒家的伦理思想与女真收继婚俗发生碰撞后，接续婚的习俗也遭到女真女性的反对。如金世宗的父亲完颜宗辅病逝，按女真旧俗，"妇女寡居，宗族接续之"。而世宗的母亲贞懿皇后，毅然决然地拒绝宗族接续，而是削发为尼。世宗之妻乌林答氏，受到海陵王的宣召，为保金世宗及自己的贞节而自刭。同时，随着猛安谋克移居关内，与农耕民族杂居相处，长期的共同生活使女真人与中原农耕民族的心理趋同，中原女性的贞节观念也逐渐被女真女性所接受。

从以上分析可以看出，北方游牧民族女性的贞节观经历了一个从无到

---

① 妇女词典［M］. 北京：求实出版社，1990：21.
② （明）宋濂. 元史·文宗本纪（二）（卷三十三）［M］. 北京：中华书局，1976：746.
③ （明）宋濂. 元史·列女传（一）（卷二百）［M］. 北京：中华书局，1976：4495－4496.

有并逐渐加深的过程。而这一观念的发展变化与各民族长期杂居、通婚并逐渐接受农耕文化是分不开的。由于各民族的融合使互通婚姻也渐趋频繁，这在一定程度上也是对游牧民族收继婚俗的一种悖逆。对儒家伦理纲常的部分接受，也是对游牧民族收继婚俗的某种否定。

综上所述，从契丹和亲外交中的公主、女真人贞节观下的女性、蒙古人择偶观的女性以及北方游牧民族比较有特色的收继婚俗四个方面，我们可以看出北方游牧民族婚姻习俗中的女性观念及地位的变迁。婚姻由男女关系构成，婚姻问题与女性问题有密切的关系。女性作为"半边天"，在古代社会生活中是非常重要的。中国古代农耕民族的女性在传统"重男轻女"观念和各种规范的限制下，她们的地位相对低下，在婚姻中对父兄及丈夫的依赖性比较强，自主独立改变自己婚姻状况的可能性较小，有时往往成为政治利益和家族利益的牺牲品。北方游牧民族女性在婚姻中所受束缚相对较小，在中原传统文化的影响下，伦理及贞节观念增强，但在婚姻中依然是位于劣势的行为主体。

第四章

辽金元时期北方游牧民族婚姻习俗变迁的原因和特征

辽金元时期是中国北方游牧民族势力比较强大的一个历史时期，这一时期无论是契丹、女真还是蒙古人都经历了一个由弱小部族逐渐强大到最后建立了独霸一方政权的过程。蒙古人还曾经一度建立地跨亚欧两大洲的帝国，这个与"时光"共进、形成全无草原和中华之限的名副其实的世界帝国，促使整个欧洲大陆基本上成为一个开放的世界，打开了远远超越陆地和海域界线的往来和交流。在这个大动荡、大变革时期，无论是北方游牧民族与中原农耕文明地区较为先进文化的融合与交流，还是与其他国家和地区人民的往来，都潜移默化地改变和影响着他们的生活习俗，尤其是婚姻习俗受当时政治、经济、军事、思想文化、民族关系、对外关系的影响发生了变迁，充分显示了北方游牧民族与中国传统的农耕文明融合所产生的巨大的影响力以及所独有的游牧民族婚姻习俗的特色。

第一节　婚姻习俗变迁的原因

婚姻习俗同其他社会习俗一样，是当时社会人们精神生活的一个反映，但推动婚姻习俗变迁的动力是人们物质生活的变迁。不同时期、不同民族的婚姻习俗也赋予与其相应的丰富内涵。婚姻习俗的变迁，与当时统治阶级的政治视野、经济发展水平、战争形式、宗教信仰的多元以及各民族文化交流之间的关系是密切相连的，但无论从哪一方面看，其发展变迁基本都是遵循着人类文明进步与发展的轨迹而展开的。

一、政治手段的引导

一个国家、一个地区、一个民族的社会习俗在其历史发展中具有举足轻重的地位和作用，统治阶级往往将其提到安邦治国的高度。《汉书·贾山传》就记有西汉贾山在《至官》中所言："风行俗成，万世之基定。"① 所指出的就是风俗对国家发展的重要性。同样，东汉的应劭在《风俗通义》序中也认为，社会习俗是"为政之要，辩风正俗，最其上也"②。所阐述的是风俗在国家治理过程中的重要性。而楼钥在《论风俗纪纲》中将风俗更是提到"国家元气，全在风俗，风俗之本，实系纪纲"③ 的高度，指出风俗与国家命运的关系。可见，社会习俗的变迁对一个国家社会秩序的稳定有着至关重要的作用。

辽金元时期，婚姻习俗变迁的一个重要原因就是统治阶级在政治上的引导，而这种引导既有怀柔的疏导，也有强制执行的法令诏书。通过对正史史料的梳理，辽金元时期统治者就婚姻方面发布的诏书，契丹有 50 多次（详见附录一），女真有近 30 次（详见附录二），元代蒙古也有近 50 次（详见附录三）。这些诏书的主要内容包括：一是，对婚姻缔结范围的规定。契丹早在肃祖时期就曾提过"同姓可结交，异姓可结婚"④。就异姓为婚而言，女真在太祖阿骨打时期也下过同样的诏书：天辅元年（1117年）五月丁巳，太祖下诏，"自收宁江州已后同姓为婚者，杖而离之"⑤。金天会五年（1127年）四月己丑，太宗诏曰："合苏馆诸部与新附人民，其在降附之后同姓为婚者，离之。"⑥ 包括《新元史·忽怜列传》中撰写的史家也对异姓婚对政权的影响发了如下的感慨："周之诸侯，同姓曰伯父，异姓曰伯舅，不独宗子维城，即异姓婚姻之国，其屏藩王室，无异同

---

① （汉）班固撰．汉书·贾山传（卷五十一）［M］．北京：中华书局，1964：2326.

② 宋兆麟．中国风俗通史·序［M］．上海：上海文艺出版社，2001：1.

③ （汉）应劭撰，王利器校注．风俗通义校注·叙例［M］．北京：中华书局，1981：1.

④ （元）脱脱．辽史·后妃列传（卷七十一）［M］．北京：中华书局，2016：1318.

⑤ （元）脱脱．金史·太祖本纪（卷二）［M］．北京：中华书局，1975：30.

⑥ （元）脱脱．金史·太宗本纪（卷三）［M］．北京：中华书局，1975：57.

姓也。"① 可见，异姓为婚不仅能壮大政治集团的势力，而且世为姻亲的异姓婚对政权的巩固也起到非常重要的作用。二是，明确婚姻缔结的等级性。契丹的基本国策是"王族唯与后族通婚"，明确规定婚姻缔结的等级和范围。辽开泰八年（1019 年）癸巳，圣宗耶律隆绪下诏："横帐三房不得与卑小帐族为婚。凡嫁娶，必奏而后行。"② 金代也奉行"后不娶庶族，甥舅之家有周姬、齐姜之义"③ 的规定。蒙古在 1237 年窝阔台合罕赐称按臣那颜"国舅"，并诏令"弘吉剌氏生女世以为后，生男世尚公主……世世不绝"④，从而形成了元代蒙古皇族的世婚制度，而这一制度在巩固元代政权方面是一把双刃剑，使《新元史》的作者不禁感慨："元史中后世外戚之祸，史不绝书，能谨饬自守者已罕矣。惟蒙古宏吉剌氏、亦乞列思氏，世通婚姻，与国终始，其子孙皆能以功名自奋。自只儿瓦台外，不闻有蹈于罪戾者。当时史臣以为舅甥之贵，媲于周室，信矣哉！"⑤ 三是，民族融合政策的体现。在辽会同三年（940 年）丙辰，太宗耶律德光下诏"契丹人授汉官者从汉仪，听与汉人婚姻"⑥。金泰和六年（1206 年）十一月乙酉，章宗下诏"屯田军户与所居民为婚姻者听"⑦。通过与他族缔结婚姻，缓和民族矛盾，达到民族间的融合。四是，对婚姻礼俗方面进行的规范。这在金代和元代体现得比较明显，如金世宗大定九年（1169 年）丙戌，"制汉人、渤海兄弟之妻，服阕归宗以礼续婚者，听"⑧。在金世宗大定十七年（1177 年）十二月戊辰，"以渤海旧俗男女婚娶多不以礼，必先攘窃以奔，诏禁绝之，犯者以奸论"⑨。金章宗时期对婚礼有更明确的规

---

① （民国）柯劭忞．张京华、黄曙辉总校．新元史·忽怜列传（卷一百一十五）［M］．上海：上海古籍出版社，2018：2659．
② （元）脱脱．辽史·圣宗本纪（七）（卷十六）［M］．北京：中华书局，2016：209．
③ （元）脱脱．金史·后妃传（上）（卷六十三）［M］．北京：中华书局，1975：1498．
④ （明）宋濂．元史·特薛禅传（卷一百一十八）［M］．北京：中华书局，1976：2915．
⑤ （民国）柯劭忞．张京华、黄曙辉总校．新元史·忽怜列传（卷一百一十五）［M］．上海：上海古籍出版社，2018：2659-2660．
⑥ （元）脱脱．辽史·太宗本纪（下）（卷四）［M］．北京：中华书局，2016：53．
⑦ （元）脱脱．金史·章宗本纪（四）（卷十二）［M］．北京：中华书局，1975：278．
⑧ （元）脱脱．金史·世宗本纪（上）（卷六）［M］．北京：中华书局，1975：114．
⑨ （元）脱脱．金史·世宗本纪（下）（卷七）［M］．北京：中华书局，1975：169．

定，如章宗泰和五年六月丁酉，"制定本朝婚礼"①。章宗泰和五年三月辛巳，"定本国婚聘礼制"②。元世祖至元八年（1271年）二月乙未朔，"定民间婚聘礼币，贵贱有差"③。此外，由于辽金元是北方游牧民族建立的政权，所以对本民族在婚姻缔结及礼俗方面也会有一些照顾。如会同四年（941年）春正月壬戌，辽太宗耶律德光"以乙室、品卑、突轨三部鳏寡不能自存者，官为之配"④。上述诏书对婚姻习俗内容的规定也是中原农耕文明对北方游牧民族产生影响的一个重要体现。

随着北方游牧民族政权的建立，契丹、女真、蒙古都选择向南进入中原农耕文明的主导地区。随着游牧民族的逐渐深入，拥有较高文明的农耕地区逐渐被纳入当时游牧民族的统治区域，其政权内部的官僚机构也开始出现多元化的倾向，使之在决策的过程中不得不考虑其他非游牧民族。如辽代所实行的南北面官制，根据《辽史·百官志》记载："官分南、北，以国制治契丹，以汉制待汉人。"⑤可以看出，在辽朝虽然南北面官制的原则是契丹官员的地位要高于汉人官员，但在辽代的官职中已经出现非契丹成分，并且能够参与政治的管理。同时不仅是中原汉人参与辽代的政治管理机构，辽代本民族的管理者也出现了中原文化的倾向。从而使辽太宗下诏："契丹人受汉官者从汉仪，听与汉人婚姻。"⑥因此，在辽代的官僚机构中，契丹人受中原农耕文明影响的程度也逐渐加深。这一现象在元朝时期也非常明显，元朝帝国时期汉族成员在政府中不能担任高职，但是仍有机会参与到中枢管理系统之中。如《元史·百官志》记载："其长则蒙古人为之，而汉人、南人贰焉。"⑦《元史·顺帝本纪》也记载：至正十二年（1353年）元顺帝下诏："南人有才学者，依世祖旧制，中书省、枢密院、御史台皆用之。"⑧可见，在这一时期，处于社会地位最底层的南人，有才

① （元）脱脱．金史·章宗本纪（四）（卷十二）[M]．北京：中华书局，1975：271.
② （元）脱脱．金史·章宗本纪（四）（卷十一）[M]．北京：中华书局，1975：253.
③ （明）宋濂撰．元史·世祖本纪（四）（卷七）[M]．北京：中华书局，1976：133.
④ （元）脱脱．辽史·太宗本纪（上）（卷四）[M]．北京：中华书局，2016：49.
⑤ （元）脱脱．辽史·百官志（一）（卷四十五）[M]．北京：中华书局，2016：773.
⑥ （元）脱脱．辽史·太宗本纪（下）（卷四）[M]．北京：中华书局，2016：53.
⑦ （明）宋濂．元史·百官志（一）（卷八十五）[M]．北京：中华书局，1976：2120.
⑧ （明）宋濂．元史·顺帝本纪（五）（卷四十二）[M]．北京：中华书局，1976：896.

学者也可入朝为官。尽管在元帝国时期，重要官职绝大部分为蒙古人所占据，但在整个官僚系统中并未完全排除其他民族，在得到皇帝赏识的情况下，其他民族也有机会进入中央决策机构，如契丹人耶律楚材为中书令，史天泽以元勋宿望为中书右丞相。大量的中原农耕民族以及其他少数民族成员涌入中枢决策机构，使蒙古统治者在进行政治决策的同时，不得不对其他民族的利益以及习俗进行考量，并引导本民族逐渐靠近中原农耕民族较为先进的风俗习惯。同时，在最贴近中央王权的中心机构中，出现的非蒙古的其他民族成员对上层的决策也会产生一定的影响。

刑律始于兵而终于礼，是规范人们日常行为规范的准则，对婚姻习俗有一定的规范作用。辽金元时期都制定了本朝的法律制度，无论是辽律、金律还是元代的律法，都对当时的民风、习俗有一定的导向作用。北方游牧民族政权在编纂法律的时候，多参考本民族的习惯法以及前朝及中原王朝相关法律进行修订。辽律中就非常明显地渗透着中原地区的儒家思想。如《辽史·刑法志》中记载："太祖初年，庶事草创，犯罪者量轻重决之。其后治诸弟逆党，权宜立法。亲王从逆，不罄诸酋人，或投高崖杀之；淫乱不轨者，五车轘杀之；逆父母者视此；讪詈犯上者，以熟铁锥捲其口杀之。从坐者，量罪轻重杖决。"① 史料中所涉及的逆、乱、不轨、逆父母的相关内容就有明显的中原王朝传统文化以及儒家文化的忠君、孝悌的思想，通过法律对儒家文化进行宣扬，以实现民风上的重构。金朝法律的制定主要是借鉴唐宋的律法，《金史·刑志》记载："金初，法制简易，无轻重贵贱之别，……太宗虽承太祖无变旧风之训，亦稍用辽、宋法。……至皇统间，诏诸臣，以本朝旧制，兼采隋、唐之制，参辽、宋之法，类以成书，名曰《皇统制》，颁行中外。……泰和元年（1201 年）年十二月，所修律成，凡十有二篇：一曰《名例》，二曰《卫禁》，三曰《职制》，四曰《户婚》……"② 通过以上史料我们可以看出，金律的制定采隋唐之制，参辽宋之法，熙宗时期所颁行的《皇统制》是在吸收中原王朝法律思想的基础上创制并颁行于全国，这就不可避免地会受到中原王朝法令制定的影

---

① （元）脱脱．辽史·刑法志（上）（卷六十一）［M］．北京：中华书局，2016：1039.

② （元）脱脱．金史·刑志（四）（卷二十六）［M］．北京：中华书局，1975：1014-1015.

响，修订完善的过程也是对中原农耕文化进行吸收消化的过程，使其法律较为完善和规范。金代的法律制定较辽朝完善，并被元初沿用。在婚姻习俗方面，章宗的《泰和律》中有单独的《户婚》一目。但由于金法过于苛责，并且不能完全适应元朝统治者的需要，元朝进行了本朝法典的编汇，而所选用的编汇者则是儒家思想的代表人。《元史·刑法志》记载："元兴，其初未有法守，百司断理狱讼，循用金律，颇伤严刻。及世祖平宋，疆理混一，由是简除繁苛，始定新律，颁之有司，号曰《至元新格》。仁宗之时，又以格例条画有关于风纪者，类集成书，号曰《风宪宏纲》。至英宗时，复命宰执儒臣取前书而加损益焉，书成号曰《大元通制》。"①元朝时期的各阶段法律编纂，大多数都有儒臣以及汉人的参与，不可避免地会体现一部分汉人的价值观念和儒学思想，如元法典中的十大罪中，不孝和谋大逆等，分别体现出了儒学思想中的忠和孝观念，这些都会潜移默化地影响人们的婚姻习俗，从而使北方游牧民族女性逐渐形成从一而终和贞节、节烈的思想意识和观念。

正因为北方游牧民族的法律或多或少地接受了中原王朝儒家文化的影响，出现了贞节观和孝道观念，这与北方游牧民族之前所实行的收继婚和原始杂乱的族内群婚形成了明显的冲突，在中原农耕文明潜移默化的影响下，北方游牧民族的人际关系以儒学作为标杆重新进行了规划，在传统的长兄如父的儒家理念中，旧有的族内杂乱婚姻方式已受到人们的诟病，同时，受中原文化影响下的北方游牧民族的法律对于劫掠也持一种反对甚至禁止的态度，这使掠夺婚存在的脆弱的基础受到了严重冲击。因此，可以说受到中原文化及儒学文化影响的新法律和原有契丹、女真、蒙古等北方游牧民族的传统习俗产生了严重冲突。使原有婚姻习俗的生存空间受到了极严重的挤压，掠夺婚逐渐消失，收继婚在一定程度上也受到了冲击乃至被取缔。随着北方游牧民族政权的建立及南下，其统治范围内的民族等级地位关系发生了变化，特别是金灭辽及北宋、蒙古灭金及南宋之后，原来占主导地位的民族被迫降为低等民族。在这一民族融合和交往的过程中，北方游牧民族的婚姻习俗受到了很大的冲击，如辽朝在婚姻上一直通行王

---

① （明）宋濂．元史·刑法志（一）（卷一百零二）［M］．北京：中华书局，1976：2603.

族与后族（耶律与萧氏）的二姓世婚制，其目的是防止契丹政权的最高统治权旁落到他氏族中去，但金灭辽后，契丹已经不再是占统治地位的民族，自然也就没有必要维持所谓的统治权力，两姓世婚制存在的政治基础也就消失了。婚姻制度在这一时期作为一种上层建筑是要为政治服务的，而在政治领域内的民族等级的转化，则会极为严重地影响婚姻制度。同时作为下层被管理的民族，是没有权利违背上层统治民族意愿的，在这种情况下，单一民族的内部婚制和绝对隔绝的民族婚制是很难绝对无偏差地保留下来的，当上层民族要求联姻时，下层民族是无法因为自己的风俗习惯而拒绝联姻的。

二、经济发展的辅助

在辽金元时期，无论是北方游牧民族政权与中原农耕民族政权之间，还是各个少数民族政权之间，都存在或多或少的贸易关系，这种贸易关系在一定程度上会促进双方民族间风俗习惯的相互交融。《宋史·食货志下》中记载："祖宗立禁榷法，岁收净利凡三百二十余万贯。"[①] 就是当时宋朝与周边少数民族有通过榷场作为中介的经济交互模式的例证。榷场是两个对立政权之间在边界设立互市进行贸易的场所，在《金史·食货志》中对于中原政权与金政权之间的榷场贸易有更明确的记载："熙宗皇统二年（1142年）五月，许宋人之请，遂各置于两界。"[②] 此后，海陵、世宗、章宗、宣宗等朝均在宋金边界设立榷场进行贸易。另外，《钦定续文献通考·征榷考·榷茶》也记载："金代的茶除宋人岁供之外，皆贸易于宋界之榷场。"[③] 金宋之间的经济贸易相当频繁，无论是官方合法层面上的交易，还是民间私下交易都十分活跃，在双方的经济贸易过程中，不可避免地会带来游牧和农耕两种文化间的相互传播和影响，中原农耕民族的文明也通过民族之间的互市交易融入北方游牧民族的生活习俗之中。同时，北方游牧

---

① （元）脱脱. 宋史·食货志（下）（六）（卷一百八十四）［M］. 北京：中华书局，1977：4502.

② （元）脱脱. 金史·食货志（五）（卷五十）［M］. 北京：中华书局，1975：1113.

③ （清）嵇璜. 钦定续文献通考·征榷考·榷茶（卷二十二）（《四库全书》）［M］. 1747.

民族之间的文化也受到相互经贸交往的影响。《金史·食货志》记载："世宗大定三年（1163 年），市马于夏国之榷场。"① 可见，不仅是北方游牧民族和中原农耕民族政权之间存在经济上的互市交流现象，其他游牧民族政权之间也存在贸易互市，这也是促成不同民族间婚姻风俗习惯的互相影响和交融的媒介。

辽金元时期的少数民族政权在建立后，都选择了向南发展，在中原农耕地区建立中央集权的统治。在这一转型过程中，必然会出现由北方少数民族的游牧经济向中原农耕民族的封建经济转型，将原有的游牧部落经济单位转变为中原农耕一家一户为单位的小农经济，这一转变过程中最明显的变化体现在税收、服役形式以及敛财行为上，而经济发展形式和赋役制度的改变也潜移默化地推动北方游牧民族婚姻习俗的变迁。

一是，税收成为主要的财政收入。辽金元时期少数民族放弃了原有的游牧性的生产方式，转而从事规模化的中原农业生产，在这一时期，由于建立了相对统一的王朝政权，部族之间的互相抢夺减少，中央政府的主要财政收入来源于税收。《金史·食货志》记载："金制，官地输租，私田输税。"② 可见，在金朝已经出现了对地方进行租税征收的现象，这不仅是对中原农耕区的民户，女真所特有的猛安谋克户也不例外，需缴纳"牛头税"。它是猛安谋克部女真户所输之税，"其制每耒牛三头为一具，限民口二十五受田四顷四亩有奇，岁输粟大约不过一石，官民占田无过四十具。天会三年（1125 年），太宗以岁稔，官无储积无以备饥馑，诏令一耒赋粟一石，每谋克别为一廪贮之。四年（1126 年），诏内地诸路，每牛一具赋粟五斗，为定制。"③ 这既是受中原农耕文明政治经济文化的影响，也是女真政权封建化进程的一个突出表现。蒙古人建立政权后，财政收入也主要依靠税收。《元史·耶律楚材传》记载："太祖之世，岁有事西域，未暇经理中原，官吏多聚敛自私，赀至钜万，而官无储偫。近臣别迭等言：'汉

① （元）脱脱. 金史·食货志（五）（卷五十）［M］. 北京：中华书局，1975：1113-1114.

② （元）脱脱. 金史·食货志（二）（卷四十七）［M］. 北京：中华书局，1975：1055.

③ （元）脱脱. 金史·食货志（二）（卷四十七）［M］. 北京：中华书局，1975：1062-1063.

人无补于国，可悉空其人以为牧地。'楚材曰：'陛下将南伐，军需宜有所资，诚均定中原地税、商税、盐、酒、铁冶、山泽之利，岁可得银五十万两、帛八万匹、粟四十余万石，足以供给，何谓无补哉？'帝曰：'卿试为朕行之。'乃奏立燕京等十路征收课税使，凡长贰悉用士人。"① 从以上史料的记载我们可以看到，北方游牧民族入主中原后，皆通过地租的征收来供给政府的相关支出，仿照中原的税收制度，征收的主体是以一家一户为单位，即以夫妻组成的个体家庭为主要征收对象。这在金史中有较为详细的记载，《金史·食货志》记载："金制，男女二岁以下为黄，十五以下为小，十六为中，十七为丁，六十为老，无夫为寡妻妾，诸笃废疾不为丁。户主推其长充，内有物力者为课役户，无者为不课役户。令民以五家为保。……以按比户口，催督赋役，劝课农桑。"② 因此，经济和赋税制度的改变也是婚姻习俗变迁的助推器。二是，服役人员成为国家重要的可支配力量。北方游牧民族政权的服役政策同税收一样也发生了很大的变化，形成了与中原农耕民族非常相似的服役制度。《金史·食货志》记载："内有物力者为课役户，无者为不课役户。"③ 而元朝的服役制度中，又按照不同的户籍等级和性质派发不同的服役内容，同税收行为一样，服役的基本组成单位也是以一家一户（一夫一妻）为主要组成者的家庭，家庭数目越多，对政权而言就意味着拥有更多的服役人员以及更加充足的国家可支配的力量。可见，金朝已经形成了比较完备的户制体系，为金朝稳定的税赋收入提供了保障。在这一较为完善的户制政策下，个体家庭成为户役制度的主体，这对北方游牧民族传统婚姻习俗产生了很大的影响，使传统的部落群婚和掠夺婚逐渐为一夫一妻制所代替。三是，敛财的手段更加赤裸。这一行为在元朝时期最为突出，《元史·阿合马传》记载："阿合马，回纥人也。……世祖中统三年（1262 年），始命领中书左右部，兼诸路都转运使，专以财赋之任委之。"④ 阿合马在冶铁、盐等领域进行敛财颇有成绩，

---

① （明）宋濂. 元史·耶律楚材传（卷一百四十六）[M]. 北京：中华书局，1976：3458.

② （元）脱脱. 金史·食货志（一）（卷四十六）[M]. 北京：中华书局，1975：1031.

③ （元）脱脱. 金史·食货志（一）（卷四十六）[M]. 北京：中华书局，1975：1031.

④ （明）宋濂. 元史·奸臣·阿合马列传（卷二百五十）[M]. 北京：中华书局，1976：4558.

迎合了世祖急于富国的心理。赵翼的《廿二史劄记》也有相关的记载："中统三年（1262年），即以财赋之任委阿合马。兴铁冶，增盐税，小有成效，拜平章中书政事。又立制国用司，以阿合马领使事。已复罢制国用司，立尚书省，以阿合马平章尚书省事。奏括天下户口，下至药材榷茶，亦纤屑不遗，其所设施，专以掊克敛财为事。"① 在元朝时期，除了正常的赋税税收之外，统治者还大肆实行敛财行为，进一步在被统治民族中进行搜刮。除了对商人和手工业者以赋税税种形式征敛外，对农民家庭的税收方式仍然以增加对户口（编户齐民）的税收为主，更多的户口数量对于计臣（阿合马等）而言，意味着更多的财政收入。所以，小的一夫一妻制为主的家庭成为税收的主体，这也是婚姻习俗变迁的一个诱因。

总体而言，随着少数民族的经济发展模式由游牧型非稳定经济向稳定型中原农耕经济转变，家庭的组成成员及组成成员的数量，在人口限定的条件下，极严重地影响了王朝控制下的家庭数量，在中原封建王朝的税收经济制度下，更多的户口数则意味着更多的税收经济来源，少数民族原有传统习俗中的群婚制同居家族习俗和一夫多妻的传统习俗在经济方面上的基础被打破，一夫一妻制家庭模式成为经济转型发展的必要条件。

三、儒家文化的渗透

北方游牧民族在政权建立之初，其"旧俗"尚支配一切，占据上风。随着中原文化的融入和渗透，逐渐形成了以儒家思想为主导的多元的北方游牧民族文化。相对历史较为悠久的女真文化而言，其建立政权后，相继吞并辽和北宋部分地区，在中国北部建立了长达120年较为稳固的统治。在此期间，女真以开放的姿态，吸收和融合了中原农耕民族和其他各民族文明的精华，促进了本民族的飞跃发展。儒家文化对契丹和蒙古文化的影响也较深远，尤其是元政权建立的是疆域辽阔且统一的多民族王朝，在其统治范围内有众多一直受儒家文化影响的汉民族，因此，元政权在王朝治理的过程中，儒家传统文化是必须面对而无法回避。同时，各游牧民族政权都用自己的方式博采兼纳儒家文化，使本民族文化获得了丰富的滋

---

① （清）赵翼著，王叔民校证. 廿二史劄记校证［M］. 北京：中华书局，2013：723.

养，成为具有较高水平的多元文化。

儒家文化对律法的影响。《金史·刑志》记载了金朝初制法律时主要参照的中原农耕民族的法制，即"兼采隋、唐之制，参辽、宋之法，类以成书，名曰《皇统制》，颁行中外"①。从汉武帝重用儒学大师董仲舒改良儒学之后，儒家学说就成了中原政权中不可缺少的一部分，在政治发展和法律建设过程中都产生了重要影响。中原农耕民族政权中的法律不论是《开皇律》《唐律疏议》还是《宋刑统》，儒家文化的影响都非常明显，而金朝的法律制定以这两朝法律为蓝本，尤其是金代立法集大成者的《泰和律》，更是以唐律为楷模，形成了金代具有多元特色的法制，并对元朝法律制度产生深远的影响。《元史·刑法志》记载："至英宗时，复命执宰儒臣取前书而加损益焉，书成，号曰《大元通制》。"② 元朝早期吸收金朝的《皇统律》，作为规范本民族行为规范的准则，但是由于《皇统律》过于严苛，并且不适应帝国的统治，后令人编纂本朝法律，在编撰法律的人员中，有一大部分人是儒学群体，在儒家代表人物编撰法律条文的过程中，其本身自带的儒学文化思想观念会潜移默化地影响法律条文内容。如在元法典中的十大罪便非常明确地展现出了在儒家思想中非常重视的忠君观念和孝道观念，可以说在元朝编纂法典的过程中，儒学文化的作用展现得极其明显。据《元史类编·世祖纪》记载："中统二年（1261 年）四月，听儒士被俘者，赎为民。"③ 可见，北方游牧民族所颁布的法律不仅制定法律条文时受到了儒学文化的影响，而且在法律条文编撰的目的性上，也对儒家学者有一定的保护和偏向倾向。

总之，在各少数民族政权的法律修订过程中，不论是其内容还是其执行方式，都受到了儒学文化深刻的影响，儒家文化中的忠、孝、廉、洁、仁、义观念影响了少数民族法律的规定，这些观念对于父死子继的收继婚、以劫掠为主要手段的劫掠婚姻和家族内部杂乱的群婚制度产生了极大的冲击，同时儒学文化中所携带的男本位的倾向也对尚未完全脱离母系氏族社会的少数民族风俗习惯产生了冲击，雇佣制式的女本婚姻形式基本消

①　（元）脱脱. 金史·刑志（一）（卷四十五）［M］. 北京：中华书局，1975：1015.
②　（明）宋濂. 元史·刑法志（一）（卷一百零二）［M］. 北京：中华书局，1976：2603.
③　（清）邵远平. 元史类编·世祖纪［M］. 台北：文海出版社，1984.（扫叶山房本）.

失于儒学体系的冲击之下。

儒学与教育及科举。少数民族政权建立后，为招纳人才扩充统治基础，大多数少数民族政权实行了与中原王朝一致的科举制度或者文化选举制度。《续通典》记载："十二月，诏设学养士，颁五经传书。皆依法汉人入学之制。"① 通过上述材料的记载，我们可以看出，北方游牧民族政权的统治阶级非常重视文化的培养与传播，并且参照汉族中原王朝的体制，允许本民族及统治下的其他民族入学进行学习。而所颁布作为教材标准的教科书——五经之书，也属于儒家经典范围。另外，从《契丹国志》所记的"文分两科，曰诗赋，曰经义，魁各分焉"② 可知，在辽朝时期已经有文化选举的方式，其中在文举方面以诗赋经义为主，选举主要的标准是对儒学文化内容掌握程度的优劣。而《金史·选举志》记载："金设科皆因辽、宋制，有词赋、经义、策试、律科、经童之制。海陵天德三年（1151年），罢策试科。世宗大定十一年（1171年），创设女直进士科，初但试策，后增试论，所谓策论进士也。明昌初，又设制举宏词科，以待非常之士。故金取士之目有七焉。其试词赋、经义、策论中选者，谓之进士。律科、经童中选者，曰举人。"③ 金朝时期也仿照中原政权设置了科举制的选举方式，主要考试方面仍然是经义策论和律科经义，儒学文化的高低已经成为金朝选任官员的标准。《元史·选举志》记载："太宗始定中原，即议建学，设科取士。世祖中统二年（1261年），始命置诸路学校官，凡诸生进修者，严加训诲，务使成材，以佣选用。至元十九年（1282年）夏四月，命云南诸路皆建学，以祀先圣。二十三年（1286年）二月，帝御德兴府行宫，诏江南学校旧有学田，复给之以养士。二十八年（1291年），令江南诸路学及各县学内，设立小学，选老成之士教之，或自愿招师，或自受家学于父兄者，亦从其便。其他先儒过化之地，名贤经行之所，与好事之家出钱粟赡学者，并立为书院。"④ 元朝时期，不仅中央官方学术由儒

① （清）嵇璜. 钦定续通典·选举（卷二十二）（《四库全书》）［M］.1747，影印版.

② （宋）叶隆礼. 契丹国志［M］. 北京：中华书局，2014：253.

③ （元）脱脱. 金史·选举志（一）（卷五十一）［M］. 北京：中华书局，1975：1130–1131.

④ （明）宋濂. 元史·选举志（一）（卷八十一）［M］. 北京：中华书局，1976：2032.

家学术为主导，在地方上学术仍然以儒家学术占主要地位，地方已经出现了类似于私塾的私立或者是半私立半公立的小型教育机构，其教育思想和教育成员仍从儒家学说和儒生中选择。

随着儒家思想成为少数民族政权的主流教育思想以及选拔官员的主要考核内容和标准，儒家思想在少数民族政权内的流传范围不断扩大，流传速度得到进一步提升，更多的少数民族内部成员接受了儒家思想的教导。随着科举制度的发展，少数民族政权内部成员如果想要在中央机构担任官职，或者得到一定的职务，则必须参加科举考试，这就使少数民族政权统治的范围内，所有的士人都倾心于儒学文化的学习，不论是汉人还是少数民族成员，在这一过程中，儒家思想潜移默化地影响了他们的风俗习惯，包括婚俗习惯。

儒家思想与皇权继承之间的关系。由于各种原因，少数民族政权受到儒家文化的影响非常深，而少数民族政权所接纳的儒学思想，并非先秦诸子百家时期的儒家思想，而是汉武帝时期董仲舒修改之后的儒学思想。董仲舒所宣扬的儒学思想中包含了皇权至上不可僭越不可转移的理论，这一思想也影响了少数民族皇位继承的观念，契丹民族的世婚制所存在的原因就是为了将契丹民族政权的绝对权力掌握在两个大的氏族手中，以防其民族政权的统治权力旁落，但是随着儒家文化的传入并且深刻地影响政权范围内的各阶层，皇位世袭不可转移的思想已经彻底地深入人心，世婚制存在的政治基础，即保护权力继承单线下传的作用已经不复存在，被儒家文化的皇权世袭取而代之，契丹世婚制也逐渐发生了变化。同样，金代女真人中母系氏族的残留仍然十分明显，《大金国志》就记有："既成婚，留于妇家执仆隶役，虽行酒进食，皆躬亲之。"① 这种"居妇家"的传统在中原文化中早已遗失殆尽，但是早期的金朝仍然保留着母系氏族社会的习俗。然而，随着中原文化尤其是儒家文化更广泛地融入，越来越多的人接受了儒家文化思想的价值观念，男权的地位逐渐提高，少数民族原有民族习俗中与中原文化趋向不同的部分受到越来越严重的冲击和动摇，直到彻底消失殆尽。

---

① 宇文懋昭. 大金国志校证（卷三十九）［M］. 北京：中华书局，1986：554.

在婚姻习俗方面表现比较突出的是贞节观念逐渐形成，并给予女性思想禁锢和道德束缚越来越强。《金史·忠义传》记载：金宣宗兴定二年（1218 年），元军围困太原并很快破城，金军守将乌古论德升"谓其姑及其妻曰：'吾守此数年，不幸力穷。'乃自缢而死。其姑及其妻皆自杀。"①《金史·列女传》记载的撒合辇之妻独吉氏、完颜长乐妻蒲察氏、陀满胡土门之妻乌古论氏、参政完颜素兰妻、完颜忙哥妻温特罕氏等人在历经崔立之变时，为避免遭到乱军侮辱使其夫家蒙羞，纷纷自杀以保全名节。辽代契丹人受中原儒家文化的影响相对较小，其原因是："辽据北方，风化视中土为疏。终辽之世，得贤女二，烈女三，以见人心之天理，有不与世道存亡者。"②因此，在《辽史·列女传》中只记载了耶律氏常哥、耶律奴妻萧氏、耶律术者妻萧氏、耶律中妻萧氏四个烈女。但元政权最后一统中原，其《元史·列女传》中记载的烈女比较多，其中属于北方游牧民族的有：同知湖州路事耶律忽都不花妻移剌氏也、哈剌不花妻脱脱尼、同知宣政院事罗五十三妻贵哥、大宁路达鲁花赤铁木儿不花之妻也先忽都、观音奴妻卜颜的斤等。《元史·列女传》开篇也提道："元受命百余年，女妇之能以行闻于朝者多矣，不能尽书，采其尤卓异者，具载于篇。其间有不忍夫死，感慨自杀以从之者，虽或失于过中，然较于苟生受辱与更适而不知愧也，有间矣。故特著之，以示劝厉之义云。"③可见，贞节观已是统治阶级教化女性的一种工具。

儒家文化的传入，使北方游牧民族女性脱离了原始婚俗的摧残，女性的个人意志得到一定的尊重，游牧民族又向文明迈出了一大步。但随着儒家文化的深入，统治者根据自身统治的需要，将儒家思想中的等级制度不断扩大化，性别等级愈加明显，对女性的束缚也越来越大。而儒家思想中的男尊女卑观念，使女性在婚姻家庭中不得不屈从于男性。男权至上的思想观念使北方游牧民族古朴的民族特性渐趋消失。而贞操节烈的思想又使女性丧失了争取幸福的权利。幸者终身守寡养育子女为人称道，不幸者直接随夫亡而自杀失去生命，以上行为虽可彰名于史书，但个中滋味也只有贞节烈妇自己知道。

四、军事战争的诱发

10—14 世纪是北方游牧民族政权与中原政权割据分立的动荡时期，各个政权之间的战争在元帝国统一前从未停止过。在战争过程中，北方游牧民族原有的组织形态发生了很大变化，既有冲击破坏，也有施影响于他族。

金灭辽的过程极大地破坏了辽朝的部族组织形式，使辽朝部族间的婚姻无法正常维持，致使契丹部族间婚姻出现了转型或转变。

女真独有的猛安谋克组织随着金朝势力的发展和扩大，其影响已超出本族的范围而扩大到其占领区域中。女真占有辽朝统治的东北州县及各族的地区之后，"便以猛安谋克改编降附的民族，并将女真猛安谋克安插在东北的各地，占有辽的南部燕云和北宋的北部地区后，又将猛安谋克分批地迁入其地。这样，在中国北部的民族人口分布上，便发生前所未有的大变化"①。金、宋是北方各族人口大迁徙、大调动的一个重要时期，各民族在迁徙流动的过程中逐渐融合。《三朝北盟会编》中载有范仲熊的《北记》，其中提道："丙午岁（1126 年）十一月，粘罕（宗翰）陷怀州，杀霍安国。范仲熊贷命令往郑州养济，途中与燕人同行，因问：'此中来者是几国？共有多少兵马？'其番人答言：'此中随国相来者，有达靼家、有奚家、有黑水家、有小葫芦家、有契丹家、有党项家、有黯戛斯、有火石家、有回鹘家、有室韦家、有汉儿家，共不见得数目。'"② 从这里我们可以看到南下中原的猛安谋克军中涵盖了北方各民族，这也是民族融合在军事上的表现。在战争中，无论是猛安谋克南迁，还是汉人北迁，都是通过武力来实现的，但也客观上造成了民族间的大杂居。在各民族交往的过程中，婚姻成为相互沟通融合的桥梁。《金史·兵志》记载："猛安谋克杂厕汉地，听与契丹、汉人昏因以相结固。"③《金史·兵志》在记述大定二十一年（1181 年）三月移河北东路两猛安之后，上曰："朕始令移此，欲

① 张博泉等. 金史论稿第一卷［M］. 长春：吉林文史出版社，1986：345.
② （宋）徐梦莘. 三朝北盟会编（卷九十九）［M］. 上海：上海古籍出版社，2008：730.
③ （元）脱脱. 金史·兵志（卷四十四）［M］. 北京：中华书局，1975：991.

令与女直户相错，安置久则自相姻亲，不生异意，此长久之利也。今者移马河猛安，相错以居，甚符朕意，而遥落河猛安不如此，可再遭兵部尚书张那也，按视其地，以杂居之。"① 可见迁移这两个猛安是为了使他们和女真人猛安杂居通婚，以期两族和睦相处。《金史·章宗本纪》也载有："明昌二年（1191 年）四月，戊寅朔，尚书省言：'齐民与屯田户往往不睦，若令递相婚姻，实国家长久安宁之计'，从之。"② 章宗泰和六年（1206年）十一月乙酉，下诏"屯田军户与所居民为婚姻者听"。③ 章宗时期正式以法律的形式规定通婚的自由，恰恰是猛安谋克封建化进一步深入，与其他民族间通婚越来越多的最好例证。正如蔡戡在《论和战》中说："女真人'后来生于中原者，父虽虏种，母实华人，非复昔日女真。'"④ 随着军事扩张程度的加深，北方游牧民族进入中原的范围逐渐增大，与中原农耕民族之间的融合程度也越来越深，民族之间行为习俗的相互影响成为必然。

辽金元时期，北方游牧民族政权虽然以武力战争作为征伐中原的主要方式，但同时也以通婚联姻为手段对其他民族进行了拉拢和同化。宋辽之间就曾出现契丹屯兵宋辽边境上的情况，派遣大臣萧英、刘六符来索求关南土地。宋廷挑选回访官员，但都因契丹居心叵测而不敢出行，吕夷简因此推荐富弼。欧阳修援引颜真卿出使李希烈被害之事，希望富弼不要出使，但富弼还是决定冒死出使契丹。并入朝对皇帝说："主忧臣辱，臣不敢爱其死。"⑤ 宋朝皇帝为之动容，先任命他接待陪伴契丹使者萧英等入境，中使迎候慰劳他们，但萧英称病不拜，富弼说："昔使北，病卧车中，闻命辄起。今中使至而君不拜，何也？"⑥ 由于富弼与之坦诚地交谈，使萧英感动，也不再隐瞒实情，就把契丹君主的企图秘密地告诉了他，并说：

① （元）脱脱．金史·兵志（卷四十四）［M］．北京：中华书局，1975：995

② （元）脱脱．金史·章宗本纪（一）（卷九）［M］．北京：中华书局，1975：218.

③ （元）脱脱．金史·章宗本纪（四）（卷十二）［M］．北京：中华书局，1975：278.

④ （明）杨士奇、黄淮等编著．历代名臣奏议·征伐（卷二百三十四）［M］．台北：台湾学生书局，1986：3107.

⑤ （元）脱脱．宋史·富弼列传（卷三百一十三）［M］．北京：中华书局，1977：10250.

⑥ （元）脱脱．宋史·富弼列传（卷三百一十三）［M］．北京：中华书局，1977：10250.

"可从，从之；不然，以一事塞之足矣。"① 富弼将这些全部上奏："帝唯许增岁币，仍以宗室女嫁其子。"② 这段史料就说明了，北方游牧民族与中原王朝之间虽然有战争，但和亲也是维持和平稳定的一种方式。

在北方游牧民族南下征伐的过程中，军队也逐渐出现民族多元化现象，尤其是汉人在军队中占相当比例。《金史·兵志》中记载："及其得志中国，自顾其宗族国人尚少，乃割土地、崇位号以假汉人，使为之效力而守之。猛安谋克杂厕汉地，听与契丹、汉人昏因以相固结。迨夫国势浸盛，则归土地、削位号，罢辽东渤海、汉人之袭猛安谋克者，渐以兵柄归其内族。然枢府签军募军兼采汉制，伐宋之役参用汉军及诸部族而统以国人，非不知制胜长策在于以志一之将、用力齐之兵也，第以土宇既广，岂得尽任其所亲哉。"③ 因女真人口少，金军中其他民族成员尤其是汉人较多，但因女真人居于统治地位，其多民族的正规军一般都采用猛安、谋克编制，非正规军主要由汉人组成。金军的多民族成分，在增加兵员数额的同时，也促进了各民族间的融合。元朝时军队的民族成分也非常多，并以民族归属来命名军队。如《元史·兵志》中记载，除了蒙古军（蒙古人）、探马赤军（诸部族）、汉军（中原人）外，"又有契丹军、女直军、高丽军，云南之寸白军，福建之畲军……"④ 我们发现，不仅元代的军队出现了以汉人为主体的军种，其他少数民族也被编入到元代军队中。在这一时期，各少数民族的军队都呈现出了多元化的倾向，军队中不同民族间的文化影响和传播更加明显，各民族之间的风俗习惯以及婚姻习俗随之快速融合和传播。

因此，军事战争在各民族婚姻习俗变迁中起到了一定的诱发作用。

五、宗教信仰的多元

随着北方游牧民族统治范围的不断扩大，流传在汉族统治区域的各种宗教也逐渐被接纳。中原地区的宗教信仰被纳入游牧民族政权管理体系

① （元）脱脱.宋史·富弼列传（卷三百一十三）［M］.北京：中华书局，1977：10250.
② （元）脱脱.宋史·富弼列传（卷三百一十三）［M］.北京：中华书局，1977：10250.
③ （元）脱脱.金史·兵志（卷四十四）［M］.北京：中华书局，1975：991-992.
④ （明）宋濂.元史·兵志（一）（卷九十八）［M］.北京：中华书局，1976：2509.

中，并与原始宗教相融合，使北方游牧民族宗教信仰出现多元化的趋势，思想意识形态的变化直接影响人们的婚姻习俗。

北方游牧民族原始宗教信仰以萨满教为主，其主要的表现形式是自然崇拜。在契丹和女真人的心目中，天神是至高无上的，主宰着神界和人间的生死福祸和万事万物，当然也包括婚姻关系。田广林先生在《契丹礼俗考论》中也提道："与天神地位相当的是地神，天神和地神相当于皇帝和皇后，契丹人世代传说的青牛白马祖神传说，就是直接与天地对号，是天地结合，方才生出契丹八部。"① 契丹人的婚姻习俗就源于青牛白马这一自然崇拜传说，他们认为自己是两位仙人的后代，分别是青牛仙人和白马仙人，而两个人的后代分别繁衍形成了耶律氏族和萧姓氏族，这也是辽代世婚制所存在的宗教基础。女真人同样也非常崇信万物有灵，崇敬天神，认为人的吉凶祸福、所有的一切都是天意。同时，女真人还笃信各种征兆和梦卜以及擅长行巫术的萨满。在女真人的心目中，萨满是神的使者，也是沟通神、人之间的桥梁，萨满在金建国初期"充当了维护氏族外婚制的重要精神力量"②。对于蒙古人的信仰，《多桑蒙古史》中记载："鞑靼民族之信仰与迷信，与亚洲北部之其他游牧民族或野蛮民族大都相类……崇拜日月山河五行之属，出帐向南，对日跪拜，奠酒于地，以酹天体五行。"③萨满教主张万物有灵，这一观念是在生产力水平和智力都受到限制的条件下产生的，是北方游牧民族婚姻习俗文化留下的重要积淀。

辽金元时期，契丹、女真、蒙古等北方游牧民族在婚姻形式上几乎都实行世婚制。各民族早期氏族内严格遵守的根本原则是族内不婚，同氏族的男女发生性关系被看作乱伦，要受到严厉的惩罚，直至近代依然如此。"事实上，所有通古斯各集团，无一例外，仍在实行氏族外婚制，或在最近期间曾经实行。"④ 在北方游牧民族中，萨满是维护氏族族外婚的重要精神力量。萨满教祭礼不仅为氏族外婚制的实行创造了条件，也是萨满对族

① 田广林. 契丹礼俗考论［M］. 哈尔滨：哈尔滨出版社，1995：11.
② 李忠芝. 金代世婚制度与萨满文化［J］. 长春大学学报，2008（6）.
③ ［瑞典］多桑. 多桑蒙古史（上册）［M］. 冯承钧译. 北京：商务印书馆，2015：36.
④ ［俄］史禄国. 北方通古斯的社会组织［M］. 吴有纲，赵复兴，孟克译. 呼和浩特：内蒙古人民出版社，1984：334.

中后代进行两性关系教育和指导的重要场合。"北方诸族多由年长的女萨满向族中青年和新婚夫妇传授生理婚育知识，讲述性交方法，对何人与何人可结合、什么时候可结合等具体问题亦予以具体的指导。"① 因此，北方游牧民族在氏族社会阶段形成的世婚制也不可避免地受到了原始宗教萨满文化的影响。

北方游牧民族建立政权后，特别是中原农耕文化的逐渐融入，其原始的信仰也发生了很大的变化，逐渐接受了中原术士的占候卜筮、推算相命之说。《金史》中就记载了大定十二年（1172 年）十二月，针对宗望的儿子文（胡刺），信术士之言造反被处死，金世宗因此事下诏："德州防御使文、北京曹贵、鄜州李方皆因术士妄谈禄命，陷于大戮。凡术士多务苟得，肆为异说。自今宗室、宗女有属籍者及官职三品者，除占问嫁娶、修造、葬事，不得推算相命，违者徒二年，重者从重。"② 以此规范术士的行为，并要求宗室成员及三品以上的官员以身作则。可见，占卜算命在女真人中也是广为流行的，尤其是受中原文化的影响，婚姻习俗中的六礼之一"问名"，就蕴含着占卜男女双方姻缘是否相合之意。

随着北方游牧民族在中原统治范围的不断扩大，在中原农耕地区流行的佛教、道教等各种思想也流传到了北方游牧民族。我们知道，宗教信仰是存在于人的精神世界内的因素，有了某种宗教的信仰，人们的行为也就自然地要受信仰的支配与约束，从而形成人在宗教意义中的文化行为，这当然也包括婚姻习俗。佛教对辽代女性影响非常大，有拥有家财万贯的贵族妇女捐资助佛，如晋国公主、承天太后（辽圣宗的母亲）、仁懿皇后（辽兴宗的皇后）、秦越大长公主（圣宗次女严母董）、宋楚国大长公主（圣宗第三女槊古）、兰陵郡萧夫人等；有崇佛信教女子吃斋念佛日常的礼佛行为；有以佛之名号如菩萨（圣宗仁德皇后萧氏小字菩萨哥）、观音（道宗宣懿皇后萧氏小字观音，世宗第二女、景宗长女均以观音为名）、弥勒（耶律弘益的夫人萧氏名弥勒女）、天王（肖孝忠的次女为观音女、幼女为天王女）作为自己的名字。可见，辽代佛教文化对女性的影响还是非常大的。同样，信仰佛教的金人，为了表达自己对宗教信仰的忠诚度往往

① 郭淑云. 原始活态文化——萨满教透视［M］. 上海：上海人民出版社，2001：375.
② （元）脱脱. 金史·宗望传（卷七十四）［M］. 北京：中华书局，1975：1712.

出家为僧（尼），这往往会对已婚家庭的夫妻关系产生很大影响。尤其是拥有家室的一些男性佛教信众要出家为僧应征得妻女方面的同意。但是，由于他们在世俗家庭中居于主导地位，在遭到妻女反对的情况下，他们可能置之不理甚至采取一些不近人情的手段。例如，慧聚寺悟闲禅师的落发愿望在取得母亲同意后，"先命二妻一子相继出家，乃以天会六年（1128年）正月，弃官入鞍山之慧聚寺"①。等觉和尚"年至二十岁，口口非坚，发离心，休妻弃子，哀祈父母，□愿出家，礼当寺准提院前□内监寺息公法师为师"②。与哀祈父母相比，悟闲、等觉对妻子、儿女的处理方法或是"送妻子出家"，或是"休妻弃子"，用世俗眼光来看，这种做法未免显得简单粗暴、不近人情，就佛教视野来看，也有违佛陀的教导③。和男性信众出家时处理妻女关系的方式相反，女性成家后若有落发之愿，一般须征得丈夫的同意，报先寺尼德净"年始过笄，父母逼令适清河子"，此后，"因念色空而当成善果。年近四十，夫矜确志，遂许出家"④。有家室的男女之所以在落发问题上有如此大的差异，关键还是千百年来形成的男尊女卑、男主女从思想影响的结果。可见，宗教信仰的变迁对婚姻关系及婚姻习俗的影响还是比较大的。

蒙古政权建立后，对宗教信仰采取的是兼容并蓄的政策，佛教、道教、基督教、伊斯兰教等各种宗教信仰在元朝大地流行，并在信仰佛教基础上又形成白莲教，在信仰道教的基础上又出现了全真教。元代统治者主要信仰的是佛教，历任皇帝都极其热衷于佛事活动，耙梳《元史》我们可以看到元世祖忽必烈时期对佛事非常重视，"中统三年（1262年）十二月戊寅，作佛事于昊天寺七昼夜，赐银万五千两"⑤。"至元六年（1269年）

---

① 王新英. 金代石刻辑校（刘长言：《严行大德闲公塔铭》）［M］. 长春：吉林文史出版社，2009：118.

② 梅宁华. 北京辽金史迹图（下）（志沙门法迪：《当寺准提院故供养主等觉灵塔铭》）［M］. 北京：北京燕山出版社，2003：290.

③ 佛教关于家庭关系的主张参见菩提. 佛教家庭伦理观初探［J］. 法音，2003（5）；圣严. 佛教的家庭观［J］. 法音，2006（9）；胡同庆. 佛教的家庭观念［J］. 文史杂志，1988（4）.

④ 梅宁华. 北京辽金史迹图（下）（《大金中都报先寺尼德净灵塔记》）［M］. 北京：北京燕山出版社，2003：102.

⑤ （明）宋濂. 元史·世祖本纪（二）（卷五）［M］. 北京：中华书局，1976：89.

十二月己丑，作佛事于太庙七昼夜。"① "至元八年（1271 年）五月己巳，修佛事于琼华岛。"② "至元十三年（1276 年）九月壬辰朔，命国师益怜真作佛事于太庙。"③ "至元十六年（1279 年）六月癸卯，五台山作佛事。"④ "至元十六年（1279 年）秋七月命散都修佛事十有五日。"⑤ "至元十八年（1281 年）三月丙申，车驾还宫。诏三茅山三十八代宗师蒋宗瑛赴阙。遣丹八八合赤等诣东海及济源庙修佛事。"⑥ "至元二十二年（1285 年），命帝师也怜八合失甲自罗二思八等递藏佛事于万安、兴教、庆寿等寺凡一十九会。"⑦ "至元二十三年（1286 年）命西僧递作佛事于万寿山、玉塔殿、万安寺，凡三十会。"⑧ "至元二十四年（1287 年），命西僧监藏宛卜卜思哥等作佛事坐静于大殿、寝殿、万寿山、五台山等寺，凡三十三会。"⑨ "至元二十五年（1288 年）十二月命亦思麻等七百余人作佛事坐静于玉塔殿、寝殿、万寿山、护国仁王等寺，凡五十四会。"⑩ "至元二十六年（1289 年），幸大圣寿万安寺，置旃檀佛像，命帝师及西僧作佛事坐静二十会。"⑪ "至元二十七年（1290 年），命帝师西僧递作佛事坐静于万寿山厚载门、茶罕脑儿、圣寿万安寺、桓州南屏庵、双泉等所，凡七十二会。"⑫ "至元二十八年（1291 年）十二月，令僧罗藏等递作佛事坐静于圣寿万安、涿州寺等所，凡五十度。"⑬ "至元二十九年（1292 年）命国师、诸僧、咒师修佛事七十二会。"⑭ "至元三十年（1293 年），作佛事祈福五十一。"⑮ 元世祖

① （明）宋濂．元史·世祖本纪（三）（卷六）［M］．北京：中华书局，1976：123.
② （明）宋濂．元史·世祖本纪（四）（卷七）［M］．北京：中华书局，1976：135.
③ （明）宋濂．元史·世祖本纪（六）（卷九）［M］ 北京：中华书局，1976：185.
④ （明）宋濂．元史·世祖本纪（七）（卷十）［M］．北京：中华书局，1976：214.
⑤ （明）宋濂．元史·世祖本纪（七）（卷十）［M］．北京：中华书局，1976：215.
⑥ （明）宋濂．元史·世祖本纪（八）（卷十一）［M］．北京：中华书局，1976：230.
⑦ （明）宋濂．元史·世祖本纪（十）（卷十三）［M］．北京：中华书局，1976：283.
⑧ （明）宋濂．元史·世祖本纪（十一）（卷十四）［M］．北京：中华书局，1976：294.
⑨ （明）宋濂．元史·世祖本纪（十一）（卷十四）［M］．北京：中华书局，1976：303.
⑩ （明）宋濂．元史·世祖本纪（十二）（卷十五）［M］．北京：中华书局，1976：318.
⑪ （明）宋濂．元史·世祖本纪（十二）（卷十五）［M］．北京：中华书局，1976：329.
⑫ （明）宋濂．元史·世祖本纪（十三）（卷十六）［M］．北京：中华书局，1976：343.
⑬ （明）宋濂．元史·世祖本纪（十三）（卷十六）［M］．北京：中华书局，1976：354.
⑭ （明）宋濂．元史·世祖本纪（十四）（卷十七）［M］．北京：中华书局，1976：369.
⑮ （明）宋濂．元史·世祖本纪（十四）（卷十七）［M］．北京：中华书局，1976：376.

时期规模较大的佛事共有 16 次，从至元二十二年（1285 年）开始到至元三十年（1293 年），近十年间几乎每年都要进行佛事活动。此外，元代的武宗、英宗、泰定帝、文宗等帝王在位期间也都进行大规模的佛事活动，目的还是希望通过所做的功德广结善缘，祈求佛祖保佑，以降福免灾。统治阶层如此大规模地宣扬佛教，在当时社会产生了很大的影响，而佛教的因果报应，转世轮回，积善积德，以修来生的思想对于女性而言，恪守传统伦理道德就是最好的修行。因此，元朝时期婚姻习俗中的收继之举也就成了有悖人伦的行为而受到人们的诟病。

《宋辽夏金元史》中记载："蒙古攻灭西辽，遂西与花剌子模接壤。"《元史类编》中也有记载："进入吐蕃，渠长唆火脱惧，出降。"① 以上史料说明，随着元朝统治地区的扩大，西藏地区已经全部或大部分纳入了元朝帝国的版图，而这个地区最为流行的宗教信仰就是佛教。随着地区之间各方面交流的不断深入以及人员流动的进一步频繁，佛教必然流传到统治政权的内部中。另外，《元史·释老传》中记载："元起朔方，固已崇尚释教。及得西域，世祖以其地广而险远，民犷而好斗，思有以因其俗而柔其人，乃郡县土蕃之地，设官分职，而领之于帝师。乃立宣政院，其为使位居第二者，必以僧为之，出帝师所辟举，而总其政于内外者，帅臣以下，亦必僧俗并用，而军民通摄。于是帝师之命，与诏敕并行于西土。"② 由此我们可以看出，随着统治地区的扩大，统治阶级和被统治阶级的矛盾也逐渐发生，甚至激化，为了防止地区矛盾进一步恶化，元朝的统治者选择了由地方的文化入手进行怀柔，对于西域地区所行的方法，就是进一步发展并吸收佛教，给宗教成员以政治上的特殊权利，来稳定西域地区的统治。佛教对蒙古及元政权产生了如此大的影响，很重要的原因就是统治疆域的广大，需要一种信仰来对统治地区进行怀柔或者进行思想统治。在怀柔政策的实施过程中，蒙古及元政权的统治者给予宗教信仰成员非常大的特殊权利。首先是他们在法律上享有一定的特权。《元史·刑法志》中记载："诸僧、道、儒人有争，有司勿问，止令三家所掌会问。"③ 对于僧、道、

---

① （清）邵远平．元史类编·世祖纪［M］．台北：文海出版社，1984．扫叶山房本．

② （明）宋濂．元史·释老传（卷二百零二）［M］．北京：中华书局，1976：4520.

③ （明）宋濂．元史·刑法志（一）（卷一百零二）［M］．北京：中华书局，1976：2620.

儒之间的意见争执，连有司都无权过问，只有三家宗教的领导机构才可以过问。可见，在元朝帝国的政权时期，宗教集团人士在政治上和法律上拥有比平民更高的地位。同时，还通过重用宗教集团内部成员参与政治的方式来拉拢宗教成员获得支持。《元史类编·宪宗纪》中记载："二年冬，以西域僧那摩为国师，总天下释教。"① 宗教成员的领袖在自己的宗教集团内部拥有了较高的权力，并且可以以政治人物的身份进入统治阶级内部参与决策，可以说，元朝帝国通过政治扶持的手段，获得了各宗教集团的支持，同时以宗教作为维护自己政权统治的基本手段之一。《宋辽夏金元史》记载："顺帝荒淫乱政，于是韩山童等遂假借白莲教首先发难，而群雄纷起。"白莲教本身是作为佛教的一个分支而出现的，但是其教义在某些形式上又类似于索罗亚斯德教，或者说类似于宋代时期曾经出现过的吃菜事魔教。义军以白莲教的名义作为旗帜来招揽起义的农民，在以宗教作为手段进行人员招揽的过程中，其宗教信仰及宗教内涵必然深入人心。而白莲教的教义中禁止淫邪、反对杂乱无度的婚姻及情欲关系、禁止偷盗保护个人私有财产的教义，都与少数民族政权中的原有风俗有着或大或小的差异。禁止淫邪则群婚制受到抵制，反对杂乱无度的婚姻制则原有的不分辈分的婚姻受到抵制，禁止偷盗并保护个人私有财产则严重地冲击了原有的劫掠婚姻的存在，更不允许将妇女作为个人私有财产进行随意掠夺和交易。在白莲教的发展过程中，少数民族政权中原先存在的不符合汉民族的文化认同的部分都受到了严重的冲击。

第二节　婚姻习俗变迁的特征

辽金元时期北方游牧民族婚姻习俗经历了漫长的历史发展过程，各民族在发展的过程中面对中原农耕文明及其他外域文化，在各种文化与文明交融的过程中，其婚姻习俗呈现出独有的继承性、变异性、恢复性和冲突性，并随着文化的变迁而不断发展变化，形成 10—14 世纪中国北部疆域

---

① （清）邵远平. 元史类编·世祖纪 [M]. 台北：文海出版社，1984.（扫叶山房本）.

独树一帜的风景，丰富了中国传统习俗文化，使各民族在融合中走向更高的发展。

一、北方游牧民族婚姻习俗的继承性

婚姻习俗的继承性，指的是某一婚姻习俗一旦得到广大群众的承认，就会自觉地沿袭下去，世代相传。① 婚姻习俗文化作为约定俗成的一种社会现象具有一定的传承性，这种继承与民族心理密切相关，它能在民族内部产生凝聚力和向心力，对传承和发展本民族文化具有重要的意义，也是习惯和礼俗使然。在长期的社会实践中，指导人们行动准则的传统的习惯和礼俗在不知不觉中形成。根深蒂固的习惯和礼俗在婚姻上发挥着很大的效力，使人们在生活中不自觉地去遵守。北方游牧民族婚姻习俗的继承性主要体现在两个方面：一是对本族婚姻习俗的继承，也就是民族认同；二是对他民族尤其是中原农耕文明较为先进文化的继承，也就是文化认同。无论是哪种认同都不是一成不变地继承，而是依据统治阶级的需要有选择地继承。如契丹的两姓婚（耶律氏与萧氏世为婚姻），女真、蒙古的皇族与特定族群的世婚制，虽在社会发展过程中有些改变，但这一婚俗基本被继承下来，一直延续到王朝的灭亡。另外就是收继婚俗，无论是契丹人、女真人还是蒙古人在婚姻习俗中都存在收继婚习俗，从现存的史料我们可以推算出，10—14 世纪北方游牧民族的收继婚俗几乎与其政权存在相始终。《旧唐书》记载，唐开元年间，"契丹松漠郡王郁于病死，弟吐于代统其众，袭兄官爵，复以燕郡公主为妻"②。契丹政权建立后，收继婚制依然存在，并且契丹人的墓志中也有相关的记载，《耶律庶几墓志》就载有："惯宁相公故，大儿求哥，其继母骨欲夫人宿卧，生得女一个，名阿僧娘子，长得儿一个，名迭剌将军。"③ 而《虏廷事实》中也明确记载："虏人（女真人）风俗，娶妇于家，而其夫身死，不令妇归宗，则兄弟侄皆得以

---

① 龚力新. 侗族婚姻习俗的传承性和变异性——析小广侗乡《永定风规》碑 [J]. 贵州文史丛刊, 1988（2）.

② （后晋）刘昫. 旧唐书·北狄·契丹列传 [卷一百九十九（下）] [M]. 北京：中华书局, 1975：5352.

③ 向南. 辽代石刻文编 [M]. 石家庄：河北教育出版社, 1995：295-296.

聘之。有妻其继母者，与犬豕无异。汉人则不然，知其非法也。"① 董家遵探讨蒙古人的收继婚也提道："考蒙古的源流，可知蒙古收继婚实是一脉相传的风俗。"② 在《元典章》中详细记载了元代收继婚的类别，一是弟可接兄作赘婿，收继寡嫂；二是小叔与寡嫂逃亡后亦准收继；三是叔可收继要守志的寡嫂；四是叔可收继未结婚的嫂嫂；五是叔已收寡嫂，可再收未再婚的嫂嫂。因此，在北方游牧民族婚姻习俗中，收继被认为是极为正常的事情，这与受儒家思想文化影响的中原农耕民族的婚姻习俗有着很大的不同。除了婚姻形态的继承外，婚姻的礼仪、形式也基本被延续性地继承下来。如契丹人的通媒、纳礼、迎娶、跨鞍、拜祖、拜奥、会亲的婚礼程式；早期女真人婚姻礼仪包括指腹婚、拜门、纳毕报衣、留妇家三年以妇归；蒙古人婚姻礼俗是求婚、订婚、许婚（下定礼）亲迎、拜天礼等。我们知道，文化的继承与创新是并存的，所以北方游牧民族对早期婚姻习俗文化也是发展的继承，并随着社会的发展而不断发展变化，但这些婚姻习俗文化的继承就是对本民族认同的一种表现形式。

随着北方游牧民族逐渐入主中原，受中原儒家传统道德体系的影响，北方游牧民族的文化与中原农耕文化产生了激烈的冲突，特别是游牧民族政权的上层自觉地、自上而下地、长期不断地接受农耕文化，儒家文化逐渐渗入社会生活的各个方面，而儒家文化所倡导的伦理道德、贞节观念也在游牧民众的心中逐渐形成并积淀下来。正如董家遵先生所言："（蒙古人）因生活条件的变更，久之乃觉得有利于他们的汉人制度，应该接受，这是他们对于（汉人）收继婚态度之转变的要因。"③ 在中原文化的影响下，北方游牧民族婚姻习俗发生了很大的变化，主要表现在：

一是蒙古人早期较为流行的掠夺婚逐渐演变成婚姻中的某种仪式。《蒙古秘史》中记载了早期蒙古人嫁娶不在本氏族集团内部进行，须到遥远的他氏族中去寻觅，就会出现嫁娶途中的武力抢劫他氏族女为妻的行为，伴随着征服战争其掠夺行为更为普遍。元政权建立后，战事逐渐平

---

① 四川大学图书馆编. 中国野史集成续编（第十册）［M］. 成都：巴蜀书社，2000：363.
② 王承文. 董家遵文集［M］. 广州：中山大学出版社，2004：323.
③ 王承文. 董家遵文集［M］. 广州：中山大学出版社，2004：323.

息，掠夺婚已失去存在的价值，转而成为婚姻礼仪过程中的一种形式，在《夷俗记》中有相关记载："其成亲则婿往妇家，置酒会，先祭天地……宴毕，诸亲友皆已散去，时将昏矣，妇则乘骑避匿于邻家，婿亦乘马追之，获则挟之同归妇家。不然即追至数百里，一二日不止也。倘追至邻家，婿以羊酒为谢。邻家仍赠妇以马，纵之于外，必欲婿从旷野获之。"① 可见，北方游牧民族的婚姻习俗随着社会的发展，民族的融合以及对中原较先进文化的吸收，暴力掠夺的婚嫁行为与当时政权的统治管理秩序格格不入，但对民族记忆和留存的继承，使这种掠夺婚转变为婚姻礼仪过程的一种形式。

二是贞节观念的加强，夫死守节的女性逐渐增多。北方游牧民族中出现了很多贞节烈妇，如"耶律奴妻萧氏，小字意辛，国舅驸马都尉陶苏斡之女"②。其夫耶律奴被诬夺爵流放，辽道宗因意辛是公主之女，欲使其与耶律奴离婚，但意辛以违背伦理纲常与禽兽何异为由随夫流放。"耶律术者妻萧氏，小字讹里本，国舅孛堇之女。"③ 其夫耶律术者去世后，讹里本以"夫妇之道，如阴阳表里。无阳则阴不能立，无表则里无所附。妾今不幸失所天，且生必有死，理之自然。术者早岁登朝，有才不寿。天祸妾身，罹此酷罚，复何依恃。傥死者可见，则从；不可见，则当与俱"④，自杀而亡。"耶律中妻萧氏，小字接兰，韩国王惠之四世孙。"⑤ 耶律中面着金兵誓死报国，守节而死，妻接兰自杀随夫而亡。契丹三耶律氏自洁不嫁，其守节之坚超过男子。女真人"阿鲁真，宗室承充之女，胡里改猛安夹谷胡山之妻"⑥。夫亡寡居守节，率众自守，勇击叛将蒲鲜万奴。撒合辇妻独吉氏，平章政事千家奴之女，护卫银术可之妹。金哀宗时撒合辇为中京留守，蒙古大军围困中京，撒合辇因疽发于背而不能领军，独吉氏自知中京城必破，为守节而不被辱，自刭而死，为了不让蒙古士兵看见自己的

① （明）萧大亨著，崔春华校注．夷俗记校注·匹配［M］．沈阳：辽宁大学出版社，1987：1.

② （元）脱脱．辽史·烈女传（卷一百零七）［M］．北京：中华书局，2016：1621.

③ （元）脱脱．辽史·烈女传（卷一百零七）［M］．北京：中华书局，2016：1622.

④ （元）脱脱．辽史·烈女传（卷一百零七）［M］．北京：中华书局，2016：1622.

⑤ （元）脱脱．辽史·烈女传（卷一百零七）［M］．北京：中华书局，2016：1622.

⑥ （元）脱脱．金史·列女传（卷一百三十）［M］．北京：中华书局，1975.2800.

面容，死后让人扶置床榻，面以覆被，举火焚之。完颜长乐之妻蒲察氏，字明秀，鄜州帅讷申之女，一直恪守贞节，"崔立之变，驱从官妻子于省中，人自阅之。蒲察氏闻，以幼子付婢仆，且与之金币，亲具衣棺祭物，与家人诀曰：'崔立不道，强人妻女，兵在城下，吾何所逃，惟一死不负吾夫耳，汝等惟善养幼子。'遂自缢而死。"① 为不受崔立之辱，立志守节自缢而亡的还有临洮总管陀满胡土门之妻乌古论氏和完颜素兰之妻以及自毁容颜的完颜仲德妻等。此外，完颜猪儿之妻尹氏和哀宗宝符李氏在金亡之际，为守节而自缢。蒙古氏的只鲁花真，"夫忽都病亡，誓不再醮"②。哈剌不花妻脱脱尼，雍吉剌氏，长相俊美，善长女工，二十六时去世，丈夫的前妻有两个儿子都身体健壮且没有娶妻，欲以本俗制收继之，脱脱尼以死自誓。二子复百计求遂，脱脱尼恚且骂曰："汝禽兽行，欲妻母耶，若死何面目见汝父地下？"二子惭惧谢罪，乃析业而居。三十年以贞操闻。③ 同知湖州路事耶律忽都不花妻移剌氏，丈夫死后，"割耳自誓。既葬，庐墓侧，悲号不食死。"以死守节。④ 同知宣政院事罗五十三妻贵哥，也是蒙古人，天历初，罗五十三因罪，被贬海南，抄没其家，"诏以贵哥赐近侍卯罕。卯罕亲率车骑至其家迎之。贵哥度不能免，令婢仆以饮食延卯罕于厅事，如厕自刭死"⑤，誓死守节。这些北方游牧民族的贞节烈妇的频繁出现，是与中原农耕文化的不断融合，儒家的孝道守节，强调女子从一而终的思想逐渐被认同分不开的。

三是北方游牧民族婚姻习俗中融入中原农耕民族的文化元素。中国传统的婚姻习俗讲究的是"父母之命，媒妁之言"，婚礼中的六礼齐备才算是正式确立婚姻关系。随着北方游牧民族逐渐南下中原，中原农耕民族的这些婚姻习俗和礼仪也渐趋被游牧民族所认同，并逐渐融入自己的社会生活，形成了既有极具本民族特色的婚姻习俗，又有中原农耕民族传统文化元素的婚姻习俗。契丹婚姻习俗中的拜奥就是其婚姻习俗中极具民族特色

---

① （元）脱脱. 金史·列女传（卷一百三十）［M］. 北京：中华书局，1975：2802.
② （明）宋濂. 元史·列女传（卷二百）［M］. 北京：中华书局，1976：4489.
③ （明）宋濂. 元史·列女传（卷二百）［M］. 北京：中华书局，1976：4495.
④ （明）宋濂. 元史·列女传（卷二百）［M］. 北京：中华书局，1976：4492.
⑤ （明）宋濂. 元史·列女传（卷二百）［M］. 北京：中华书局，1976：4496~4497.

的一个仪式，这在田广林先生的《契丹礼俗考论》中有详细的记载。担当奥姑的一般为受人尊敬的女子，主持拜奥礼，"女方送亲者要对奥姑敬礼、致辞、献酒并赠送礼物以表谢意"①。此外，跨鞍礼俗也是北方游牧民族所特有的婚姻习俗，既有寓意安好和美之义，也沿袭古俗，新娘跨过具有男性象征的鞍，也就意味着成就百年之好。契丹其余的婚姻礼俗如纳礼、迎娶、拜祖、会亲等礼俗与中原婚俗比较相似，这大概就是民族融合后北方游牧民族对中原农耕民族文化的认同。随着女真人南下，北方游牧民族的文化与中原农耕文明相交融，女真人婚姻习俗中最具本民族特色的是行歌于途、私约窃奔的自由求偶观和放偷日窃婚的习俗也逐渐受到中原传统礼制的影响而发生改变。金代中后期，随着女真人的内迁，与中原文化交融不断扩大，对中原农耕文明的礼制文化逐渐认同，在女真人的婚姻习俗中也渐趋重视婚姻礼俗，中原传统婚姻文化中的六礼在金代也被遵从。元代的婚姻律法中也提到，"诸色人同类自相婚姻者，各从本俗法，递相婚姻者，以男家为主，蒙古人不在此例"②，体现了蒙古人至上的原则。这与唐朝律令的"诸化外人，同类自相犯者，各依本俗法；异类相犯者，以法律论"③ 是同类型的格例。契丹政权所实行的藩汉分治南北面官制也是各依本俗法思想的一种体现；而金政权的婚姻立法所体现的"各依本俗法"的思想也很明显。因此，元代的婚姻原则的立法既有对唐代的继承，也有对金代律法的沿用。同时，也具有浓厚的元代社会的特征。

二、北方游牧民族婚姻习俗的恢复性

北方游牧民族在与中原农耕民族不断融合的发展过程中，游牧民族自身原有的杀戮、征伐的尚武思想文化观念渐趋消弭，代之而起的是受封建文化和儒家文化熏染而生的浮靡之风，使北方游牧民族日趋文弱化。10—14 世纪，在北方相继出现了较为强大的辽、金、蒙古和元政权，每个政权为保存本民族文化都在政策上、制度上做出了姿态，明确本民族在政治统治和社会文化等方面的特权。如契丹实行的南北面官制，对契丹和汉人采

---

① 田广林 . 契丹礼俗考论 [M] . 哈尔滨：哈尔滨出版社，1995：84.

② 陈高华等点校 . 元典章（第二册）[M] . 天津：天津古籍出版社，2011：614-615.

③ 钱大群撰 . 唐律疏义新注 [M] . 南京：南京师范大学出版社，2007：208.

取不同的治理方式，就某种程度而言，面对农耕民族文化的影响，也是为最大限度保留本民族文化特质的一种举措。辽代在婚姻习俗方面一直实行王族与后族即耶律和萧两姓通婚，综观整个辽代，为后的几乎都是萧氏，只是辽世宗时纳一汉人甄氏为后，但在《辽史·后妃传》中没有以后立传而是以妃称之，即"世宗妃甄氏，后唐宫人，有姿色。帝从太宗南征得之，宠遇甚厚。生宁王只没。及即位，立为皇后"①。此后，从辽穆宗开始，辽帝王皇后的位置就恢复到契丹萧氏后族手中，一直到辽政权的结束。女真人建立的金王朝与中原农耕文化融合的程度较契丹王朝和蒙古政权都高，金政权在婚姻习俗方面也积极吸纳中原农耕文明的元素，在婚姻礼俗方面也实行六礼，尤其是金代女真人独有的猛安谋克制度，随着金朝统治范围的扩大，猛安谋克南迁，使猛安谋克与中原汉地的农耕民族接触频繁，渐趋失去女真原有的尚武习俗。到了金中叶，金世宗为挽救女真民族传统文化而采取了"女真运动"，其主要目的是阻止女真人的汉化趋势。在婚姻习俗方面主要是禁止猛安谋克与州县的汉人通婚，这在《金史》中有相关记载："世宗不欲猛安谋克与民户杂处，欲使相聚居之，……俟边事宁息，猛安谋克各使聚居，则军民俱便。……其后遂以猛安谋克自为保聚，其田土与民田犬牙相入者，互易之。"② 但随着女真人对中原农耕文化认同程度的加深，女真与中原其他民族间的通婚，事实上已无法用行政命令的手段禁止。章宗明昌二年（1191 年），金朝开始采纳尚书省依据"齐民与屯户往往不睦"，建议"若令递相婚姻"，③ 才是实现国家长治久安的良策。这也从侧面反映出，世宗曾一度想恢复女真习俗的女真化运动，由于种种原因，并没有取得预期的效果，章宗即位后放弃了世宗恢复女真民族传统文化措施，继续推行游牧文化与农耕文明密切融合的统治措施。此外，就蒙古政权而言，其婚姻习俗一直实行固定婚姻圈的世婚制，婚姻的缔结几乎都是在几个大家族之间进行。元政权建立后，对不同民族采取不同的治理政策，也就是我们通常所说的"四等人制"，这无形中也限定了各民族间的交往，在确保家族绝对地位和权威的同时，也使蒙古人接受中

① （元）脱脱. 辽史·后妃传（卷七十一）［M］. 北京：中华书局，2016：1321–1322.
② （元）脱脱. 金史·思敬列传（卷七十）［M］. 北京：中华书局，1975：1626.
③ （元）脱脱. 金史·章宗本纪（一）（卷九）［M］. 北京：中华书局，1975：218.

原的文化以及对中原文化的认同度尚未达到与封建社会发展相匹配的程度，在封建化程度较高的 14 世纪，元政权依然保留一些较为落后的婚姻习俗如收继婚等，这是契丹、党项、女真、蒙古人所共有的婚姻习俗，但同时，汉人的收继婚，尤其是一般下层贫民的收继婚俗在某种程度而言是受北方游牧民族婚姻政策的影响，而中原农耕民族一直以来对违背伦理纲常的收继婚是非常唾弃的，在元代，汉人尤其是汉人的中下阶层的收继婚俗也出现一定程度的恢复。

三、北方游牧民族婚姻习俗的变异性

婚姻习俗的变异性，指的是各民族的婚姻习俗在其流传过程中，由于历史条件和生活环境等诸因素的改变，其婚姻习俗的内容和形式也在逐渐产生变化。即便是同一民族的婚姻习俗，由于居住地区的历史条件和生活条件影响，也会出现变异性。[1] 10—14 世纪北方游牧民族在政权建立之初，本民族原始遗留下来的诸多的婚姻习俗和礼俗尚有保留，这也是北方游牧民族有别于中原农耕民族的独特之处。

无论是契丹、女真还是蒙古在建国前都实行世婚制，这是随着当时社会迅猛发展，生产力水平极大提高，军事联盟组织逐渐形成了以遥辇氏的耶律部、完颜部、尼伦蒙古的乞颜部为核心的军事大联盟，并在此基础上形成了国家。

在这一过程中，北方游牧民族中的核心家族以婚姻为纽带联系其他姓氏集团的上层力量，从而形成了契丹、女真、蒙古等游牧民族社会中的世婚制形态。但世婚制形成后又随着社会的发展及民族的融合出现不同的特征，使北方游牧民族传统的世婚制出现了变异性。辽金元时期世婚制最为典型的就是辽代，《契丹国志》记载："王族惟与后族通婚，更不限以尊卑；其王族、后族二部落之家，若不奉北主之命，皆不得与诸部族之人通婚；或诸部族彼此相婚嫁，不拘此限。"[2] 此外，契丹公主也多与萧姓联姻。这种皇族与后族之间的世婚制就形成了一个封闭的婚姻集团，使双方

① 龚力新. 侗族婚姻习俗的传承性和变异性——析小广侗乡《永定风规》碑 [J]. 贵州文史丛刊, 1988 (2).

② (宋) 叶隆礼. 契丹国志·族姓原始 [M]. 北京: 中华书局, 2014: 247.

能够在政治上巩固或增强各自的政治势力和地位。世婚制使辽朝皇后必须从萧姓中册选。金代的世婚制虽不像辽代仅限于耶律和萧两姓联姻，其世婚制的后族范围较广泛，主要是"徒单、唐括、蒲察、拏懒、仆散、纥石烈、乌林答、乌古论诸部之家，世为婚姻，娶后尚主"①。成吉思汗统一蒙古诸部，建立大蒙古国政权时，主要倚重弘吉剌部，"弘吉剌氏生女世以为后，生男世尚公主，每岁四时孟月，听读所赐旨，世世不绝"②。契丹、女真、蒙古建立政权后，随着政权统治范围的不断扩大，其世婚制也发生了一些变化。契丹后族虽一直延续在萧氏册选，但在辽世宗时期出现了甄氏这个汉人皇后，虽非萧氏的皇后人数较少，但也一度打破萧氏一统后族的局面。金政权中女真的世婚制的变化更大，金前期后族主要是以徒单、唐括、拿懒、蒲察、乌古论五大家族皇族册封，世婚制的家族尚能为女真统治者制定各项政策服务，保卫对外征服的胜利果实。金中期随着民族融合的进一步加强，后族世婚制约束范围的缩小，非女真的契丹、渤海族女子被纳入皇族，再加上世婚制中的接续婚的影响以及金朝帝王所推行的儒化政策，使女真的世婚制走向了衰落。金朝"自世宗之始，先后有四位帝王意欲立非婚姻家女子为后"③，因个人情感（金世宗因东宫太子地位而放弃立李氏为后的打算）和非世婚女子的身份地位低微（金章宗因李氏出身微贱、哀宗所宠爱之人因太后"恶其微贱"被遣出宫），只有宣宗一人立汉人女子王氏为皇后，另有大批非女真的他族的妃子进入宫中，也反映出金代世婚制的衰落。蒙古的世婚制在元政权建立后也发生了很大的变化，元朝实行多后制，皇后也有其他姓氏，虽正后是弘吉剌氏，但蒙古的这一世婚制在执行中不如契丹、女真那么严格。

　　此外，北方游牧民族婚姻习俗的变异性还体现在掠夺婚、收继婚以及婚姻礼俗上的变化。契丹、女真、蒙古在政权建立之初都存在着掠夺婚，但随着政权的建立，统治秩序的稳定以及中原农耕文明的渗透，掠夺婚这一野蛮的婚姻习俗也不适宜于当时的政治生态，渐趋淡出人民的习俗而演变为一种婚礼的仪式。这在蒙古的迎亲习俗中一直保留，并延续至今。收

---

①　（元）脱脱 . 金史·后妃列传（卷六十四）［M］. 北京：中华书局，1975：1528.

②　（明）宋濂 . 元史·特薛禅传（卷一百一十八）［M］. 北京：中华书局，1976：2915.

③　李忠芝 . 金代完颜氏世婚制研究［D］. 长春：吉林大学，2006.

继婚俗随着北方游牧民族接受中原伦理道德和贞节观念而出现女性的极度反抗。婚姻礼俗方面也因融入于中原农耕民族的礼俗而出现变异。

四、北方游牧民族婚姻习俗的冲突性

北方游牧民族在长期的社会历史发展过程中形成了自己独特的文化。各民族社会文化背景的差异使各民族形成了各自不同的婚姻习俗。不同的民族有不同的文化，不同的文化相互接触时发生冲突是不可避免的。[①]辽金元时期是中国历史上非常重要的民族融合时期，各民族交错杂居的生活环境，不同文化素质和民族心理所造成的各民族间的壁垒和藩篱，使北方游牧民族的一些社会习俗很难与当时社会发展相适应，从而引发冲突，在婚姻习俗上我们比较熟悉的契丹、奚、汉、渤海四姓通婚问题，《契丹国志》所载，"……诸部族彼此相婚嫁不拘此限，汉人等亦同"[②]，也就是说，部族间的通婚是不受制约的。并且在辽史史料中也有"胡人东有渤海、西有奚、南据燕、北据其窟穴，四姓杂居，旧不通婚。谋臣韩绍芳（兴宗朝为相）献议，乃许婚焉"[③] 的记载，《金史》《武溪集》《栾城集·奉使契丹》等史料及文集也有四姓通婚的记载，但由于这种通婚不利于北方游牧民族维护自己血统的纯正性，通婚很快被禁止，辽道宗大安十年（1094年）六月"己亥，禁边民与蕃部为婚"[④]。统治阶级想通过不同民族间通婚来维护边疆及部族的稳定，但与本民族传统习俗及思想意识形态发生冲突，只能终止民族间的通婚而屈尊于传统婚姻习俗。另外，也存在北方游牧民族随着社会的进步逐渐接受中原农耕民族的礼制与文化，但传统的节日习俗及婚姻观念依然会出现在人们的行为中，如完颜希尹的第三子挞挞在"正月十六挟奴仆入寡婶家烝焉"。[⑤] 这一事件说明，收继婚俗及放偷日习俗在完颜挞挞心中已经根深蒂固，当固俗与社会发展相背离时，固俗

①　席塔娜. 农村达斡尔族婚姻习俗的变迁［D］. 呼和浩特：内蒙古大学，2010.
②　（宋）叶隆礼. 契丹国志［M］. 北京：中华书局，2014：247.
③　（宋）余靖. 广东丛书·武溪集（卷十八）·契丹官仪［M］. 北京：商务印书馆，1946：219.
④　（元）脱脱. 辽史·道宗本纪（五）（卷二十五）［M］. 北京：中华书局，2016：342.
⑤　洪皓. 松漠纪闻［M］（《长白丛书》吉林师范学院古籍研究所，李澍田主编）长春：吉林文史出版社，1986：36.

的实施者一定会受到严惩。因此，当民族交流和民族融合达到一定程度时，就必然促使不同层次的民族认同感的产生和增强，而这一过程中文化、习俗的冲突不可避免。

随着北方游牧民族政权的不断崛起直至统一全国，很多游牧民族已经非常熟悉中原文化，如自辽朝降宋的赵至忠，宋人称他"本虏人，熟知其国中事"，而他自己甚至也自称"身虽夷人，然见义则服"。① 庆历四年，富弼条上河北守御策曰："自契丹侵取燕、蓟以北，拓跋自得灵、夏以西，其间所生豪英，皆为其用。得中国土地，役中国人力，称中国位号，仿中国官属，任中国贤才，读中国书籍，用中国车服，行中国法令。是二敌所为，皆与中国等，而又劲兵骁将长于中国，中国所有，彼尽得之，彼之所长，中国不及，当以中国劲敌待之，庶几可御，岂可以上古之夷狄待二敌也。"②《松漠纪闻》载："大辽道宗朝，有汉人讲《论语》，……至'夷狄之有君'，疾读不敢讲。（道宗）则又曰：'上世獯鬻、猃狁，荡无礼法，故谓之夷。吾修文物彬彬，不异中华，何嫌之有！'卒令讲之。"③ 可见，北方游牧民族对中原农耕文化礼仪的熟知，使本民族固有的婚姻习俗更多地融入了儒家礼制文化，这对其传统的掠夺婚、收继婚等习俗产生冲击外，也使其婚姻习俗在更文明、更有序的状态下发展。

因此，在各个民族生活交往的历史舞台上，文明的力量冲破了民族心理的壁垒和藩篱，伴随着民族观念的逐步演进，婚姻习俗的变迁不同程度地促进了各民族之间的融合。为中国多民族国家在不断由局部的地区性统一逐步走向整体的全国的统一，形成中华民族多元一体的格局做出了贡献。

---

① （元）脱脱．宋史·苏颂列传（卷三百四十）［M］．北京：中华书局，1977：10860.
② （宋）李焘．续资治通鉴长编（卷一百五十）［M］．北京：中华书局，2004.
③ 洪皓．松漠纪闻［M］（《长白丛书》吉林师范学院古籍研究所，李澍田主编）长春：吉林文史出版社，1986：22.

结　论

　　辽金元时期，北方游牧民族无论是婚姻缔结的原则、通婚的范围、婚姻礼俗还是婚姻中女性的地位、贞节观念以及财产继承等婚姻习俗的变迁，其过程就是民族融合和文化认同的过程。我国是多民族国家，各民族在不断交往融合的过程中形成了"多元一体"的历史格局。北方游牧民族独特的文化传统，给中华民族的经济文化注入了新鲜血液，充实和丰富了中国的经济与文化，各民族与中原汉民族共同缔造了中华文明。婚姻习俗作为传统文化中不可或缺的重要组成部分，也是民族文化的重要载体，不同民族间婚姻习俗不同，表现出来的是民族间文化的差异性，而这种差异的习俗文化是在一定地域内的人群中产生的，随着不同民族间的交往，不同婚姻习俗文化之间有了交融和传播，逐步使文明、先进的婚姻习俗文化的传播范围扩大，成为几个或更多的人、共同体所认可的共有的文化，也就是通过文化的认同达到民族的认同。因此，北方游牧民族婚姻习俗变迁的过程是中华民族多元一体逐渐形成中非常重要的一环，它在民族融合和民族认同方面发挥着不可小觑的作用。

　　首先，社会发展的必然趋势是北方游牧民族婚姻习俗变迁的外在动力。辽金元时期是中国历史上继魏晋南北朝后又一个民族迁移流徙、纷争不绝、各民族不断融合的历史时期，这个时期是北方游牧民族又一个活跃期，在中华大地的历史舞台上扮演着重要的角色，在中国历史整体发展中发挥着巨大作用，产生了深远的影响。唐末以来北方游牧民族陆续兴起，这些民族大都经历了较长期的发展过程，创建政权之前，多数已经过较长期与中原农耕民族和其他民族的交流和融合，随着北方游牧民族势力的扩展，在中原先进的政治、经济、文化的影响下，都主动或被动地接受中原传统文明的熏陶，尤其是进入中原以后，其社会形态、经济生活、风俗习惯的朴拙落后都显得非常突出，与中原悠久的传统和大量的积累相比更显得粗陋原始，社会的发展要求其必须尽快学习农耕民族较先进的文化以填补空白。这就迫使北方游牧民族在文化、思想、生活习俗方面与中原文化相适应，在社会历史的推动下，北方游牧民族婚姻习俗的变迁就不可避免。

其次，统治阶级政策的倡导是北方游牧民族婚姻习俗变迁的方向标。辽金元时期，北方游牧民族婚姻习俗变迁的过程中，统治阶层是主导力量，这也体现了阶级社会中统治阶级的思想就是统治思想的历史规律。在婚姻习俗变迁中，统治阶级思想观念受到两方面的制约，一是北方游牧民族传统的习俗文化，二是接受中原传统体制中具有浓重礼制约束和伦理色彩的农耕文化。辽金元时期，北方游牧民族无论是契丹、女真还是蒙古政权在南下中原占领中原汉地时，政权的缔造者耶律阿保机、完颜阿骨打、成吉思汗无一例外地都下诏改变本民族的婚姻习俗，与他族进行族际通婚，这就促进了各民族在政治、经济、文化以及风俗等方面的交流和发展，彼此缩短了差距，加强了联系，增进了情感。族际通婚所带来的民族融合不仅是血缘的融合，也是文化的融合。通婚者的后代有极强的包容性，能兼容并蓄地接受父母传递的民族精神、民族感情、生活方式、思维方式、风俗习惯等。因此，族际通婚有助于淡化民族界限、民族意识，有利于更大范围、更高层次的民族意识的认同。

再次，人们对先进文化的认可是北方游牧民族婚姻习俗变迁的内在动力。辽金元时期，北方各游牧政权立国后所采取的治国策略各有不同。对待本民族婚姻习俗文化上，有的积极促进与汉地民众互通婚姻，促进与中原农耕民众的融合，以利于稳固自己的统治秩序；有的则推行"胡、汉分治"或"民族分级别治理"的政策，力图保持本民族固有的传统习俗和身份地位。但是，无论是政权统治者的主观意愿还是施政策略如何，在政治领域内建立的模仿中原政权体制的行政、司法制度，体现了游牧民族对中原政治制度和文化制度的认可，在婚姻习俗方面更注重文明和礼制，传统婚姻习俗的掠夺婚、收继婚以及混乱的错辈婚逐渐为北方游牧民族所不齿，伴随儒家思想观念的融入，女性的贞节观念增强，敢于对被动的收继婚俗说不。加之统治阶级在政权立足稳定后，都注意吸纳汉族人士，崇儒学、定礼仪、建学校、兴科举，接受并认可中原的思想观念、道德规范、风俗习惯，对中原文化的认可，有力推进民族间的交流与融合，对于婚姻习俗的变迁乃至整个社会发展都发挥了巨大的积极作用。

最后，婚姻缔结礼俗的改变是北方游牧民族婚姻习俗变迁的外在表现。辽金元时期，北方游牧民族受中原农耕文化的影响，在婚姻缔结方面更加重视"父母之命，媒妁之言"，注重婚姻的礼俗，传统婚姻习俗中的六礼也逐渐为北方游牧民族所接受，虽然婚姻缔结过程中礼俗的名称与中原农耕文化中的六礼有所不同，但婚姻礼俗的内涵是极其相似的。加之受中原传统文化的影响，北方游牧民族婚姻习俗中较野蛮的一些习俗也渐渐被废除，使婚姻缔结礼俗更趋于文明。正是对中原民族文化的认可，促使北方游牧民族的婚姻习俗发生变迁。

因此，北方游牧民族婚姻习俗的变迁既是民族融合的一种表现，也是对中原先进文化的一种认可，促进了中华民族多元一体格局的形成。

参考文献

原始史料：

1. （汉）班固撰. 汉书 ［M］. 北京：中华书局, 1964.

2. （汉）应劭撰, 王利器校注. 风俗通义校注 ［M］. 北京：中华书局, 1981.

3. （汉）郑玄注, （唐）孔颖达正义, 吕友仁整理. 十三经注疏［M］. 上海：上海古籍出版社, 2008.

4. （西汉）戴圣. 礼记 ［M］. 北京：中国文史出版社, 1999.

5. （汉）司马迁. 史记 ［M］. 北京：中华书局, 1959.

6. 《十三经注疏》整理委员会整理. 十三经注疏 ［M］. 北京：北京大学出版社, 1999.

7. （西汉）刘向集录, 王华宝注译. 战国策 ［M］. 郑州：中州古籍出版社, 2007.

8. （晋）陈寿. 三国志 ［M］. 北京：中华书局, 1959.

9. （后晋）刘昫. 旧唐书 ［M］. 北京：中华书局, 1975.

10. （北齐）魏收. 魏书 ［M］. 北京：中华书局, 1974.

11. （南朝宋）范晔. 后汉书 ［M］. 北京：中华书局, 1973.

12. （唐）杜佑. 通典 ［M］. 北京：中华书局, 1987.

13. （唐）魏徵, 令狐德棻. 隋书 ［M］. 北京：中华书局, 1973.

14. （唐）段成式, 方南生点校. 酉阳杂俎 ［M］. 北京：中华书局, 1981.

15. （唐）李延寿. 北史 ［M］. 北京：中华书局, 1974.

16. （唐）令狐德棻等撰. 周书 ［M］. 北京：中华书局, 1971.

17.（唐）房玄龄．晋书［M］．北京：中华书局，1974.

18.（唐）魏徵．隋书［M］．北京：中华书局，1973.

19.（宋）李心传．建炎以来系年要录［M］．上海：上海古籍出版社，1992.

20.（宋）王溥．唐会要［M］．京都：株式会社中文出版社，1978.

21.（宋）徐梦莘．三朝北盟会编［M］．上海：上海古籍出版社，2008.

22.（宋）郑思肖著，陈福康点校．郑思肖集［M］．上海：上海古籍出版社，1991.

23.（宋）司马光．资治通鉴［M］．北京：中华书局，1956.

24.（宋）宇文懋昭．大金国志校证［M］．北京：中华书局，1986.

25.（宋）叶隆礼．契丹国志［M］．北京：中华书局，2014.247.

26.（宋）余靖．广东丛书·武溪集［M］．北京：商务印书馆，1946.

27.（宋）苏辙著，曾枣庄、马德富校点．栾城集［M］．上海：上海古籍出版社，1987.

28.（宋）李焘．续资治通鉴长编［M］．北京：中华书局，1985.

29.（宋）洪皓．松漠纪闻［Z］//李澍田．长白丛书．长春：吉林文史出版社，1986.

30.（宋）彭大雅撰，许全胜校注．黑鞑事略校注［M］．兰州：兰州大学出版社，2014.

31.（宋）江少虞．宋朝事实类苑［M］．上海：上海古籍出版社，1981.

32.（宋）王钦若．册府元龟［M］．北京：中华书局，1960.

33.（宋）欧阳修．新五代史［M］．北京：中华书局，1974.

34.（宋）薛居正．旧五代史［M］．北京：中华书局，1976.

35.（元）徐元瑞撰，杨讷点校．吏学指南［M］．杭州：浙江古籍出版社，1988.

36.（明）陶宗仪．说郛［M］．北京：中国书店出版社，1986

37.（元）苏天爵著，陈高华、孟繁清点校．滋溪文稿［M］．北京：中华书局，1997.

38. （元）脱脱 . 宋史［M］. 北京：中华书局，1977.

39. （元）高明著，钱南杨校注 . 元本琵琶记校注［M］. 上海：上海古籍出版社，1980.

40. （元）李志常著，党宝海译注 . 长春真人西游记［M］. 石家庄：河北人民出版社，2001.

41. （元）脱脱 . 辽史［M］. 北京：中华书局，2016.

42. （元）脱脱 . 金史［M］. 北京：中华书局，1975.

43. （明）宋濂 . 元史［M］. 北京：中华书局，1976.

44. （明）萧大亨著，崔春华校注 . 夷俗记校注［M］. 沈阳：辽宁大学出版社，1987.

45. （明）杨士奇、黄淮等编著 . 历代名臣奏议［M］. 台北：台湾学生书局，1986.

46. （清）赵翼著，王树民校正 . 廿二史札记校正［M］. 北京：中华书局，2013.

47. （清）陈立撰，吴则虞点校 . 白虎通疏证［M］. 北京：中华书局，1994.

48. （清）阮元校刻 . 十三经注疏［M］. 北京：中华书局，1980.

49. （清）吴广成撰，龚世俊，胡玉冰，陈广恩，许怀然校证 . 西夏书事校证［M］. 兰州：甘肃文化出版社，1995.

50. （清）李有棠 . 辽史纪事本末［M］. 北京：中华书局，1983.

51. （清）罗布桑却丹著，赵景阳译 . 蒙古风俗鉴［M］. 沈阳：辽宁人民出版社，1988.

52. （清）嵇璜 . 钦定续文献通考（《四库全书》）［M］. 乾隆十二年，影印版 .

53. （清）孙诒让撰，王文锦、陈玉霞点校 . 周礼正义［M］. 北京：中华书局，1987.

54. （清末民初）屠寄 . 蒙兀儿史记［M］. 北京：中国书店出版社，1984.

55. （民国）柯劭忞 . 新元史［M］. 上海：开明书店，1935.

56. 陈高华等点校 . 元典章［M］. 天津：天津古籍出版社，2011.

57. 刘毓庆、李蹊译注. 诗经［M］. 北京：中华书局，2011.

58. 万丽华、蓝旭译注. 孟子·滕文公（下）［M］. 北京：中华书局，2007.

59. 许全胜校注. 黑鞑事略校注［M］. 兰州：兰州大学出版社，2014.

60. 黄时鉴校注. 通制条格.［M］. 杭州：浙江古籍出版社，1986.

61. 柯劭忞. 新元史［M］. 上海：开明书店，1935.

62. 杨宾. 柳边纪略［M］. 北京：中华书局，1985.

63. 佚名撰，鲍思陶点校. 元朝秘史［M］. 济南：齐鲁书社，2005.

64. 苏鹗撰，吴企明点校. 苏氏演义（外三种）［M］. 北京：中华书局，2012.

65. 陈述辑校. 全辽文·萧裕鲁墓志铭［M］. 北京：中华书局，1982.

66. 钱大群撰. 唐律疏义新注［M］. 南京：南京师范大学出版社，2007.

67. 郭成伟点校. 通制条格［M］. 北京：中华书局，2000.

68. 薛梅卿点校. 宋刑统［M］. 北京：法律出版社，1999.

69. 许全胜校注. 黑鞑事略校注［M］. 兰州：兰州大学出版社，2014.

70. 任崇岳. 庚申外史笺证［M］. 郑州：中州古籍出版社，1991.12.

71. 大元圣政国朝典章·嫁娶聘财体例［M］. 北京：中国广播电视出版社，1998.

72. （元）迺贤. 金台集·京城杂言六首（第一卷）［M］. 北京：中国国际广播出版社，2016.

73. （清）邵远平. 元史类编·世祖纪［M］. 台北：文海出版社，1984.（扫叶山房本）.

今人著作：

1. 林幹. 匈奴史［M］. 呼和浩特：内蒙古人民出版社，2010.

2. 王可宾. 女真国俗［M］. 长春：吉林大学出版社，1988.

3. 朱瑞熙等. 宋辽西夏金社会生活史［M］. 北京：中国社会科学出

版社，1998.

4. 宋德金．金代的社会生活 [M]．西安：陕西人民出版社，1988.

5. 林幹．东胡史 [M]．呼和浩特：内蒙古人民出版社，2007.

6. 田余庆．拓跋史探 [M]．北京：生活·读书·新知三联书店，2003.

7. 周一良．魏晋南北朝札记 [M]．北京：中华书局，2015.

8. 史卫民．元代社会生活史 [M]．北京：中国社会科学出版社，1996.

9. 奇格．古代蒙古法制史 [M]．沈阳：辽宁人民出版社，1999.

10. 田广林．契丹礼俗考论 [M]．哈尔滨：哈尔滨出版社，1995.

11. 陈顾远．中国婚姻史 [M]．北京：商务印书馆，2016.

12. 史凤仪．中国古代婚姻与家庭 [M]．武汉：湖北人民出版社，1987.

13. 刘发岑．婚姻通史 [M]．沈阳：辽宁人民出版社，1991.

14. 马长寿．北狄与匈奴 [M]．北京：生活·读书·新知三联书店，1962.

15. 余大均译注．蒙古秘史 [M]．石家庄：河北人民出版社，2007.

16. 罗志平.1640年蒙古-卫拉特法典 [M]．北京：中国社会科学院民族所，1977.

17. 董家遵．中国收继婚之史的研究 [M]．广州：岭南大学西南社会经济研究所，1950.

18. 徐霆注．王国维笺．黑鞑事略笺记 [M]．北平：文殿阁书庄，1935.

19. 妇女词典 [M]．北京：求实出版社，1990.

20. 向南．辽代石刻文续编 [M]．沈阳：辽宁人民出版社，2010.

21. 齐作声．辽代墓志疏证 [M]．沈阳：沈阳出版社，2010.

22. 向淑云．唐代婚姻法与婚姻实态 [M]．台北：台湾商务印书馆，1992.

23. 王晶辰．辽宁碑志 [M]．沈阳：辽宁人民出版社，2002.

24. 高连峻．中国婚姻家庭史 [M]．长春：吉林教育出版社，2002.

25. 钟敬文主编，游彪等著. 中国民俗史（宋辽金元卷）[M]. 北京：人民出版社，2008.

26. 王晓清. 元代社会婚姻形态 [M]. 武汉：武汉出版社，2005.

27. 胡朴安. 中华全国风俗志（下编）[M]. 石家庄：河北人民出版社，1986.

28. 杨天宇撰. 周礼译注 [M]. 上海：上海古籍出版社，2004.

29. 陈鹏. 中国婚姻史稿 [M]. 北京：中华书局，1990.

30. 崔明德. 中国古代和亲史 [M]. 北京：人民出版社，2005.

31. 孟广耀. 蒙古民族通史 [M]. 呼和浩特：内蒙古大学出版社，2002.

32. 阿古达睦，策·乌日亘等编辑整理. 蒙古族婚礼 [M]. 海拉尔：内蒙古文化出版社，1987.

33. 王承文. 董家遵文集 [M]. 广州：中山大学出版社，2004.

34. 叶潜昭. 金律之研究 [M]. 台北：台湾商务印书馆，1972.

35. 四川大学图书馆编. 中国野史集成续编（第六册）[M]. 成都：巴蜀书社，2000.

36. 邢铁. 家产继承史论 [M]. 昆明：云南大学出版社，2000.

37. 吴海航. 中国传统法制的嬗递：元代条画与断例 [M]. 北京：知识产权出版社，2009.

38. 程维荣. 中国继承制度史 [M]. 上海：东方出版中心，2006.

39. 内蒙古典章法学与社会学研究所. 成吉思汗法典及原论 [M]. 北京：商务印书馆，2007.

40. 义都合西格主编. 蒙古民族通史（第一卷）[M]. 呼和浩特：内蒙古人民出版社，2002：155.

41. 柏朗嘉宾蒙古行纪、鲁布鲁克东行纪 [M]. 耿昇，何高济译. 北京：中华书局，1985：43.

42. 赵永春辑注. 奉使辽金行程录 [M]. 北京：商务印书馆，2017.

43. 奇格. 古代蒙古法制史 [M]. 沈阳：辽宁民族出版社，1999.

44. 薄音胡. 蒙古史词典（古代卷）[M]. 呼和浩特：内蒙古大学出版社，2010.

45. 翦伯赞. 历史论文选集 [M]. 北京：人民出版社，1980.

46. 刘士圣. 中国古代妇女史 [M]. 青岛：青岛出版社，1991.

47. 高凯军. 通古斯族系的兴起 [M]. 北京：中华书局，2006.

48. 瞿同祖. 瞿同祖法学论著集 [M]. 北京：中国政法大学出版社，1998.

49. 任继愈. 中华传世文选（《元文类》卷 23《太师淇阳忠武王碑》）[M]. 长春：吉林人民出版社，1998.

50. 宋兆麟. 中国风俗通史·序 [M]. 上海：上海文艺出版社，2001.

51. 张博泉等著. 金史论稿第一卷 [M]. 长春：吉林文史出版社，1986.

52. 张晓梅. 原始活态文化——萨满教透视 [M]. 上海：上海人民出版社，2001.

53. 王新英. 金代石刻辑校 [M]. 长春：吉林人民出版社，2009.

54. 常建华. 婚姻内外的古代女性 [M]. 北京：中华书局，2006.

55. 顾鸣塘，顾鉴塘. 中国历代婚姻与家庭 [M]. 北京：中国国际广播出版社，2011.

56. 唐长孺. 唐长孺社会文化史论丛·金代收继婚 [M]. 武汉：武汉大学出版社，2001.

外国著作

1. [日] 泷川政次郎、岛田正郎. 辽律研究 [M]. 大阪：屋号书店，1994.

2. [日] 滋贺秀三. 中国家族法原理 [M]. 北京：法律出版社，2003.

3. [芬兰] E. A. 韦斯特马克. 人类婚姻史 [M]. 北京：商务印书馆，2015.

4. [德] 恩格斯. 家庭、私有制和国家的起源 [M]. 北京：人民出版社，1972.

5. [德] 恩格斯. 家族·私有财产即国家的起源 [M]. 张仲实译. 上海：三联书店，1950.

6. ［瑞典］多桑. 多桑蒙古史（上册）［M］. 冯承钧译. 北京：商务印书馆，2013.

7. 马克思，恩格斯. 共产主义——交往形式本身的生产［M］. 北京：人民出版社，1958.

8. ［意］马可波罗. 马可波罗行纪［M］. 冯承钧译. 上海：上海书店出版社，2001.

9. ［英］道森编. 出使蒙古记［M］. 吕浦译，周良霄注. 北京：中国社会科学出版社，1983.

10. 中共中央马克思恩格斯列宁斯大林著作编译局编. 马克思恩格斯选集（第四卷）［M］. 北京：人民出版社，1995.

11. ［日］内田吟风. 北亚史研究·匈奴篇［M］. 东京：同明舍，1975.

12. ［美］麦高文. 中亚古国史［M］. 章巽译. 北京：中华书局，1958

13. ［波斯］拉施特. 史集［M］. 余大均，周建奇译. 北京：商务印书馆，1983.

14. ［美］摩尔根. 古代社会（第三册）［M］. 冯汉骥等译. 北京：商务印书馆，1971.

15. ［意］普兰诺·加宾尼. 蒙古史［M］. 北京：中国社会科学出版社，1983.

16. Shaw，"*The Age of Roman Girls at Marriage*". Cambridge University Press，2012.

17. ［朝鲜］郑麟趾著，孙晓主编. 高丽史［M］. 重庆：西南大学出版社；北京：人民出版社，2014.

18. ［伊朗］志费尼. 世界征服者史［M］. 何高济译，翁独健校订. 呼和浩特：内蒙古人民出版社，1980.

19. ［俄］史禄国. 北方通古斯的社会组织［M］. 吴有刚译. 呼和浩特：内蒙古人民出版社，1985.

20. ［加拿大］阿伯特（Abbott，E.）. 婚姻史［M］. 孙璐译. 北京：中央编译出版社，2014.

21. 马克思恩格斯选集（第 4 卷）［M］. 北京：人民出版社，1972.

中文期刊论文

1. 赵卫邦. 契丹国家的形成［J］. 四川大学学报，1958.（2）.

2. 蔡美彪. 契丹的部落组织和国家的产生［J］. 历史研究，1964（Z1）.

3. 向南，杨若薇. 论契丹族的婚姻制度［J］. 历史研究，1980（5）.

4. 孙进己. 契丹的胞族外婚制［J］. 民族研究，1983（1）.

5. 席岫峰. 关于契丹婚姻制度的商榷［J］. 历史研究，1993（2）.

6. 程妮娜. 契丹婚制婚俗探析［J］. 社会科学战线，1992（1）.

7. 黄莉. 辽代婚姻综述［J］. 昭乌达蒙族师专学报（汉文哲学社会科学版），2003（3）.

8. 秦新林. 元代收继婚俗及其演变与影响［J］. 殷都学刊，2004（2）.

9. 孙进己. 辽代女真族的习俗及宗教艺术［J］. 北方文物，1985（4）.

10. 邓荣臻. 金代女真族"妻后母"说考辨——兼论女真宗族接续婚［J］. 北方文物，1990（1）.

11. 夏宇旭. 略论金代女真人婚姻形式的演变［J］. 满族研究，2007（4）.

12. 李忠芝. 金代世婚制度与萨满文化［J］. 长春大学学报，2008（11）.

13. 刘筝筝. 金代女真的婚姻形式和习俗［J］. 满族研究，2009（1）.

14. 杨小敏. 元朝的收继婚俗及发展［J］. 兰州学刊，1991（4）.

15. 塔娜. 试论〈蒙古秘史〉中的古代蒙古族婚姻形态［J］. 黑龙江民族丛刊，1992（3）.

16. 翟宛华. 论元代的收继婚［J］. 甘肃社会科学，1995（4）.

17. 高翔. 碎片化表面化片面化不应是历史研究主流［N］. 人民日

报，2019-01-15.

18. 史睿. 鲜卑婚俗与北朝汉族婚姻礼法的交互影响 [J]. 文史，2018（2）.

19. 罗贤佑. 金元时期女真人的内迁及演变 [J]. 民族研究，1984（2）.

20. 亦邻真. 中国北方民族与蒙古族族源 [J]. 内蒙古大学学报（哲学社会科学版），1979（Z2）.

21. 塔娜. 试论《蒙古秘史》中的古代蒙古族婚姻形态 [J]. 黑龙江民族丛刊，1992（3）.

22. 董化琪. 试论社会变迁与抢婚习俗的演变 [J]. 内蒙古社会科学，2002（S1）.

23. 奥丽雅. 12—13世纪蒙古人抢婚习俗的民族学分析 [J]. 大连民族大学学报，2016（4）.

24. 燕浏翔. 蒙古族抢婚"习俗"辨正 [J]. 内蒙古民族大学学报（社会科学版），2017（7）.

25. 杨绍猷. 明代蒙古族婚姻和家庭的特点 [J]. 民族研究，1984（4）.

26. 龚力新. 侗族婚姻习俗的传承性和变异性——析小广侗乡《永定风规》碑 [J]. 贵州文史丛刊，1988（2）.

27. 胡天. 契丹人的"拜奥"习俗 [J]. 社会科学辑刊，1993（2）.

28. 徐炳昶. 金俗兄弟死其妇当嫁于其弟兄考 [J]. 史学集刊，1937（3）.

29. 薛瑞泽. 魏晋南北朝婚龄考 [J]. 许昌学院学报，1993（2）.

30. 徐适端. 元代婚姻法规中妇女问题初探 [J]. 内蒙古社会科学（汉文版），1999（4）.

31. 留金锁、奇格. 古代蒙古家庭法 [J]. 内蒙古社会科学，1998（5）.

32. 张国庆. 略论辽夏"和亲"与辽夏关系的变化 [J]. 史学月刊，1988（5）.

33. 孟楠. 略论西夏与周边民族的联姻 [J]. 民族研究，1998（6）.

34. 李晓．西夏的和亲政策［J］．文史哲，1996（3）．

35. 蒋之敏．西夏与辽和亲的原因及影响［J］．天府新论，2008（S2）．

36. 唐玉萍．辽代妇女贞节观淡化微议［J］．昭乌达蒙族师专学报，1996（4）．

37. 喜蕾．元朝宫廷中的高丽贡女［J］．内蒙古大学学报（人文社会科学版），2001（3）．

38. 王昕．金代女性贞节观的变异［J］．文史知识，2007（2）．

39. 洪金富．元代汉人与非汉人通婚问题初探［J］．食货（第6卷），1976（12）．

40. 张志勇．契丹习惯法研究［J］．徐州师范大学学报（哲学社会科学版），2001（1）．

41. 杨毓骧．云南契丹后裔的宗族组织［J］．北方文物，1998（4）

外文论文

1. ［日］池内功．元代的蒙汉通婚及其背景［J］．郑信哲译．民族译丛，1992（3）．

2. ［日］外山军治．金章宗与李妃［J］．大阪外国语大学学报29号，1973：2.

3. ［日］三上次男．辽末金室完颜家族的通婚形态［J］．东洋学报27卷4号，1940：8.

4. ［日］三上次男．关于金初女真人的服饰之一斑［J］．史学杂志54编2号，1943：2.

5. ［日］岛田正郎．女真的婚俗与金代婚姻法［J］．法律论丛39卷4、5、6号，1966：3.

6. ［日］岛田正郎，何天明编译．辽代契丹人的婚姻［J］．蒙古学信息，2004（3）．

7. ［日］滋贺秀三．评《女真的婚俗与金代婚姻法》［J］．法制史研究18号，1966：10.

硕博论文

1. 刘玉珍. 元代婚姻制度研究［D］. 济南：山东大学，2008.

2. 龚恒超. 接续传统与时代嬗变［D］. 重庆：西南政法大学，2009.

3. 席塔娜. 农村达斡尔族婚姻习俗的变迁［D］. 呼和浩特：内蒙古大学，2010.

4. 李忠芝. 金代完颜氏世婚制研究［D］. 长春：吉林大学，2007.

5. 张　宏. 金代后宫制度研究［D］. 长春：吉林大学，2010.

6. 刘筝筝. 宋夏金时期的婚制婚俗研究［D］. 兰州：西北师范大学，2009.

7. 李玉君. 金代宗室研究［D］. 长春：吉林大学，2010.

附录一：辽代有关婚姻习俗的诏书

序号	皇帝	时间	诏书内容	所在位置
1	肃祖	不详	肃祖尝过其家曰："同姓可结交，异姓可结婚。"	《辽史·列传第一》卷七一，第1318页。
2	太祖耶律阿保机	909年	二月丁酉朔，梁遣郎公远来聘。	《辽史·太祖本纪》卷一，第4页。
3	太祖耶律阿保机	913年	秋八月乙卯，幸龙眉宫，輾逆党二十九人，以其妻女赐有功将校……	《辽史·太祖本纪》卷一，第8页。
4	太祖耶律阿保机	神册三年（918年）	二月，达旦国来聘。梁遣使来聘……	《辽史·太祖本纪》卷一，第12页。
5	太祖耶律阿保机	神册五年（920年）	九月乙丑朔，梁遣郎公远来聘。	《辽史·太祖本纪》卷二，第18页。
6	太祖耶律阿保机	天赞二年（923年）	夏四月己酉，梁遣使来聘。	《辽史·太祖本纪》卷二，第20页。
7	太宗耶律德光	天显三年（928年）	十二月庚戌，闻唐主复遣使来聘，上问左右，皆曰："唐数遣使来，实畏威也。未可轻举，观衅而动可也。"上然之。	《辽史·太宗本纪》卷三，第32页。
8	太宗耶律德光	天显六年（931年）	夏四月乙酉，唐遣使来聘。	《辽史·太宗本纪》卷三，第35页。

序号	皇帝	时间	诏书内容	所在位置
9	太宗 耶律德光	天显六年 (931年)	十一月乙酉，唐遣使来聘。	《辽史·太宗本纪》卷三，第35页。
10	太宗 耶律德光	天显七年 (932年)	春正月己亥，唐遣使来聘。	《辽史·太宗本纪》卷三，第35页。
11	太宗 耶律德光	天显七年 (932年)	冬十月乙卯，唐遣使来聘。	《辽史·太宗本纪》卷三，第36页。
12	太宗 耶律德光	会同三年 (940年)	十二月丙辰，诏契丹人授汉官者从汉仪，听与汉人婚姻。	《辽史·太宗本纪》卷四，第53页。
13	太宗 耶律德光	会同四年 (941年)	春正月壬戌，以乙室、品卑、突轨三部鳏寡不能自存者，官为之配。	《辽史·太宗本纪》卷四，第53页。
14	太宗 耶律德光	会同七年 (944年)	八月辛酉，回鹘遣使请婚，不许。	《辽史·太宗本纪》卷四，第59页。
15	太宗 耶律德光	不详	至汴，见明宗。明宗以庄宗后夏氏妻之，赐姓东丹，名之曰慕华。	《辽史·宗室列传》卷七二，第1335页。
16	太宗 耶律德光	不详	唐明宗先以女妻之，及即位，封其女为兴平公主，拜延寿驸马都尉、枢密使。	《辽史·赵延寿列传》卷七六，第1375页。
17	穆宗 耶律璟	应历七年 (957年)	六月丙辰，周遣使来聘；八月己未，周遣使来聘。	《辽史·穆宗本纪》卷六，第82页。

序号	皇帝	时间	诏书内容	所在位置
18	景宗耶律贤	保宁八年（976年）	八年春正月癸酉，宋遣使来聘。	《辽史·景宗本纪》卷八，第103页。
19	景宗耶律贤	保宁九年（977年）	秋七月甲子，宋遣使来聘。	《辽史·景宗本纪》卷九，第107页。
20	圣宗耶律隆绪	统和元年（983年）	二月甲寅，以皇女长寿公主下嫁国舅宰相萧婆项之子吴留。	《辽史·圣宗本纪》卷十，第117页。
21	圣宗耶律隆绪	统和元年（983年）	夏四月癸巳，诏赐物命妇寡居者。	《辽史·圣宗本纪》卷十，第118页。
22	圣宗耶律隆绪	统和元年（983年）	六月己丑，有司奏，同政事门下平章事、驸马都尉卢俊与公主不协，诏离之，遂出俊为兴国军节度使。	《辽史·圣宗本纪》卷十，第119页。
23	圣宗耶律隆绪	统和元年（983年）	冬十月戊子，以公主淑哥下嫁国舅详稳照姑。	《辽史·圣宗本纪》卷十，第120页。
24	圣宗耶律隆绪	统和四年（986年）	李继迁引五百骑款塞，愿婚大国，永作藩辅。诏以王子帐节度使耶律襄之女汀封义成公主下嫁，赐马三千匹。	《辽史·圣宗本纪》卷十一，第135页。
25	圣宗耶律隆绪	统和六年（988年）	帝知其廉，以族属女妻其子，诏许亲友馈献，豪贵奔趋于门。	《辽史·萧合卓列传》卷八十一，第1419页。
26	圣宗耶律隆绪	统和十四年（996年）	十四年，王治表乞为婚姻，以东京留守驸马萧恒德女下嫁之。	《辽史·高丽记》卷一百一十五，第1672页。

序号	皇帝	时间	诏书内容	所在位置
27	圣宗 耶律隆绪	统和十四年 (996 年)	三月壬寅，高丽王治表乞为婚，许以东京留守、驸马萧恒德女嫁之。	《辽史·圣宗本纪》卷十三，第 160 页。
28	圣宗 耶律隆绪	统和二十二年 (1014 年)	八月戊辰，铁剌里求婚，不许。	《辽史·圣宗本纪》卷十四，第 174 页。
29	圣宗 耶律隆绪	开泰六年 (1017 年)	二月甲戌，以公主赛哥杀无罪婢，驸马萧图玉不能齐家，降公主为县主，削图玉同平章事。	《辽史·圣宗本纪》卷十五，第 195 页。
30	圣宗 耶律隆绪	开泰八年 (1019 年)	秋七月己未，征高丽战殁诸将，诏益封其妻。	《辽史·圣宗本纪》卷十六，第 208 页。
31	圣宗 耶律隆绪	开泰八年 (1019 年)	冬十月癸巳，诏横帐三房不得与卑小帐族为婚。凡嫁娶，必奏而后行。	《辽史·圣宗本纪》卷十六，第 209 页。
32	圣宗 耶律隆绪	太平元年 (1021 年)	是月，大食国王复遣使请婚，封王子班郎君胡思里女可老为公主，嫁之。	《辽史·圣宗本纪》卷十六，第 211 页。
33	圣宗 耶律隆绪	太平元年 (1021 年)	十一月，宋遣使来聘，夏、高丽遣使来贡。	《辽史·圣宗本纪》卷十六，第 211 页。
34	圣宗 耶律隆绪	太平八年 (1028 年)	六月癸巳，权北院大王耶律郑留奏，今岁十一月皇太子纳妃，诸族备会亲之帐。诏以豪盛者三十户给其费。十一月丙申，皇太子纳妃萧氏。	《辽史·圣宗本纪》卷十七，第 229 页。

序号	皇帝	时间	诏书内容	所在位置
35	兴宗 耶律宗真	太平十一年 （1031年）	是岁，以兴平公主下嫁夏国王李德昭子元昊，以元昊为夏国公、驸马都尉。	《辽史·兴宗本纪》卷十八，第241页。
36	兴宗 耶律宗真	重熙七年 （1038年）	夏四月己巳，以兴平公主薨，遣北院承旨耶律庶成持诏问夏国王李元昊。公主生与元昊不睦，没，诘其故。	《辽史·兴宗本纪》卷十八，第248页。
37	兴宗 耶律宗真	重熙九年 （1040年）	十二月庚寅，以北大王府布猥帐郎君自言先世与国联姻，许置敞史，命本帐萧胡睹为之。	《辽史·兴宗本纪》卷十八，第251页。
38	兴宗 耶律宗真	重熙九年 （1040年）	诸职官非婚祭，不得沉酗废事。	《辽史·兴宗本纪》卷十八，第251页。
39	兴宗 耶律宗真	重熙十一年 （1042年）	六月乙亥，宋遣富弼、张茂实奉书来聘，以书答之。	《辽史·兴宗本纪》卷十九，第259页。
40	兴宗 耶律宗真	重熙二十三年 （1054年）	秋七月己巳，夏国李谅祚遣使来求婚。	《辽史·兴宗本纪》卷二十，第281页。
41	道宗 耶律洪基	咸雍九年 （1073年）	"……臣请推广之，使诸部各立姓氏，庶男女婚媾有合典礼。"帝以旧制不可遽厘，不听。	《辽史·耶律庶成列传》卷八十九，第1486页。
42	道宗 耶律洪基	大康元年 （1075年）	盛称其党驸马都尉萧霞抹之妹美而贤。上信之，纳于宫，寻册为皇后。	《辽史·奸臣列传上》卷一百十，第1635页。

序号	皇帝	时间	诏书内容	所在位置
43	道宗 耶律洪基	大康初 （1075— 1084年）	以女侄妻乙辛子绥也，恃势横肆，至有无君之语，朝野侧目。	《辽史·奸臣列传下》卷百十一，第1642页。
44	兴宗 耶律宗真	不详	禁诸职官不得擅造酒糜谷，有婚祭者，有司给文字始听。	《辽史·食货志上》卷五十九，第1027页。
45	道宗 耶律洪基	大康十年 （1084年）	二月庚午朔，萌古国遣使来聘；三月戊申，远萌古国遣使来聘。	《辽史·道宗本纪》卷二十四，第327 - 328页。
46	道宗 耶律洪基	大安十年 （1094年）	六月丙戌，和烈葛等部来聘。	《辽史·道宗本纪》卷二十五第341 - 342页
47	道宗 耶律洪基	大安十年 （1094年）	六月己亥，禁边民与蕃部为婚。	《辽史·道宗本纪》卷二十五，第342页。
48	道宗 耶律洪基	寿隆五年 （1099年）	冬十月丁卯，宋遣郭知章、曹平来聘。	《辽史·道宗本纪》卷二十六，第350页。
49	天祚帝 耶律延喜	保大四年 （1124年）	上纳突吕不部人讹哥之妻谙葛，以讹葛为本部节度使。	《辽史·部族表》卷六十九，第1234页。
50	天祚帝 耶律延喜	乾统五年 （1105年）	三月壬申，以族女南仙封成安公主，下嫁夏国王李乾顺。	《辽史·天祚帝》卷二十七，第360页。
51	天祚帝 耶律延喜	不详	诏酬斡与公主离婚，籍兴圣宫，流乌古敌烈部。	《辽史·萧酬斡传》卷一百，1574页。

附录二：金代有关婚姻习俗的诏书

序号	皇帝	时间	诏书内容	所在位置
1	函普	不详	始祖乃以青牛为聘礼而纳之，并得其资产，后生二男，长曰乌鲁，次曰斡鲁，一女曰注思板，遂为完颜部人。	《金史·世纪》卷一，第 3 页。
2	金昭祖金世祖	不详	金昭祖娶徒单氏，后妃之族自此始见。世祖时，乌春为难，世祖欲求昏以结其欢心，乌春曰："女直与胡里改岂可为昏。"	《金史·世戚列传》卷一百二十，第 2613 页。
3	完颜阿骨打	天辅元年（1117 年）	五月丁巳，诏自收宁江州已后同姓为婚者，杖而离之。	《金史·太祖本纪》卷二，第 30 页。
4	完颜晟	天会五年（1127 年）	四月己丑，诏曰："合苏馆诸部与新附人民，其在降附之后同姓为婚者，离之。"	《金史·太宗本纪》卷三，第 57 页。
5	金太宗	天会八年（1130 年）	五月癸卯，禁私度僧尼及继父继母之男女无相嫁娶。	《金史·太宗本纪》卷三，第 61 页。
6	完颜雍	大定九年（1169 年）	正月丙戌，制汉人、渤海兄弟之妻，服阕归宗以礼续婚者，听。	《金史·世宗本纪》卷六，第 144 页。
7	金世宗	大定七年（1167 年）	十一月八日，皇太子生日，宴群臣于东宫，志宁奉觞上寿，上悦，顾谓太子曰："天下无事，吾父子今日相乐，皆此人力也。"使太子取御前玉大杓酌酒，上手饮志宁，即以玉杓及黄金五百两赐之。以第十四女下嫁志宁子诸神奴，八年十月，进币，宴百官于庆和殿。	《金史·移剌愥列传》卷八七，第 1934 页。
8	金世宗	不详	上谓天锡曰："朕四五岁时与皇后订婚，乃祖太尉置朕于膝上曰：'吾婿七人，此婿最幼，后来必大吾门。'今卜葬有期，畴昔之言验矣。"	《金史·后妃列传下》卷六四，第 1521 页。

续表

序号	皇帝	时间	诏书内容	所在位置
9	金世宗	大定十二年（1172年）	诏曰："德州防御使文、北京曹贵、鄜州李方皆因术士妄谈禄命，陷于大戮。凡术士多务苟得，肆为异说。自今宗室、宗女有属籍者及官职三品者，除占问嫁娶、修造、葬事，不得推算相命，违者徒二年，重者从重。"	《金史·宗望列传》卷七四，第1712页。
10	金世宗	大定十五年（1175年）	十五年，上召英王爽谓曰："卿于诸公主女子中为咬住择婚，其礼币命有司给之。"	《金史·宗望列传》卷七四，第1707页。
11	金世宗	大定十七年（1177年）	正月丁巳，诏朝官嫁娶给假三日，不须申告。	《金史·世宗本纪中》卷七，第166页。
12	金世宗	大定十七年（1177年）	十二月戊辰，以渤海旧俗男女婚娶多不以礼，必先攘窃以奔，诏禁绝之，犯者以奸论。	《金史·世宗本纪中》卷七，第169页。
13	金世宗	大定十七年（1177年）	上闻之，诏曰："大石在夏国西北。昔窝斡为乱，契丹等响应，朕释其罪，俾复旧业，遣使安辑之，反侧之心犹未已。若大石使人间诱，必生边患。遣使徙之，俾与女直人杂居，男婚女聘，渐化成俗，长久之策也。"	《金史·唐括安礼列传》卷八八，第1964页。
14	金世宗	不详	顷之，世宗第五女蜀国公主下嫁唐括鼎，赐宴神龙殿，谓爽曰："朕与卿兄弟，在正隆时，朝夕常惧不保，岂意今日赖尔兄弟之福，可以享安乐矣。"	《金史·爽列传》卷六九，第1605页。
15	金世宗	不详	显宗长女郯国公主下嫁乌古论谊，赐宴庆和殿，爽坐西向，迎夕照，面发赤似醉。	《金史·宗强列传》卷六九，第1605页。
16	金世宗	大定二十二年（1182年）	六月庚子朔，制立限放良之奴，限内娶良人为妻，所生男女即为良。	《金史·世宗本纪下》卷八，第182页。

序号	皇帝	时间	诏书内容	所在位置
17	金世宗	大定二十三年（1183年）	二十三年，定制，女直奴婢如有得力，本主许令婚娉者，须取问房亲及村老给据，方许娉于良人。	《金史·食货志一》卷四六，第1034页。
18	金世宗	大定二十四年（1184年）	七月乙未，上谓宰臣曰："天子巡狩当举善罚恶，凡士民之孝弟渊姻睦者举而用之，其不顾廉耻无行之人则教戒之，不悛者则加惩罚。"	《金史·世宗本纪下》卷八，第187页。
19	金世宗	大定改元	坐安置契丹户民部内娶妻，杖一百，除名。	《金史·完颜希尹列传》卷七三，第1686页。
20	完颜璟	明昌元年（1190年）	冬十月戊戌，以有司言，登闻鼓院同记注院，忽有所隶。制民庶聘财为三等，上百贯，次五十贯，次二十贯。	《金史·章宗本纪一》卷九，第216页。
21	金章宗	明昌初	上命尚书省集百官议，如何使民弃末务本以广储蓄。俨言："今之风俗竟为侈靡，莫若定立制度，使贵贱、上下、衣冠、车马、室宇、器用各有等差，裁抑婚姻丧葬过度之礼，罢去乡社追逐无名之费，用度有节则蓄积日广矣。"	《金史·邓俨列传》卷九七，第2150页。
22	金章宗	承安五年（1200年）	三月辛巳，定本国婚聘礼制。	《金史·章宗本纪三》卷一一，第253页。
23	金章宗	承安五年（1200年）	戊辰，定妻亡服内婚娶听离制。	《金史·章宗本纪三》卷一一，第253页。

序号	皇帝	时间	诏书内容	所在位置
24	金章宗	泰和二年（1202年）	泰和二年，御史台奏："监察御史史肃言，《大定条理》：自二十年十一月四日以前，奴娶良人女为妻者，并准已娶为定，若夫亡，拘放从其主。离夫摘卖者令本主收赎，依旧与夫同聚。放良从良者即听赎换，如未赎换间与夫所生男女并听为良。而《泰和新格》复以夫亡服除准良人例，离夫摘卖及放夫为良者，并听为良。若未出离再配与奴，或杂奸所生男女并许为良。如此不同，皆编格官妄为增减，以致随处诉讼纷扰，是涉违枉。"	《金史·刑志》卷四五，第1021页。
25	金章宗	泰和五年（1205年）	六月丁酉，制定本朝婚礼。	《金史·章宗本纪四》卷十二，第271页。
26	金章宗	泰和六年（1206年）	十一月乙酉，诏屯田军户与所居民为婚姻者听。	《金史·章宗本纪四》卷十二，第278页。
27	金宣宗	贞祐二年（1214年）	贞祐二年，迁都汴，诏凡卫绍王及郧厉王家人皆徙郑州，仍禁锢，不得出入。男女不得婚嫁者十九年。	《金史·后妃列传下》卷六四，第1531页。
28	金章宗	不详	而国朝故事，皆徒单、唐括、蒲察、拏懒、仆散、纥石烈、乌林答、乌古论诸部部长之家，世为姻婚，娶后尚主，而李氏微甚。	《金史·后妃列传下》卷六四，第1528页。

序号	皇帝	时间	诏书内容	所在位置
29	完颜珣	不详	"闻安有女，臣辄违律令为侄孙述娶之，安遂见许。臣非愿与安为姻，为公家计，屑就之耳。自结亲以来，安颇循率以从王事，法不当娶而辄娶之，敢以此罪为请。"宣宗嘉其意，遣近臣慰谕之。	《金史·张文振列传》卷一一八，第2586页。
30	完颜守绪	天兴二年（1233年）	正月甲戌，立阅随驾官属军民子女于省署，及禁民间嫁娶，括京城财。	《金史·哀宗本纪下》卷十八，第397页。
31	金代	金代	金代，后不娶庶族，甥舅之家有周姬、齐姜之义。	《金史·后妃列传上》卷六三，第1498页。

附录三：元代有关婚姻习俗的诏书

序号	皇帝	时间	诏书内容	所在位置
1	孛儿只斤·铁木真	不详	帝怒曰："婚姻而论财，殆若商贾矣。昔人有言，同心实难，朕方欲取天下，汝亦乞列思之民，从孛秃效忠于我可也，何以财为！"	《元史·孛秃列传》卷一百一十八，第2921页。
2	元太祖	不详	帝欲为长子术赤求昏于汪罕女抄儿伯姬，汪罕之子秃撒合亦欲尚帝女火阿真伯姬，俱不谐，自是颇有违言。	《元史·太祖本纪》卷一，第9页。
3	元太祖	不详	汪罕闻之疑，遂移部众于别所。及议昏不成，札木合复乘隙谓亦刺合曰："太子虽言是汪罕之子，尝通信于乃蛮，将不利于君父子。君若能加兵，我当从傍助君也。"	《元史·太祖本纪》卷一，第9页。
4	孛儿只斤·忽必烈	中统元年（1260年）	哈剌不花与铸有婚姻之好，又哈剌不花在蜀时，尝疾病，铸召医视之，遗以酒食，因释希亮缚，谓曰："我受恩于汝父，此图报之秋也。"	《元史·耶律希亮列传》卷一百八十，第4160页。
5	元世祖	中统二年（1261年）	赐大理国主段实虎符，优诏抚谕之。命李璮领益都路盐课。出工局绣女，听其婚嫁。	《元史·世祖本纪一》卷四，第71页。
6	元世祖	至元八年（1271年）	二月乙未朔，定民间婚聘礼币，贵贱有差。	《元史·世祖本纪四》卷四，第133页。
7	元世祖	至元八年（1271年）	八年正月，禃遣其枢密使金铼奉表入见，请结婚……十一月，禃遣其同知枢密院事李昌庆奉表谢许婚事。	《元史·外夷列传一》卷二百八十，第4619页。

续表

序号	皇帝	时间	诏书内容	所在位置
8	元世祖	至元十一年（1274年）	五月丙申，以皇女忽都鲁揭里迷失下嫁高丽世子王愖。	《元史·世祖本纪五》卷八，第155页。
9	孛儿只斤·铁穆耳	至元三十一年（1294年）	成宗即位，桓疏上时务二十一事：一曰郊祀天地，二曰亲享太庙，备四时之祭，三曰先定首相，……十七曰定婚姻聘财。	《元史·杨桓列传》卷一百六十四，第3853页。
10	元成宗	大德三年（1299年）	九月，眶遣使入贡，以朝廷增置行省，上表陈情，其略言："累世有勤王之功，凡八十余年，岁修职贡。尝以世子入侍，得联婚帝室，遂为甥舅，实感至恩。使小国不替祖风，永修侯职，是所望也。"	《元史·外夷列传一》卷二百八，第4623页。
11	元成宗	大德六年（1302年）	八月甲子，诏御史台凡有司婚姻、土田文案，遇赦依例检覆。	《元史·成宗本纪三》卷二十，第442页。
12	元成宗	大德七年（1303年）	尝言治道必先守令，近用多不得其人，于是精加遴选，定官吏赃罪十二章及丁忧、婚聘、盗贼等制，禁献户及山泽之利，每岁车驾幸上都，哈剌哈孙必留守京师。	《元史·启昔礼列传》卷一百三十六，第3293页。
13	元成宗	大德年间	既婚，与德政相敬如宾，嘱教二弟有成。未几德政卒，郭氏年方二十余，励节自守，甚有贞名，大德间表其家。	《元史·列女列传一》卷二百，第4489页。
14	元武宗	不详	邻州茶陵富民覃乙死，无子，惟一小妻，及其赘婿，妻诬其婚拜尸成婚，藏隐玉杯夜明珠，株连八百余人。	《元史·王都中列传》卷一百八十四，第4230页。

续表

序号	皇帝	时间	诏书内容	所在位置
15	不详	不详	吉利吉思、撼合纳、谦州、益兰州等处。吉利吉思者，初以汉地女四十人，与乌斯之男结婚，取此义以名其地。	《元史·地理志六》卷六十三，第1574页。
16	孛儿只斤·拔力八达	不详	诸婚田诉讼，必于本年结绝，已经务停而不结绝者，从廉访司及本管上司，正官吏之罪。	《元史·刑法志二》卷一百三，第2642页。
17	元仁宗	不详	诸以子女典雇于人及典雇人之女子者，并禁止之。若已典雇，愿以婚嫁之礼为妻妾者，听。	《元史·刑法志二》卷一百三，第2642页。
18	元仁宗	不详	诸男女议婚，有以指腹割衿为定者，禁之。 诸男女婚姻，媒氏违例多索聘财及多取媒利者，谕众决遣。	《元史·刑法志二》卷一百三，第2642页。
19	元仁宗	不详	诸女子已许嫁而未成婚，其夫家犯叛逆应没入者，若其夫为盗及犯流远者，皆听改嫁。已成婚有子，其夫虽为盗受罪，勿改嫁。诸男女既定婚，其女犯奸事觉，夫家欲弃，则追还聘财，不弃则减半成婚。若夫家辄诡以风闻奸事，恐胁成亲者，笞五十七，离之。	《元史·刑法志二》卷一百三，第2643页。
20	元仁宗	不详	诸遭父母丧，忘哀拜灵成婚者，杖八十七，离之，有官者罢之，仍没其聘财，妇人不坐。诸服内定婚，各减服内成亲罪二等，仍离之，聘财没官。	《元史·卷一百三》2643页。

序号	皇帝	时间	诏书内容	所在位置
21	元仁宗	不详	诸有女许嫁，已报书及有私约，或已受聘财而辄悔者，笞三十七，更许他人者，笞四十七，已成婚者，五十七，后娶知情者减一等，女归前夫。男家悔者，不坐，不追聘财，五年无故不娶者，有司给据改嫁。	《元史·刑法志二》卷一百三，第2643页。
22	元仁宗	不详	诸有女纳婿，复逐婿，纳他人为婿者，杖六十七。后婿同其罪，女归前夫，聘财没官。	《元史·刑法志二》卷一百三，第2643页。
23	元仁宗	不详	诸职官娶娼为妻者，笞五十七，解职，离之。诸有妻妾，复娶妻妾者，笞四十七，离之。在官者，解职记过，不追聘财。 诸先通奸被断，复娶以为妻妾者，虽有所生男女，犹离之。	《元史·刑法志二》卷一百三，第2643页。
24	元仁宗	不详	诸转嫁已归未成婚男妇者，杖六十七，妇归宗，聘财没官。诸受财以妻转嫁者，杖六十七，追还聘财，娶者不知情，不坐，妇人归宗。诸以书币娶人女为妾，复受财转嫁他人者，笞五十七，聘财没官，妾归宗，有官者罢之。	《元史·刑法志二》卷一百三，第2643页。
25	元仁宗	不详	诸僧道悖道娶妻者，杖六十七，离之，僧道还俗为民，聘财没官。	《元史·刑法志二》卷一百三，第2643页。
26	元仁宗	不详	诸典卖佃户者，禁。佃户嫁娶，从其父母。	《元史·刑法志二》卷一百三，第2643页。

序号	皇帝	时间	诏书内容	所在位置
27	元仁宗	不详	诸兄收弟妇者，杖一百七，妇九十七，离之。虽出首，仍坐。主婚笞五十七，行媒三十七。诸居父母丧，奸收庶母者，各杖一百七，离之，有官者除名。	《元史·刑法志二》卷一百三，第2643页。
28	元仁宗	不详	诸汉人、南人，父没子收其庶母，兄没弟收其嫂者，禁之。诸姑表兄弟嫂叔不相收，收者以奸论。诸奴收主妻者，以奸论；强收主女者，处死。	《元史·刑法志二》卷一百三，第2644页。
29	元仁宗	不详	诸为子辄以亡父之妾相收，收者以奸论。诸奴收主妻者，以奸论；强收主女者，处死。诸为子辄以亡父之妾与人，人辄受而私之，与者杖七十七，受者笞五十七。	《元史·刑法志二》卷一百三，第2644页。
30	元仁宗	不详	诸良家女愿与人奴为婚者，即为奴婢。娶良家女为妻，以为奴婢卖之者，即改正为良，卖主、买主同罪，价没官。诸以童养未成婚男妇，转配其奴者，笞五十七，妇归宗，不追聘财。	《元史·刑法志二》卷一百三，第2644页。
31	元仁宗	不详	诸弃妻改嫁，后夫亡，复纳以为妻者，离之。诸夫妇不相睦，卖休买休者禁之，违者罪之，和离者不坐。诸出妻妾，须约以书契，听其改嫁，以手模为征者，禁之。诸妇人背夫、弃舅姑出家为尼者，杖六十七，还其夫。	《元史·刑法志二》卷一百三，第2644页。

续表

序号	皇帝	时间	诏书内容	所在位置
32	元仁宗	不详	诸职官与倡优之妻奸，因娶为妾者，杖七十七，罢职不叙。	《元史·刑法志三》卷一百四，第2655页。
33	元仁宗	不详	诸奴有女，已许嫁为良人妻即为良人，其主辄欺奸者，杖一百七，其妻纵之者，笞五十七，其女夫家仍愿为婚者，减元议财钱之半，不愿者，追还元下聘财，令父收管，为良改嫁。	《元史·刑法志三》卷一百四，第2655页。
34	元仁宗	不详	诸夫受财，纵妻为倡者，夫及奸妇、奸夫各杖八十七，离之。若夫受财，勒妻妾为倡者，妻量情论罪。	《元史·刑法志三》卷一百四，第2655页。
35	元仁宗	不详	诸夫妻不睦，夫以威虐逼其妻指与人奸者，杖七十七，妻不坐，离之。	《元史·刑法志三》卷一百四，第2655页。
36	元仁宗	不详	诸以非理苦虐未成婚男妇者，笞四十七，妇归宗，不追聘财。	《元史·刑法志四》卷一百四，第2673页。
37	元仁宗	不详	婺源之俗，男女婚聘后，富则渝其约，有育其女至老死不嫁者；亲丧，贫则不举，有停其枢累数世不葬者。	《元史·干文傅列传》卷一百八十五，第4254页。
38	孛儿只斤·硕德八剌	至治年间	赵美妻王氏，内黄人。至治元年，美溺水死，王氏誓守志，舅姑念其年少无子，欲使更适。王氏曰："妇义无再醮，且舅姑在，妾可弃而去耶！"舅姑乃欲以族侄与继婚，王氏拒不从。舅姑迫之力，王氏知不免，即引绳自刭死。	《元史·列女列传一》卷二百，第4495页。

续表

序号	皇帝	时间	诏书内容	所在位置
39	元英宗	至治二年（1322年）	公主阿剌忒纳八剌下嫁，赐钞五十万贯。	《元史·英宗本纪二》卷二十八，第619页。
40	孛儿只斤·阿速吉八	至元三年（1337年）	五月辛丑，民间讹言朝廷拘刷童男、童女，一时嫁娶殆尽。	《元史·顺帝本纪二》卷三十九，第840页。
41	元顺帝	至元六年（1340年）	九月丙寅，诏："今后有罪者，毋籍其妻女以配人。"	《元史·顺帝本纪三》卷四十，第858页。
42	元顺帝	至元六年（1340年）	十一月甲寅，监察御史世图尔言，宜禁答失蛮、回回、主吾人等叔伯为婚姻。乙卯，太阴犯虚梁。以亲裸大礼庆成，御大明殿受群臣朝。	《元史·顺帝本纪三》卷四十，第858页。
43	元顺帝	至正十六年（1356年）	庆童初不许，时苗军势甚张，达识帖睦迩方倚以为重，强为主婚，庆童不得已以女与之。	《元史·庆童列传》卷一百四十二，第3399页